IPO 财务透视

注册制下的方法、重点和案例

叶金福 著

MY INSIGHT AND EXPERIENCE ON IPO

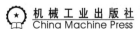

机械工业出版社
China Machine Press

图书在版编目（CIP）数据

IPO 财务透视：注册制下的方法、重点和案例 / 叶金福著 . —北京：机械工业出版社，2022.9
ISBN 978-7-111-71576-4

I. ① I… II. ① 叶… III. ①上市公司 – 财务管理 – 研究 – 中国 IV. ① F279.246

中国版本图书馆 CIP 数据核字（2022）第 167677 号

　　本书主要介绍了在我国证券市场推行注册制后，IPO 财务要怎么准备、怎么执行，公司才能顺利上市。作者基于辅导 IPO 公司的实务经验，搭建了包含三个维度的 IPO 财务框架，这三个维度分别是：选择适当的 IPO 会计方法，建立有效的 IPO 内部控制，防范出现 IPO 财务操纵。

　　本书通过理论和实务案例相结合的方式，详细论述了新收入准则、研发投入、股份支付等重点主题的 IPO 会计方法，深入探讨了 IPO 公司建立内部控制的框架和要点，以及中介机构 IPO 财务核查的导向和程序等问题，并给出了明确的、可操作的 IPO 财务解决思路。

　　本书将给那些准备 IPO 或者正在 IPO 的企业高管、财务人员，以及相关中介机构、投资机构和监管部门，提供清晰的 IPO 财务思维以及专业可靠的实践方法。

IPO 财务透视：注册制下的方法、重点和案例

出版发行：	机械工业出版社（北京市西城区百万庄大街 22 号	邮政编码：100037）	
责任编辑：	石美华　闫　焱	责任校对：	陈　越　刘雅娜
印　　刷：	涿州市京南印刷厂	版　　次：	2022 年 11 月第 1 版第 1 次印刷
开　　本：	170mm×230mm　1/16	印　　张：	19.50
书　　号：	ISBN 978-7-111-71576-4	定　　价：	79.00 元

客服电话：（010）88361066　68326294

版权所有·侵权必究
封底无防伪标均为盗版

| 推荐序一 |

收到厦门大学会计系学弟叶金福的微信,要我为他刚刚完成的大作《IPO财务透视:注册制下的方法、重点和案例》写序。现在也许年岁大了,离开科研与教学也比较久了,再加上自己也没什么拙作,我很少再帮人家的大作写序。但师弟言辞恳切,尤其是读了他的大作后,我觉得有许多话想说一说,就答应写一些读后感,也谈不上什么序了。

叶金福的这本书主要介绍了在我国证券市场推行注册制后IPO公司遇到的一些会计问题。我理解,IPO公司会计信息的披露和审核要求,是和我国资本市场先后经历的审批制、核准制及目前的注册制试点等上市发行制度密切相关的。

1990年,我国资本市场开始正式施行股票发行制度。1992年,证监会成立,开始实行全国范围的证券发行规模控制与实质审查制度,当时的发行制度是审批制,公司上市实行额度管理。

1996年以前,由国家下达发行规模,并将发行指标分配给地方政府或者中央企业的主管部门,地方政府或者中央企业的主管部门在自己的管辖区内或者行业内，对申请上市的企业进行筛选，经过实质审查合格后，报证监会批准。在执行中，地方政府或者中央企业的主管部门尽量将有限的股票发行规模，分配给更多的企业，这造成了发行公司规模小、公司质量差的情况。于是，1996年以后，中国资本市场再次改变了发行制度，开始实行"总量控制，集中掌握，限报数家"的办法。地方政府或者中央企业的主管部门根据证监会事先下达的发行指标，审定申请上市的企业，向证监会推荐。证监会对上报企业的预选资料进行审核，审核合格的，由地方政府或者中央企业的主管部门根据分配的发行指标，下达发行额度；审核不合格的，不能得到发行额度。企业得到发行额度以后，将正式材料上报证监会，由证监会最后审定是否批准企业发行证券。[一]

实行额度管理的严格审批制，对于当时协调证券市场的供求关系，为国有企业改制上市、筹集资金和调整国民经济结构，起到了积极的作用。但额度管理本质上是计划经济的缩影。通过上市融资，让国有企业脱贫解困，这完全违背了资本市场为了资源配置功能而设立的初衷。通过额度分配被选择上市的这些企业，基本上也不需要关心其会计信息的真实性和披露质量。

1998年12月29日，第九届全国人民代表大会常务委员会第六次会议通过了《中华人民共和国证券法》（以下简称《证券法》）。1998年《证券法》第十一条规定：公开发行股票，必须依照公司法规定的条件，报经国务院证券监督管理机构核准，发行人必须向国务院证券监督管理机构提交公司法规定的申请文件和国务院证券监督管理机构规定的有关文件。

《证券法》自1999年7月1日起施行，意味着我国股票发行在法律层面上由审批制变更为核准制。2000年3月16日，证监会发布了《关于发布〈中国证监会股票发行核准程序〉的通知》，标志着我国股票发行的核准制正式施行。

核准制是我国股票发行监管制度的一项重大的市场化改革。在核准制下，凡

[一] 资料来源：https://www.cnstock.com/v_obiz/sob_tzzjy/201402/2904847.htm。

是符合首次公开发行（IPO）条件的公司，都可以自主选择券商并提交首发申请，证监会对发行人是否符合发行条件进行实质性判断并决定是否核准其股票发行，股票发行价格则采取市场化定价方法。核准制的流程大致是这样的：受理→反馈会→初审会→发审会→封卷→核准发行。

在核准制下，发行条件强调 IPO 公司需要具有持续盈利能力，审核中对报告期内的业绩指标有较高的要求。但客观来说，核准制下对 IPO 公司信息披露的要求并不高，审核过程和审核规则的透明度也不够。由于企业上市后能获得巨大利益，在核准制下，一些经营质量较差的企业通过种种包装与公关，也混入资本市场，这些企业在 IPO 阶段和上市之后时常暴露出会计信息造假问题也就不足为奇了。

2019 年，科创板"横空出世"，这是中国资本市场具有里程碑意义的大事件，A 股市场的 IPO 开始实行注册制。与核准制相比，注册制下的审核理念、审核标准、审核过程都发生了很大的变化。例如，中科星图在冲刺科创板 IPO 时，经过上交所的七轮问询，才将销售收入的会计确认，从一开始的完工百分比法，最后改为产品交付后一次性确认。可见，注册制下企业 IPO 时，监管部门的审核是极其严格的，会计信息披露的真实性和充分性成为 IPO 公司能否上市的关键。这是因为，在注册制下，拟上市公司的会计信息有着巨大的经济后果，稍有差池，可能会严重影响投资者的利益。在注册制下 IPO，企业过去不太重视的会计信息，却可能成为它们能否上市的关键，而本书的出版，恰逢其时地为一些会计难题，提供了一个答案宝库。

本书并没有对注册制下 IPO 过程中企业所有的会计问题一一解答，因为大部分问题都能在现行的会计准则中找到答案。本书将重点放在 IPO 过程中常常被监管部门质疑的一些重要会计问题，如收入确认、金融工具的计量以及最烧脑的股份支付问题，不仅做了非常细致的理论分析，还通过案例来进行诠释与说明。

本书搭建了清晰的 IPO 财务框架，具体包括"选择适当的 IPO 会计方法，建立有效的IPO内部控制，防范出现IPO财务操纵"三个维度，并从该框架出发，分层次讲解IPO注册制下的重点会计问题。为了说明监管部门对重点问题的问询过程，书中提供了大量的实例，以便读者一一对照，找到监管部门问询问题和IPO公司回复问题的思路。

  在写作逻辑上，本书非常符合读者的要求，抽丝剥茧，层层推导，便于理解与消化。正如作者在前言中写道："本书所提供的IPO财务方法论包括三个层次。第一层次是IPO财务框架的理念。在IPO注册制下，IPO公司和中介机构应将'真公司'的理念贯穿于整个IPO财务框架，严格防范财务操纵。第二层次是IPO财务框架的原则。IPO财务框架包括三个维度，三个维度应把握的重要原则包括'会计方法的正确性和可控性''基于内部控制之上和内部控制之下两个视角的内部控制缺陷评价''以财务操纵风险为导向的财务核查'等。第三层次是IPO财务框架的应用，包括不同会计方法的具体选择，建立健全内部控制的具体要点，财务专项核查需要执行的具体程序等。"整本书读起来，引人入胜。

  总之，在我国资本市场走向零容忍、强监管的态势下，在积极推行注册制IPO的环境下，本书的出版，将给那些准备IPO或者正在IPO的企业高管、相关中介机构、投资机构和监管部门，提供清晰的IPO财务思维以及专业可靠的实践方法。

李若山

复旦大学管理学院会计系教授

2022年7月5日

| 推荐序二 |

叶金福是大华会计师事务所合伙人,已与大华同仁共同工作了十多个春秋,也为大华的发展和壮大做出了重要贡献。

大华会计师事务所创立于1985年,是国内最具规模的大型会计师事务所之一。"大华"也是中国最早的会计师事务所民族品牌之一。作为中介服务机构,大华在资本市场享有盛誉,IPO服务是大华最重要也最具优势的服务领域之一,从2013年A股IPO正常化以来,大华先后助力逾百家IPO客户成功过会并顺利登陆资本市场。

大华是一个鼓励学习和研究、崇尚知识和专业的专家型组织,会聚了一大批在财务、审计、税务、企业管理等方面拥有深厚学识和丰富经验的优秀专业人员。大华高度重视理论研究和服务实践的相互融合,致力于打造大华知识库,形成大华方法论,目的在于指导并协助大华各业务团队为客户提供更加专业和深入的服务。

2019年以来,发端于科创板的IPO注册制快速推进,已经改变了A股市场的首发审核生态。IPO注册制是以强制性充分信息披露为核心,同时辅以对IPO

公司和中介机构进行必要现场检查或现场督导的发行监管制度。注册制下，IPO审核高度秉持"问出一个真公司"的理念，IPO公司和中介机构都面临更严格同时也更透明的审核环境。

叶金福的这本专著，根据IPO注册制"问出一个真公司"的理念，构建起包括"选择适当的IPO会计方法，建立有效的IPO内部控制，防范出现IPO财务操纵"三个维度的IPO财务框架，充分论述了当下IPO实务中具有普遍性和重要性的财务问题。本书精选了大量有代表性和导向性的IPO典型案例，融入理论进行分析论述，不但内容非常丰富，并且有很高的实践价值。

最为重要的是，本书立足于解决重要IPO财务问题的普适性方法，提供了一套涵盖IPO财务理念、原则和具体方法等层次分明的IPO财务方法论，这种提纲挈领的总结性方法，在IPO注册制下具有长期的实用性和稳定性。

根据监管部门近期的公开表态，IPO注册制的全面实施已经是箭在弦上了，这本专著的出版也可谓正逢其时。叶金福是大华专业人员的典范，他的这本IPO专著，不但是其个人在工作中"知行合一"的专业结晶，更是大华在专业研究领域结出的又一个硕果。我希望这本书既能够帮助IPO公司、IPO中介机构、股权投资机构以及广大金融和财务领域的高校师生等相关人员更好地了解与操作IPO实务，又能够让广大读者进一步熟悉我们大华会计师事务所。

这是叶金福出版的第三本专著，我谨代表大华会计师事务所全体同仁，再次表示衷心祝贺。

梁春

大华会计师事务所（特殊普通合伙）首席合伙人

2022年7月6日于北京

前 言

2014年，我出版了第一本书《IPO财务透视：方法、重点和案例》。该书提出了"IPO会计方法的可控性"和"舞弊恒等式"等原创性概念，并初步搭建起IPO财务框架。

2018年，我出版了第二本书《从报表看舞弊：财务报表分析与风险识别》。该书基于识别财务操纵的视角，构建了"一个中心、两条主线、三类要素、四项内容"的财务报告分析框架。

两本书都定位于IPO财务，其内容是相互关联的。在我的"臆想"之中，IPO公司和保荐机构、会计师事务所等IPO中介机构，可以先参考第一本书所搭建的IPO财务框架，建立并完善IPO公司的内部控制和会计核算体系，生成满足IPO需求的财务报告及相关财务信息，再运用第二本书提供的一整套财务分析方法，对IPO公司进行必要的财务核查，防范出现财务操纵，并对IPO财务信息基于管理层或中介机构的角度进行分析和讨论。

2019年，第一本书出版发行即将满5年，出版社编辑开始询问我修订再版的计划。思考再三，我感觉IPO财务还没有出现太多新内容，也不想老调重弹，和编辑"打了几次太极"之后，就把修订的事情婉拒了。

修订是不会再修订了，但再写一本新书的种子却由此种下。工作继续，专业研究继续，日常的写作也没有停止，写作前两本书的经验告诉我，只要不断地琢磨积累，新思维的花朵一定会再次开满专业之树。

一、本书的缘起

2019年科创板"横空出世"，是中国资本市场具有里程碑意义的大事件，由此A股市场的IPO注册制快速拉开了帷幕。与核准制相比，注册制下的审核理念、审核标准、审核过程都发生了很大的变化，同时IPO财务也出现了一些新的审核热点。

在会计准则层面，A股IPO公司于2019年1月1日起开始执行修订后的金融工具准则，于2020年1月1日起开始执行修订后的收入准则。这两项最具普遍性、最为重要的会计准则都发生了根本性的变化，其在实务中的运用势必对IPO财务产生重大的影响。

对于新问题，我的研究习惯是，首先基于我建立的IPO财务原则对实务中可能出现的新方法进行预测，然后对该问题在IPO审核过程中通过与监管部门的碰撞、磨合进行持续观察，最终将实务中形成的惯例与预测进行对比并总结，最后再次审视和充实既有的IPO财务原则。

在实务中观察一个重要的新问题，至少需要两至三年的时间。不得不说，注册制下的IPO信息披露为专业研究提供了一个取之不尽的宝库。"驽马十驾，功在不舍"，2021年底，我用了两年多的时间大体完成了相关新问题和新方法的研究，代表本人核心观点的系列文章也已在供职单位大华会计师事务所的公众号上陆续发表。

2021年12月，我的老朋友、机械工业出版社的石美华编辑和我正式讨论了新书计划，约定 2022 年再写一本关于 IPO 财务的全新内容的书。拟订写作计划之后，2022 年春节的大年初三，我凝神静气，正式开始了本书的写作。工作闲暇，夜深人静后，5 个月的奋笔疾书，个中艰辛不足为外人道，最终于 2022 年 7 月初完成了本书初稿。5 个月的时间，主要用于整理已经写好的且已形成核心观点的文章，在此基础上进一步补充案例和分析。如果从 2019 年 3 月写下的第一篇文章算起，本书实际足足写了 3 年零 3 个月的时间。

二、本书的内容和特点

本书将 IPO 财务框架确定为"选择适当的 IPO 会计方法""建立有效的 IPO 内部控制""防范出现 IPO 财务操纵"三个维度。IPO 注册制下，首发审核高度强调"问出一个真公司"，"真公司"的核心是 IPO 财务信息的真实性。本书将"真公司"的理念贯穿于整个 IPO 财务框架之中，通过理论洞见和翔实案例的结合，充分论述了当前具有普遍性和重要性的 IPO 财务问题。

（一）本书的框架和内容

基于上述 IPO 财务框架，对于 IPO 注册制下以及会计准则变更所形成的重点财务问题，本书分为 4 个部分共 7 章进行论述。

1. 概论和综述

第 1 章对 IPO 财务框架及特征、变化等进行概论和综述。

2. 选择适当的 IPO 会计方法

一个重要的 IPO 会计方法，应该同时满足正确性和可控性两个原则。本书选取了最具普遍性、最为重要的 4 类问题的 IPO 会计方法进行论述。

（1）收入确认问题。

收入确认是会计方法中最为重要的内容。在第2章中，通过论述新收入准则存在的会计判断，结合正确性和可控性原则，对定制软件开发等5个具有代表性行业的IPO收入确认方法进行了分析和总结。

（2）研发投入问题。

研发投入在IPO注册制下的地位空前提高。在第3章中，关于研发投入的正确性和可控性的论述主要集中于开发支出资本化问题，以及研发投入的真实性问题。

（3）应收款项和合同资产的减值问题。

应收款项和合同资产的减值准备计提是新金融工具准则的重要内容。在第4章中，重点论述了预期信用损失与原账龄分析法的衔接。预期信用损失计提方法的选择仍然需要把握会计方法的正确性和可控性原则。

（4）股份支付问题。

2021年5月财政部发布的股份支付相关案例指引，进一步明确了IPO实务中存在不同观点的一些确认和计量问题。在第5章中，对IPO股份支付问题的论述，也是为了说明会计方法的正确性和可控性在实务中处于不断调整之中。

3. 建立有效的IPO内部控制

财务报告的可靠性目标是IPO公司内部控制最重要的目标，与财务报告相关的内部控制是IPO内部控制建设的重点。在第6章中，主要讨论了IPO内部控制的框架、要点和缺陷，并强调了内部控制偏差也可能是管理层逾越内部控制进行财务操纵的信号。

4. 防范出现IPO财务操纵

财务操纵，原则上可以分为财务舞弊和业绩粉饰两类。从IPO公司的角度来看，选择具有可控性的会计方法和建立有效的财务报告内部控制，是避免在报告期内出现财务操纵嫌疑的必要举措；从中介机构的角度来看，中介机构需要保持必要的职业怀疑，对 IPO 公司进行审慎的财务专项核查。在第 7 章中，主要论述了中介机构在 IPO 财务专项核查过程中应把握的风险导向和应执行的主要核查程序。

（二）本书的特点

对于本书的特点，我认为主要有以下两点。

1. 提供了行之有效的 IPO 财务方法论

本书所提供的 IPO 财务方法论包括三个层次。第一层次是 IPO 财务框架的理念。在 IPO 注册制下，IPO 公司和中介机构应将"真公司"的理念贯穿于整个 IPO 财务框架，严格防范财务操纵。第二层次是 IPO 财务框架的原则。IPO 财务框架包括三个维度，三个维度应把握的重要原则包括"会计方法的正确性和可控性""基于内部控制之上和内部控制之下两个视角的内部控制缺陷评价""以财务操纵风险为导向的财务核查"等。第三层次是 IPO 财务框架的应用，包括不同会计方法的具体选择，建立健全内部控制的具体要点，财务专项核查需要执行的具体程序等。

本书所提供的 IPO 财务方法论，是立足于解决重要 IPO 财务问题的普适性方法，在 IPO 注册制下具有实用性、稳定性和长期性。

2. 精选了大量典型案例

本书所提炼的方法论充分结合了 2019 年以来的 IPO 典型案例。注册制下的 IPO 实务案例俯拾皆是，这就需要花费大量精力收集、评价案例，并精选出典型案例。典型案例具有代表性和导向性，要么能提供特定或者丰富的审核关注点，要么能直接代表某项问题在审核中的权威要求。例如，能够表达出注册阶段审核要求的案例肯定最具权威性，出自证监会或交易所现场检查或现场督导的案例肯定具有更强的导向性。

本书各章节的论述基本采用理论分析和案例讨论相结合的形式，引用案例并非直接摘抄，而是在案例披露信息的基础上进行了概括和简化。理论和案例融为一体，能够保证行文流畅自然。

三、致谢

付梓之际，百感交集！借此机会，对诸位领导、师长、朋友致以诚挚的感谢！

感谢首创证券总经理毕劲松先生对本书的鼎力推荐。2009年，我从首创证券开始了投行内核委员会委员生涯，并连续担任两届首创证券的独立董事，由此增加了许多对投行业务的直接认知，也大大拓宽了我基于财务背景之上的专业视野。

感谢中国财务舞弊研究中心联合主任叶钦华博士对本书的鼎力推荐。中国财务舞弊研究中心是厦门国家会计学院牵头发起的研究智库，叶博士是国内财务舞弊智能识别领域的拓荒者之一。我于2017年受邀担任中国财务舞弊研究中心的特约研究员，希望本书的出版也能为该中心璀璨的学术研究增加一丝光彩。

感谢尚势资本合伙人程杨先生对本书的鼎力推荐。程杨兄是我多年好友，他于2014年创建尚势资本，和蒋铭、柳迪两位才俊共同开启了风险投资事业。我时常回想起受聘担任尚势资本财务顾问期间与他们的交流和碰撞，"丈夫志四海，万里犹比邻"，祝他们继续守正出新、行稳致远。

特别感谢大华会计师事务所首席合伙人梁春先生拨冗为本书作序。今年已经是我担任大华合伙人的第十一个年头，深感个人在大的平台才能有大的发展。"大华"是中国最早的会计师事务所民族品牌之一，薪火相传、弦歌不辍，大华人同心同力，一定能够接力创造大华更加美好的未来。

特别感谢学界泰斗李若山教授拨冗为本书作序。李老师和我既同为厦大学子，又是师生关系。李老师说我们厦大会计系学子"背靠大树好乘凉"，对学生后辈而言，您亦是我们所能仰仗的参天大树。您的青眼相加，让我既惶恐又骄傲，也必将激励我在理论和实务相结合的道路上继续砥砺前行。

写作本书的这三年多，可能是我四十多年的人生中最为焦虑的时光，焦虑来自四面八方，又似乎不知从何而来，这种层层叠叠的压迫感或许就是所谓的"中年危机"吧。思考和写作，是对抗无端愁绪的良方。"千磨万击还坚劲，任尔东西南北风"，许多年后，当我回望这一段人在中年的特别岁月，必定会庆幸用寻章摘句坚定地穿越了人生迷途。

本书是我对自己近几年专业工作、研究和写作的系统总结，也希望本书能够给拟上市公司的高级管理人员，会计师事务所、保荐机构、股权投资机构的从业人员，以及财务和投资相关专业的高校师生提供一些有益的参考。限于作者水平，本书尚有很多不足之处，恳请读者不吝赐教。

叶金福
2022 年 7 月

| 目录 |

推荐序一（李若山）

推荐序二（梁　春）

前　言

第 1 章　IPO 财务的框架和重点 / 1

    1.1　IPO 注册制和会计准则变更　/ 2

    1.2　IPO 财务的框架、特征和重点　/ 12

第 2 章　新收入准则的特征、会计判断及在 IPO 中的运用 / 25

    2.1　新收入准则的特征和相关会计判断　/ 26

    2.2　里程碑法的原理及在 IPO 中的具体运用　/ 52

    2.3　定制软件开发的收入确认方法　/ 69

    2.4　信息系统集成的收入确认方法　/ 78

    2.5　EPC 项目的收入确认方法　/ 90

    2.6　新收入准则下 IPO 收入确认方法的总结　/ 97

第 3 章　IPO 中研发投入的规范和重点　/ 103

3.1　研发投入的定义和规范性要求　/ 104

3.2　研发投入在三个口径下的差异和统一　/ 110

3.3　研发投入中与生产成本有关的常见问题　/ 123

3.4　开发支出资本化的会计判断及在 IPO 中的具体运用　/ 134

3.5　科研项目相关政府补助能否计入经常性损益　/ 154

第 4 章　IPO 中应收款项和合同资产的减值准备计提方法　/ 159

4.1　应收账款坏账准备的计提方法　/ 160

4.2　合同资产减值准备的计提方法　/ 173

4.3　应收票据的分类和减值问题　/ 185

第 5 章　IPO 公司的股份支付及重点问题　/ 191

5.1　股份支付行为的判定　/ 192

5.2　股份支付的授予日、公允价值和计量方式　/ 198

第 6 章　IPO 内部控制的框架、要点和缺陷　/ 209

6.1　IPO 内部控制的框架和要点　/ 210

6.2　IPO 视角下的内部控制缺陷　/ 233

第 7 章　IPO 财务专项核查的风险导向和核查程序　/ 255

7.1　IPO 财务专项核查的重点和风险导向　/ 256

7.2　IPO 财务专项核查的主要程序　/ 266

后　记　/ 291

第 1 章

IPO 财务的框架和重点

1.1　IPO 注册制和会计准则变更

1.2　IPO 财务的框架、特征和重点

1.1 IPO 注册制和会计准则变更

2019 年上海证券交易所（也称上交所）科创板的设立，是中国资本市场具有"里程碑"意义的大事件，自此开始，A 股的 IPO 注册制快速落地。

2019 年 3 月，上海证券交易所科创板开始受理 IPO 申请。

2020 年 4 月，全国中小企业股份转让系统（新三板）精选层开始受理 IPO 申请。

2020 年 6 月，注册制下的深圳证券交易所（也称深交所）创业板开始受理 IPO 申请。

2021 年 9 月，北京证券交易所（也称北交所）成立。2021 年 11 月，首批公司在北交所上市，同时新三板精选层公司全部平移至北交所。

上交所科创板推出之前，A 股的 IPO 申请分为主板上市、中小板上市和创业板上市，中小板和主板已经于 2021 年 2 月合并，创业板已经于 2020 年 6 月过渡为注册制下的创业板。截至 2022 年 6 月底，除申报主板的 IPO 公司仍然采用核准制并在证监会审核之外，申报科创板、创业板和北交所的 IPO 公司均采用注册制，由交易所进行发行上市审核并报经证监会履行发行注册程序。虽然 A 股尚未实行全面注册制，[①]但由于申报主板的 IPO 公司属于少数，所以目前大部分的 IPO 公司实际上已适用注册制。

---

① 截至 2022 年 6 月底，上交所科创板、深交所创业板和北交所均实行试点注册制。根据证监会和交易所的公开数据，截至 2022 年 6 月 30 日，A 股在审的 IPO 公司共有 1089 家，其中科创板、创业板和北交所等 IPO 注册制下审核的公司合计为 772 家，占全部在审公司的比例为 71%。从证监会在 2022 年关于推进注册制的公开表态来看，经过前期在不同板块的充分试点，A 股市场的全面注册制已经是箭在弦上了。

1.1.1 IPO 注册制带来的审核机制变化

从科创板发端的注册制实践来看，IPO 注册制的实质，绝不是监管机构只对申报文件进行形式审查，而是以强制性充分信息披露为核心，同时辅以对 IPO 公司进行必要现场检查或对中介机构进行现场督导的发行监管制度。与核准制相比，监管机构在注册制下的问询力度显著加大，非常强调"刨根问底"式地"问出一个真公司"。在审核程序上，注册制下需要两次"过会"，前一次是在交易所问询后通过交易所上市委员会会议的"过会"，后一次是报送证监会履行注册程序的"过会"。

与核准制相比，注册制下的 IPO 审核方式并未"脱实入虚"，但审核标准和审核过程的确变得越来越公开化和透明化。

1.1.1.1 审核标准公开化

上交所科创板推出之前，主板和中小板的 IPO 主要受《首次公开发行股票并上市管理办法》（以下简称首发办法）的规范，创业板的 IPO 则受《首次公开发行股票并在创业板上市管理办法》的规范。核准制下，证监会对于 IPO 中常见具体问题的审核一直没有形成公开的、法规层面的审核标准，审核规范主要通过监管机构组织的保荐代表人培训来传达，某些相同问题在不同 IPO 公司的审核中甚至会呈现个性化的审核要求。

注册制下，上海证券交易所首先于 2019 年 3 月发布《上海证券交易所科创板股票发行上市审核问答》（以下简称科创板审核问答）。从此，一直由监管部门掌握的 IPO 审核标准逐步规范化、公开化，并成为 IPO 公司和中介机构在处理相关法律和财务问题时可以真正把握的尺度和规范。

继上海证券交易所发布适用于科创板的审核问答之后，证监会于2019年3月发布《首发业务若干问题解答》（以下简称首发问题解答）并于2020年6月进行了修订。首发问题解答共有54个问题，具有普适性，适用于各交易所全部上市板块。2020年6月，深圳证券交易所发布《深圳证券交易所创业板股票首次公开发行上市审核问答》（以下简称创业板审核问答），适用于创业板。2021年11月，北京证券交易所发布《北京证券交易所向不特定合格投资者公开发行股票并上市业务规则适用指引第1号》（以下简称北交所规则指引），适用于北交所。

证监会和各交易所发布的首发问题解答与问答，几乎涵盖了IPO公司所有常见的重要法律和财务问题，在当前IPO实务中已经成为最重要的审核标准。IPO公司和中介机构需要对上述解答与问答中所列举的问题进行充分核查，并在IPO申报和问询回复的材料中进行必要的披露。

此外，证监会不定期发布的《监管规则适用指引》，各交易所不定期发布的《上市审核业务指南》《上市审核动态》和《会计监管动态》等技术规范性文件，也会对IPO审核中发现的有代表性的问题进行总结和明确处理规则，说明监管机构对于IPO审核标准的制定也在不断地推陈出新。

1.1.1.2　审核过程透明化

注册制下，IPO公司的审核是完全公开、透明的。IPO公司编制的招股说明书，保荐机构出具的发行保荐书和上市保荐书，会计师出具的审计报告和律师出具的法律意见书等文件,一经受理,全部在交易所网站公开;交易所和证监会在多个轮次中问询的问题,以及 IPO 公司和中介机构的反馈答复,除部分可申请豁免披露的敏感信息之外,全部需要及时、完整地在交易所网站进行公开披露。

注册制下"受理即披露、披露即担责"的规则,对 IPO 公司和中介机构所负责的 IPO 信息披露质量提出了极高的要求。从 IPO 申请被受理开始,IPO 公司和中介机构就必须承担信息披露或 IPO 核查不完整、不准确、不到位的风险,就必须面对新闻媒体、竞争对手、客户和供应商以及其他社会公众的关注、质疑或举报。

1.1.1.3 现场检查和现场督导的常态化

注册制下,证监会和交易所对 IPO 公司的现场检查和对保荐机构的现场督导已经制度化和常态化,现场检查和现场督导是发行上市审核全链条监管中的重要一环。

根据证监会发布的《首发企业现场检查规定》,检查对象确定包括问题导向和随机抽取两种方式,在发行上市审核和注册阶段,首发企业存在与发行条件、上市条件和信息披露要求相关的重大疑问或异常,且未能提供合理解释、影响审核判断的,可以列为检查对象。根据交易所发布的《上海证券交易所科创板发行上市审核规则适用指引第 1 号——保荐业务现场督导》和《深圳证券交易所创业板发行上市审核业务指引第 1 号——保荐业务现场督导》,现场督导以保荐人为主,可根据需要对会计师事务所等证券服务机构一并实施现场督导。督导对象由问题导向和随机抽取两种方式确定产生。

实务中,被抽中现场检查或现场督导的 IPO 公司,大部分都不得不在检查前主动撤回或在检查后被动撤回 IPO 申请，这足以说明监管机构以问题为导向进行检查或督导的威力。

1.1.2 注册制下 IPO 财务方面的变化

注册制下，亏损企业可以上市，最近一期末存在累计未弥补亏损的企业也可以上市。与核准制相比，这是两个最具根本性的 IPO 财务方面的变化。由于注册制下各板块均高度强调 IPO 公司的科技和创新属性，故研发投入在 IPO 财务中的地位得到了空前的提高。

1.1.2.1 对盈利指标的包容性大幅增加

核准制下，强调 IPO 公司应具有"持续盈利能力"。主板发行条件中对 IPO 公司的盈利指标要求，是"最近三个会计年度净利润均为正数且累计超过人民币 3000 万元"。原创业板发行条件中对 IPO 公司的盈利指标要求，是"最近两年连续盈利，最近两年净利润累计不少于 1000 万元；或者最近一年盈利，最近一年营业收入不少于 5000 万元"。虽然法定的盈利条件看似不高，但在核准制下的审核实践中对盈利条件存在隐形的"门槛"，主板 IPO 公司一般要求是报告期最后一年净利润不低于 8000 万元，创业板则是报告期最后一年净利润不低于 5000 万元。此外，"持续盈利能力存在重大不确定性"是核准制下最主要的 IPO 否决理由之一。

注册制下，强调 IPO 公司应具有"持续经营能力"，阶段性或策略性的亏损可能并不会影响公司的持续经营能力。《上海证券交易所科创板股票上市规则（2020 年 12 月修订）》《深圳证券交易所创业板股票上市规则（2020 年 12 月修订）》和《北京证券交易所股票上市规则（试行)》等规则中均规定了"市值及财务指标"的上市条件，[○]盈利标准只是可选择的上市条件之一。三个板块所规定的盈利标准中，均可以选择一年盈利或两年盈利的标准，其中科创板同时需要满足预计市值不低于10亿元的市值标准，创业板一年盈利同时需要满足预计市值不低于10亿元的市值标准，北交所则同时需要满足预计市值不低于2亿元的市值标准和满足不低于8%的加权平均净资产收益率标准。

在满足相关市值标准的情况下，不盈利企业达到收入标准、经营活动产生的现金流量标准、研发投入标准时也可以申请上市；在满足相关市值标准的情况下，还没有产生收入的创新药研发企业、医疗器械企业等在符合条件的前提下也可以申请上市。

注册制不再单独强调 IPO 公司的盈利指标，注册制下上市指标的多样性和包容性，客观上也大大减少了 IPO 公司财务操纵的动机，更有利于信息披露的真实性。

○ 科创板有 5 套上市的市值及财务指标：(1) 预计市值不低于人民币 10 亿元，最近两年净利润均为正且累计净利润不低于人民币 5000 万元，或者预计市值不低于人民币 10 亿元，最近一年净利润为正且营业收入不低于人民币 1 亿元；(2) 预计市值不低于人民币 15 亿元，最近一年营业收入不低于人民币 2 亿元，且最近三年累计研发投入占最近三年累计营业收入的比例不低于 15%；(3) 预计市值不低于人民币 20 亿元，最近一年营业收入不低于人民币 3 亿元，且最近三年经营活动产生的现金流量净额累计不低于人民币 1 亿元；(4) 预计市值不低于人民币 30 亿元，且最近一年营业收入不低于人民币 3 亿元；(5) 预计市值不低于人民币 40 亿元，主要业务或产品需经国家有关部门批准，市场空间大，目前已取得阶段性成果。

创业板有 3 套上市的市值及财务指标：(1) 最近两年净利润均为正，且累计净利润不低于 5000 万元；(2) 预计市值不低于 10 亿元，最近一年净利润为正且营业收入不低于 1 亿元；(3) 预计市值不低于 50 亿元，且最近一年营业收入不低于 3 亿元。

北交所有 4 套上市的市值及财务指标：(1) 预计市值不低于 2 亿元，最近两年净利润均不低于 1500 万元且加权平均净资产收益率平均不低于 8%，或者最近一年净利润不低于 2500 万元且加权平均净资产收益率不低于 8%；(2) 预计市值不低于 4 亿元，最近两年营业收入平均不低于 1 亿元，且最近一年营业收入增长率不低于 30%，最近一年经营活动产生的现金流量净额为正；(3) 预计市值不低于 8 亿元，最近一年营业收入不低于 2 亿元，最近两年研发投入合计占最近两年营业收入合计比例不低于 8%；(4) 预计市值不低于 15 亿元，最近两年研发投入合计不低于 5000 万元。

1.1.2.2　最近一期末不存在未弥补亏损不再是上市条件

首发办法和原创业板首发办法中，IPO 申报前最后一个报告期末不存在未弥补亏损，即未分配利润为正数，是首发上市最重要的财务条件之一。注册制下，《科创板首次公开发行股票注册管理办法（试行）》《创业板首次公开发行股票注册管理办法（试行）》《北京证券交易所向不特定合格投资者公开发行股票注册管理办法（试行）》等法规中已不再要求最近一期末不存在未弥补亏损。存在未弥补亏损的，IPO 公司应分析存在未弥补亏损的成因、影响和趋势，中介机构则需要审慎判断 IPO 公司存在未弥补亏损的情况是否影响其持续经营能力。

取消最近一期末不存在未弥补亏损的上市条件，和注册制下 IPO 公司不再以连续盈利作为上市财务指标的逻辑是一致的。

1.1.2.3　账面净资产值整体折股时存在未弥补亏损不再是上市障碍

证监会于 2019 年 1 月发布的《发行监管问答——关于首发企业整体变更设立股份有限公司时存在未弥补亏损事项的监管要求》中，对于在有限责任公司按原账面净资产值折股整体变更为股份有限公司时存在未弥补亏损的 IPO 公司，明确规定应当自完成整体变更的工商登记后运行满 36 个月才满足上市条件。

证监会于 2019 年 3 月发布的首发问题解答中的第 52 问，已废止了上述发行监管问答。根据新规定，原账面净资产值整体折股时存在未弥补亏损，或者整体变更时不存在未弥补亏损，但因会计差错更正追溯调整报表而致使整体变更时存在未弥补亏损的，对于全部 IPO 板块都不再是上市障碍。

整体改制是基于法律主体的法定程序，故上述未弥补亏损是指母公司单体的未分配利润。整体改制时可存在未弥补亏损的规定，和上述最后一个报告期末合并报表口径下可以存在未弥补亏损的逻辑是统一的。

1.1.2.4 研发投入的地位空前上升

科创板于2019年的"横空出世"，首先把IPO公司的研发活动推到了非常核心的地位。科创板强调"硬科技"定位，高强度的研发投入是其最重要的财务表征。2020年3月，科创板推出了科创属性评价指标体系，后又于2021年4月进行了修订，㊀研发投入指标从此具有了量化标准，并真正成为科创板的上市条件之一。

注册制下创业板的行业定位可以归纳为"三创四新"，即企业符合"创新、创造、创意"的大趋势，传统产业与"新技术、新产业、新业态、新模式"深度融合。申报创业板的IPO公司在论证其是否符合创业板定位时，研发投入的情况是最重要的支持性证据之一。北交所强调其主要定位是为"专精特新"中小企业服务，"专精特新"认定标准包括从事特定细分市场年限、研发费用总额、研发强度、营业收入等基本条件，可见研发投入的情况也是符合北交所定位的重要标准之一。

目前，除了主板之外，研发投入指标不但是重要的IPO发行条件，而且是招股说明书需要披露的重要财务指标之一。可以看出，注册制试点实施之后，科创板、创业板和北交所都强调IPO公司的科技和创新属性，这也就非常自然地把企业的研发活动和研发投入推到了更为广泛、

㊀ 《科创属性评价指引（试行）》中规定，申请科创板上市一般情况下需要同时满足下列四项研发指标：（1）最近三年研发投入占营业收入比例5%以上，或最近三年研发投入金额累计在6000万元以上；（2）研发人员占当年员工总数的比例不低于10%；（3）形成主营业务收入的发明专利5项以上；（4）最近三年营业收入复合增长率达到20%，或最近一年营业收入金额达到3亿元。选择第五套上市标准的，可不适用上述第（4）项指标中关于"营业收入"的规定；软件行业不适用上述第（3）项指标的要求，研发投入占比应在10%以上。

更为深入的重要地位。

持续的、高强度的研发投入是形成新技术、新产品、新市场的前提，尚处于大量研发投入阶段的企业一般还不能产生丰厚的盈利。注册制下对科技创新型企业的支持和包容，是上述 IPO 财务指标发生重大变化的根本原因。

1.1.3　会计准则层面的 IPO 财务变化

前面讲过，在《企业会计准则》层面，IPO 公司自 2019 年 1 月 1 日起开始执行修订后的金融工具准则，自 2020 年 1 月 1 日起开始执行修订后的收入准则，这两项准则对 IPO 财务的影响最具普遍性和重要性。

1.1.3.1　执行新收入准则

2017 年，财政部修订印发了 2017 版《企业会计准则第 14 号——收入》（以下简称新收入准则）。根据财政部和证监会的部署，申请首发企业应当自 2020 年 1 月 1 日起执行新收入准则，同时 2006 版《企业会计准则第 14 号——收入》和《企业会计准则第 15 号——建造合同》㊀不再执行。

新收入准则的实施，可能是自 2006 年《企业会计准则》实施以来准则层面发生的最大变化。在新收入准则下，不再区分原准则下所规定的具体交易形式，收入确认由"控制权转移模型"替代原准则下的"风

㊀ 为便于简洁行文，以下将 2006 版《企业会计准则第 14 号——收入》和《企业会计准则第 15 号——建造合同》简称为原准则。同时，再单独将 2006 版《企业会计准则第 15 号——建造合同》简称为建造合同准则。

险报酬转移模型"。

新收入准则的条文尽管看上去晦涩难懂,但其收入确认模型的清晰度较原准则有了非常大的改进。与原准则相比,部分 IPO 公司在新收入准则下应采用的具体收入确认方法可能会产生重大变化。IPO 公司应披露新收入准则实施前后收入确认会计政策的主要差异以及实施新收入准则在业务模式、合同条款、收入确认等方面产生的影响。

1.1.3.2　执行新金融工具准则

财政部于 2017 年修订印发了 2017 版《企业会计准则第 22 号——金融工具确认和计量》等四项与金融工具相关的准则(以下统称新金融工具准则)。根据财政部和证监会的部署,申请首发企业应当自 2019 年 1 月 1 日起开始执行新金融工具准则。

在新金融工具准则下,金融资产的分类是基于企业管理金融资产的业务模式及该资产的合同现金流量特征而确定的。新金融工具准则取消了原金融工具准则中的分类类别,将金融资产划分为以摊余成本计量的金融资产、以公允价值计量且其变动计入其他综合收益的金融资产、以公允价值计量且其变动计入当期损益的金融资产三类。

新金融工具准则要求金融资产减值计量由"已发生损失模型"改为"预期信用损失模型",新模型适用于以摊余成本计量的金融资产、以公允价值计量且其变动计入其他综合收益的金融资产,以及贷款承诺和财务担保合同。

在 IPO 实务中,新金融工具准则的执行主要产生了两类普遍性的影响。一是基于管理金融资产的业务模式及该资产的合同现金流量特征,对原金融资产重新进行分类和开始以公允价值计量;二是在"预期信用损失模型"下,应收账款和合同资产坏账准备的计提可能会采用不同的具体方法，新方法与原金融工具准则下普遍使用的账龄分析法可能会出现明显的区别。

对于会计准则出现的重大变化，作为准则的制定机构和解释机构，财政部陆续出台《企业会计准则解释》《企业会计准则实施问答》《收入准则应用案例》等规范性文件，对新准则在实务中的运用进行进一步的指导和规范。这些规范性文件对相关实务问题的影响，也将会体现在IPO公司的财务问题之中。

新的会计准则在IPO公司开始实施后，一般需要一个与IPO审核不断碰撞的过程，并最终在实务中形成具有普适性的具体会计方法。与原会计准则相同，新收入准则和新金融工具准则同样存在较大的会计判断的空间。对于高度强调"问出一个真公司"的IPO注册制审核，新准则下会计方法的选择势必会成为IPO财务中的重点问题，并对IPO财务框架产生较大的影响。

1.2 IPO财务的框架、特征和重点

IPO财务的目标，是保证IPO公司财务报告及相关财务信息的真实性、准确性和完整性。

财务报告生成的过程，即企业根据报告期内发生的业务和交易，通过选择具体的会计政策和会计估计（具体的会计政策和会计估计以下统称为会计方法），建立有效的内部控制（实务中也简称内控）制度，及时生成财务会计信息的过程。业务和交易、会计方法、内部控制，构成了生成财务报告的三个基本维度。由于业务和交易具有客观性，财务信息只是对其进行如实反映，故一般的财务报告框架应包括会计方法和内部控制两项内容。

在实务中，财务会计信息的特征受不同使用场景的重大影响，从而影响财务框架下会计方法的选择和内部控制的构建。IPO财务最显著的场景是IPO公司经过广泛、严密、深入的辅导、核查和审核，能够实质性满足注册制下"真公司"的要求。

IPO场景下所强调的"真公司"，核心是IPO公司财务信息的真实性。影响真实性的因素来自两个方面：一方面是未能选用正确的会计方法或未能建立有效的内控制度，导致财务报告信息未能如实反映公司真实的业务和交易；另一方面则是报告期内存在虚假的或经过粉饰的不真实财务信息，不真实财务信息来自IPO公司的财务操纵，财务操纵可能体现在管理层对会计方法的主观选择或滥用，更主要的是体现在管理层调节或虚构公司的业务或交易。

从IPO公司的角度，经过中介机构的辅导，选择适合IPO的会计方法，构建符合IPO需要的内部控制是形成"真公司"的重点。从中介机构核查的角度，通过执行一定的财务核查手段，尤其是对特定领域进行必要的财务专项核查，以确定IPO公司在会计方法层面、业务和交易层面都不存在财务操纵，是中介机构可以对"真公司"进行背书的重点。

选择适当的IPO会计方法、建立有效的IPO内部控制和防范出现IPO财务操纵，这三个维度共同构成了IPO财务的框架。

1.2.1 选择适当的IPO会计方法

前面讲过，一个重要的IPO会计方法，应该同时满足正确性和可控性两个原则。正确性，即会计方法符合企业会计准则的规定。由于会计方法经常具有可选择性，可选择性则可能会产生业绩粉饰，故依据可控性原则对会计方法进行选择是防范财务操纵的必然。

1.2.1.1　IPO会计方法的正确性

IPO财务中使用正确的会计方法，这是最基本的，似乎也是最简单的原则，但基于实际业务的复杂性，会计方法的确定有时候也会涉及重大的会计判断。

确定一项重要交易的具体会计方法，一般需要遵循以下过程：通过合同约定、资金流、实物流等信息对交易进行全面梳理，判断该交易在会计准则下的经济实质，对照会计准则关于此类业务的原则性规定，最终制定具体的会计方法。

在此过程中，导致会计方法不正确的原因主要有两类：一是对交易的经济实质判断不准确，导致使用了不适当的准则；二是准则适用不存在问题，但使用的具体会计方法不符合会计准则的规定。

1. 与交易的经济实质相符

经济实质，是会计准则所定义的业务或交易的经济实质，是相对于其法律形式或者其他形式而言的。例如最重要的销售业务，在原准则下需要将合同划分为准则所规定的销售商品、提供劳务、让渡资产使用权和建造合同四种收入类型，新收入准则下则根据规定，通过识别合同，确认单项履约义务，并将履约义务确定为某一时点履约或某一时段内履约。

经济实质也是一个会计判断的过程。有些交易的经济实质是比较模糊的，判断起来并不容易，因为有时候准则所定义的经济实质与其法律形式并不总是相符。例如在收入确认中，对"总额法"和"净额法"的判断，委托方和加工商之间的"购销方式的委托加工业务"是否构成收入等,往往需要运用"实质重于形式"的原则对其经济实质做出判断。

2. 具体会计方法符合准则规定

准则规定的会计政策是原则性的,实际运用中,需要根据交易的实际情况,在政策框架内制定相关的具体方法。例如,原准则下一项销售业务根据其经济实质认定为产品销售,新收入准则下则对照履约义务的条件将其认定为某一时点履约的单项履约义务,接下来制定可执行的具体方法时,还需要根据实际情况对收入确认时点和应取得的主要证据等做出进一步的确认。这些以时点和证据为核心的具体方法,需要符合相关收入政策下的原则。

在 IPO 实务中,对会计准则的理解不到位,或过度追求可控性,或者仅仅是出于简化核算的等,都可能会导致具体使用的会计方法出现不当。

1.2.1.2　IPO 会计方法的可控性

可控的会计方法,是指运用过程容易控制,站在外部审核的角度更容易验证的会计方法。具体而言,在会计政策层面,要求会计确认的依据需要具有充分的可验证性;在会计估计层面,则要求尽可能地限制过于自由的会计估计。

站在外部审核的角度,使用的方法过程越可控,存在财务操纵的可能性就越小。会计方法的可控性,是对会计确认和计量,从客观性、可比性和谨慎性三个角度进行的综合判断。

1. 客观性

(1) 会计确认的客观性。

会计确认的客观性，指对于经济业务的会计确认事项，尽可能选择更具有客观性的外部证据作为关键性业务证据，而不是仅仅选择真实性依赖于企业内部控制的内部证据。进行会计确认的前提，是对交易的经济实质做出判断，对某些交易而言，其经济实质存在可选择的空间，不同的选择可能会产生客观性存在显著差异的会计确认，这种情况下，IPO 公司一般要依据会计确认的客观性对经济实质的认定做出选择。

在原准则下，某些销售业务可能既具有完工百分比也具有一次性确认收入的特征；在新收入准则下，某项履约义务可能既具有某一时段内履约的特征，也具有某一时点履约的特征。原准则下的完工百分比或新收入准则下的履约进度，可能只能以企业内部的成本进度来确定，而成本进度高度依赖于成本归集和成本预测的内控制度，往往缺乏必要的客观性；在原准则下经客户验收一次性确认收入或在新收入准则下以客户验收作为时点法下的确认时点，客户的完工验收显然比企业内部的成本进度具有更好的客观性。两种方法相比较，基于外部审核的角度，一次性确认收入的方法显然更具有可控性。

开发支出资本化还是费用化，也是一个关于会计政策客观性的典型选择。对于大部分科技型企业的研发活动来说，无论是费用化处理还是资本化处理，在准则层面都属于可以选择的会计方法。但在大部分情况下，开发支出进行资本化处理，开发阶段的起止时点缺乏客观性证据，开发支出的归集也完全有赖于内部控制，与选择全部费用化处理比较，开发支出资本化处理属于不具有可控性的会计方法。

（2）会计计量的客观性。

在会计计量的实际运用中，计量基础和计量方法都存在客观性的问题。会计计量的客观性，主要体现在依据业务和资产的实际情况，有意减少对公允价值计量的使用，减少对长期资产的折旧摊销年限、坏账减值计提比例、存货跌价准备等事项过于主观的判断。

2. 可比性

可比性包括两个方面：一方面是指 IPO 公司本身的会计方法在整个报告期内保持一致性，不进行随意的变更；更重要的一个方面是指会计方法的选择要与同行业可比公司，尤其是同行业可比 IPO 公司保持一致。可比 IPO 公司经过长期的审核磨砺，重要事项一般都会形成一种或两种主流的会计方法。如果一个 IPO 公司对相同事项采用了与大多数可比 IPO 公司不同的会计方法，则很可能说明其采用的方法是不正确或不可控的。

3. 谨慎性

会计的谨慎性原则，要求使用的会计方法不应高估资产或收益，低估负债或费用。在计量方面，收入计量中对于可变对价的估计，或有事项中对于预计负债的估计等都要考虑谨慎性要求。在确认方面，当一个履约义务同时存在两个都具有正确性和客观性的收入确认时点时，选择靠后的时点也是谨慎性的体现。

一种会计方法如果同时具有客观性、可比性和谨慎性，那么就是具有最佳可控性的方法。不同时具备这三种性质的情况下，客观性应该处于优先选择的地位，即在保持客观性的前提下尽量选择与同行业更可比和更具谨慎性的会计方法。

1.2.1.3　正确性和可控性的关系及趋势

正确性是 IPO 会计方法的前提，可控性必须建立在正确性之上，只不过具有正确性的方法可能并不唯一，IPO 中应该选择相对更具有可控性的方法。

正确性和可控性在 IPO 实践中也是一个不断互相修正的过程，以下就是两个关于二者关系的例子。

1. 股份支付计量方式的变化

2021 年 5 月财政部发布的《股份支付准则应用案例》，对于授予员工股票的锁定期是否实质属于服务期限条件给出了明确的判断指引。该案例发布之前，锁定期在实务中经常被判断为"没有明确约定服务期"，故部分 IPO 公司于授予当期一次性确认全部股份支付费用。这种处理不违反会计准则的规定且具有很好的可控性。

《股份支付准则应用案例》发布之后，"授予当期一次性确认全部股份支付费用"成为不正确的会计方法。根据正确性原则，部分 IPO 公司对股份支付由原一次性计入费用更正为按等待期分期计入费用，等待期的确定直接影响到各期盈利，且实务中关于等待期的确定具有很大的可调节空间，实际上对业绩的影响是不太可控的。

2. 预期信用损失的计提方法

根据新金融工具准则，应收账款计提预期信用损失的方法应根据历史迁徙率不断进行调整，但在 IPO 实务中以固定比例计提坏账仍然是主流。在报告期内以固定比例计提坏账显然比变动比例更具有可控性，但对正确性的遵守则存在些许瑕疵。

基于注册制下 IPO 审核标准的公开化、透明化的趋势，从 IPO 实务中的审核特征来看，凡是涉及会计方法的问询，具体的论证最终都会聚焦到"是否符合企业会计准则规定"的结论上来，凡是存在选择可控性方法的情况，对客观性的要求越来越明确，对可比性、谨慎性的定量分析越来越重于定性分性。从趋势上看，IPO 会计方法的正确性将越来越重要，同时在正确性前提下的可控性也将越来越突出。

1.2.2　建立有效的 IPO 内部控制

"发行人的内部控制制度健全且被有效执行,能够合理保证财务报告的可靠性、生产经营的合法性、营运的效率与效果",是核准制和注册制下首发办法的共同要求。可以看出,内部控制制度健全有效是重要的上市条件,IPO 公司需要建设全面的内部控制体系。

IPO 公司的内部控制建设,应以《企业内部控制基本规范》及其配套指引作为标准。在 IPO 报告期内,对财务内控存在的缺陷,应通过中介机构上市辅导完成整改或纠正,并达到与上市公司要求一致的财务内控水平。

IPO 审核的核心是"问出一个真公司",故财务报告可靠性目标是 IPO 公司内部控制的最重要目标,与财务报告相关的内部控制是 IPO 内部控制建设的重点,具体包括加强会计基础工作的规范、加强资金使用的规范性管理,完善主要业务循环的内部控制建设并强化有效执行。

IPO 注册制实施以来,IPO 内部控制的要求在以下两个方面得到了进一步强化。

1. 内部控制审核的公开化

由于注册制下 IPO 审核越来越公开化和透明化,对于可能存在问题的内部控制,审核中经常要求 IPO 公司公开披露相关业务或事项实际执行的内部控制制度,并判断内部控制是否存在缺陷,对存在的缺陷是否已进行必要的整改,是否构成对内部控制制度有效性的重大不利影响。

有的问询中甚至要求 IPO 公司全面披露其内部控制手册的内容,这就明确地对 IPO 公司全面内部控制的健全和有效性提出了更高层次的要求。

2. 与资金管理相关的内部控制的标准化

证监会首发问题解答中，明确了与资金管理相关的财务内部控制不规范事项，并要求 IPO 公司和中介机构进行逐一核查，报告期内存在不规范事项的，应详细披露内部控制缺陷的性质和整改情况。对资金管理规范的标准化要求，除了基于资金不规范行为很可能属于违法违规的原因之外，更重要的是防止 IPO 公司通过不规范的资金流动为利用体外资金循环进行财务舞弊提供资金周转渠道。

1.2.3 防范出现 IPO 财务操纵

财务操纵，原则上可以分为财务舞弊和业绩粉饰两类。财务舞弊即财务造假，业绩粉饰在性质上属于盈余管理的范畴，是个中性概念，但过度地进行业绩粉饰同样会扭曲经营业绩。

1.2.3.1 财务操纵的方法

财务舞弊和业绩粉饰，都是管理层基于其主观故意而组织实施的，从方法上看，均包括利用会计方法和非会计方法。

1. 财务舞弊的方法

财务舞弊的会计方法，是指管理层为达到操纵利润的目的而滥用会计政策和会计估计。在 IPO 过程中，通过会计方法进行舞弊是罕见的，一是因为会计方法的运用是比较直观的，IPO 期间内的滥用很容易被核查和审核发现，二是因为会计方法大多数情况下只能将业绩前后移动，并不产生真正的虚假利润。

财务舞弊的非会计方法，是指管理层为达到虚增报表业绩的目的而实施的业务和交易作假。业务作假往往是系统性作假，即先设定目标利润，再虚构业务流程，通过会计系统最终体现在财务报表上。相对于会计方法，非会计方法是业务或交易的源头造假，虚假的业务和交易与真实的业务和交易具有同样的流程，过程隐蔽，且更容易大规模虚增业绩，故实务中的IPO舞弊多属于经营活动造假。

2. 业绩粉饰的方法

业绩粉饰是一种盈余管理行为，通常以不损害正常经营、不歪曲正常业绩为限，相关业务或交易也应限制在正常的内部控制程序之内。如果盈余管理是以达到设定的盈利水平为最重要目标，管理层采取的是不符合内部控制要求或不具有可持续性的经营手段，那么显然属于过度的业绩粉饰，即使实现了短期盈利目标，也很可能为未来持续经营带来较大的不利影响。

业绩粉饰过度与否并没有清晰的边界，故在IPO审核高度强调"真公司"的场景之下，所有的业绩粉饰都可以归入IPO财务操纵的范畴。

与财务舞弊相同，业绩粉饰也包括会计方法和非会计方法。IPO实务中，由于审核中强调会计方法的可控性，故为提升业绩而选择不可控的会计方法大致等同于利用会计方法进行业绩粉饰。业绩粉饰的非会计方法，是管理层对正常业务进行调节而非虚构业务。常见的非会计方法包括对客户放宽信用条件促进短期销售增长，推迟广告投入减少销售费用，短期降低员工工资等。业绩粉饰的非会计方法与财务舞弊的非会计方法存在本质差异，差异的核心是业务的真实性。

1.2.3.2 对财务操纵的核查

防范IPO财务操纵的最重要手段，是保荐机构和会计师对IPO公司的财务核查。保荐机构对 IPO 公司财务所做的尽职调查，会计师对 IPO 公司进行的独立审计，均应以对财务操纵的核查为导向和重心。

对财务操纵的核查，既包括对利用会计方法进行财务操纵的核查，又包括对利用非会计方法进行财务操纵的核查。非会计方法涉及对 IPO 公司业务和交易的真实性核查。

中介机构可以通过评价会计方法的可控性，分析内部控制的缺陷，执行以财务信息和非财务信息的相互印证为核心的财务分析，核查银行资金流水、关联方、客户和供应商、经销商终端客户等重要事项，最终识别出 IPO 财务中存在的财务操纵信号，防范 IPO 公司在报告期内出现重大的财务操纵行为。

1.2.4　IPO 财务框架下的重点问题

我们可以基于选择适当的 IPO 会计方法、建立有效的 IPO 内部控制、防范出现 IPO 财务操纵三个维度的 IPO 财务框架，根据 2019 年以来 IPO 注册制以及会计准则变更所引发的重要变化，确定以下重点 IPO 财务问题。

1.2.4.1　IPO 会计方法的重点

IPO 会计方法的重点，包括收入确认方法的会计判断和在实务中的具体运用，研发投入的真实性和开发支出资本化问题，应收款项和合同资产的减值准备计提，以及股份支付的相关问题四项内容。

1.2.4.2　IPO 内部控制重点

IPO 内部控制的重点，包括 IPO 公司建立内部控制的框架、要点及

IPO 公司存在的内部控制缺陷问题。对于内部控制缺陷，需要基于内部控制之下和内部控制之上两个视角，从业务流程中存在的控制偏差、资金管理中存在的不规范事项、申报之后的重大会计差错三个方面进行分析。

1.2.4.3 防范 IPO 中财务操纵的重点

防范 IPO 中财务操纵的重点，是基于中介机构的角度，论述 IPO 财务核查的导向问题和重要的专项核查方法。财务核查应以财务操纵风险为导向，通过识别高风险的舞弊领域，并主要采用延伸性核查程序，有效地判断 IPO 公司报告期内是否存在重大的财务操纵。

第 2 章

新收入准则的特征、会计判断及在 IPO 中的运用

2.1 新收入准则的特征和相关会计判断

2.2 里程碑法的原理及在 IPO 中的具体运用

2.3 定制软件开发的收入确认方法

2.4 信息系统集成的收入确认方法

2.5 EPC 项目的收入确认方法

2.6 新收入准则下 IPO 收入确认方法的总结

IPO 公司已于 2020 年 1 月 1 日开始执行新收入准则。为便于读者更好地理解新收入准则下的收入确认方法，本章对原准则下的收入确认方法也进行了论述和总结，并将新收入准则和原准则下的方法进行了相应的对比分析。

2.1 新收入准则的特征和相关会计判断

IPO 公司于 2020 年 1 月 1 日起开始执行新收入准则。在新收入准则下，不再区分销售商品、提供劳务、让渡资产使用权和建造合同等具体交易形式，收入确认由统一的"控制权转移模型"替代原准则下的"风险报酬转移模型"，将与客户之间的合同收入划分为"在某一时段内"和"在某一时点"履约两种类型，并按照"五步法"进行收入的确认和计量。"五步法"包括以下五个步骤：第一步，识别合同；第二步，识别单项履约义务；第三步，确定交易价格；第四步，分摊价格至各单项履约义务；第五步，各单项履约义务于控制权转移时点确认收入。其中第一步、第三步和第五步主要与收入的确认有关，第五步又可以分为确定履约义务的类型（第五步之一）和确定收入确认的具体方法（第五步之二）两个步骤。

2.1.1 新收入准则较原准则的立场变化

新收入准则"控制权转移模型"是基于客户立场来确认收入，该模型之下，企业要站在客户的角度评估合同，并于客户取得商品的控制权时确认收入。控制权转移，意味着客户能够主导商品的使用并从中获得几乎全部的经济利益。

原准则"风险报酬转移模型"更多是基于企业立场，强调"企业已将商品所有权上的主要风险和报酬转移给购货方""企业既没有保留通常与所有权相联系的继续管理权，也没有对已售出的商品实施有效控制"，均是企业站在销售方的角度对风险和报酬转移进行判断。原准则下收入确认最为实质的条件"与商品所有权有关的主要风险和报酬转移"只是新收入准则下判断控制权转移的条件之一，并非具有决定性的充分必要条件。

综上，新收入准则的立场发生了根本变化，控制权转移直接与客户价值实现相关，企业应当基于客户的角度进行评估，而不应仅考虑企业自身的变化。对于 IPO 公司来说，基于客户角度，首先收入确认的证据应主要来源于客户而非来源于企业内部，其次客户的判断同样会具有主观性和倾向性，从保护自己利益的角度，对商品的接受应该更加慎重。

根据这一立场变化可以推测，收入确认更加强调客观性和谨慎性是新收入准则的应有之意。例如，新收入准则明确规定，时段法下的产出法优于投入法，因为产出法下的产出指标是客户认可的已转移的价值量，而投入法下的投入指标则来自企业内部的投入。

2.1.2 新收入准则和原准则在收入确认层面的对比

原准则下，销售商品收入以风险和报酬转移为确认基础，提供劳务和建造合同则主要采用完工百分比法。新收入准则取消了原准则下的收入分类，统一采用"五步法"确认收入。

原准则的收入确认也可以参考新收入准则下的"五步法"。原准则和新收入准则都以识别合同为确认收入的起点，收入确认的具体过程如表 2-1 所示。

表2-1 原准则下和新收入准则下收入确认的具体过程

准则	第一步	第二步	第五步之一	第五步之二
原准则	识别合同	识别合同中的一类或几类收入	分类为销售商品	确定商品所有权的主要风险和报酬转移给客户的时点
			分类为提供劳务	选择专业测量进度、劳务量进度或成本进度确定完工百分比
			分类为让渡资产使用权	选择一次性确认或分期确认
			分类为建造合同	选择专业测量进度、工作量进度或成本进度确定完工百分比
新收入准则	识别合同	识别合同中的一个或几个单项履约义务	分类为时点履约	确定商品控制权转移给客户的时点
			分类为时段履约	选择产出法或投入法确定履约进度

从表2-1可以看出，关键性差异是第二步和第五步之一，即识别业务并划分收入类别或履约义务。原准则下的四类收入的确认方法可以分为商品销售一次性确认和完工百分比法确认两大类，这两类方法与新收入准则下的时点履约和时段履约所对应的两类方法在操作层面上几乎是一致的。具体对应关系如表2-2所示。

表2-2 两类方法的对应关系

新收入准则下的两类方法	原准则下的两类方法	两类方法的具体对应关系
时段法，按照履约进度确认收入	完工百分比法确认收入	新收入准则下确定进度采用产出法和投入法（成本法），原准则下确定完工百分比的成本法即为投入法，工作量法和专业测量法即为产出法
时点法，在客户取得商品控制权时一次性确认收入	商品所有权的主要风险和报酬转移给客户时一次性确认收入	在原则层面存在差异，主要风险和报酬转移只是控制权转移的一个特征；在操作层面几乎不存在重大差别

在原准则下采用一次性确认收入的业务，在新收入准则下不一定分类为某一时点履约义务；在原准则下采用完工百分比法的业务，在新收入准则下不一定分类为某一时段内履约义务。同一销售合同在原准则和新收入准则下可能出现适用方法的错位，会导致收入确认结果出现重大差异。

2.1.3　新收入准则在确认和计量方面的改进

2.1.3.1　原准则在实务中的缺陷

1. 原准则的收入分类不够明确

原准则将交易划分为四类业务形式，每一类业务采用各自的政策确认收入，业务形式是收入确认的基础。原准则关于业务形式的定义比较模糊或者没有定义，加之有些交易本身兼具不同形式的特征，其业务形式并非"非此即彼"，所以某项交易是视为销售商品还是建造合同，是视为销售商品还是提供劳务等在实务中经常成为具有选择性的问题。例如，定制软件开发业务，是视为一项特定的软件产品而以商品销售的原则一次性确认收入，还是根据其提供劳务的性质而采用完工百分比法确认收入更为适当？再比如，游戏企业向玩家出售虚拟道具，是视为虚拟产品的销售一次性确认收入，还是视为提供游戏服务而分期确认收入更加合理？此外，建造合同准则对同类业务还存在按定量的重要性标准划分不同收入类型的空间，进一步加剧了收入分类在实务中的困扰。

一个合同也可能包括不同业务形式的多项内容，但原准则对合同的识别比较粗放。例如，原准则规定，同时销售商品和提供劳务的交易，只有在能够单独区分且单独计量的时候，才分别按销售商品和提供劳务进行处理，如果不能，统一为商品销售进行处理。实务中，"单独区分且单独计量"往往理解为单独业务、单独交付、单独售价和单独回款，这些条件一般是很难满足的，所以一个合同往往只能统一成一类收入，而这一类收入与包括多项内容和多种业务形式的合同实质是不一致的。

2. 原准则下完工百分比法应用范围过大

原准则下，提供劳务和建造合同都适用完工百分比法。这两类业务在原准则中的定义非常宽泛，带来的结果是完工百分比法在实务中的使用非常广泛。

（1）建造合同准则的适用过于宽泛。

满足建造合同的定义即适用建造合同准则。原则上，只要建造或生产的产品"体积大、周期长、金额大、先有合同再建设"就符合建造合同的定义，且上述四个特征中有三个都是依靠企业主观判断的定量标准。根据上述定义，除传统的土建工程、装修装饰、桥梁隧道等建筑承包业务之外，诸如定制设备的生产安装、信息系统集成、设备集成为主要内容的 EPC（engineering procurement construction，指包括设计、采购、施工的工程总承包模式）等行业同样能够完全满足建造合同的定义。

使用完工百分比法，实务中最大的困难是具有客观性的工作量进度或专业测量进度难以获取。成本进度来源于企业内部，最容易获取，但使用成本进度明显缺乏客观性，故对完工百分比法核算的严谨性带来很大的挑战。

（2）提供劳务中对完工百分比的变形使用。

定制软件开发、建筑设计、研发合同外包等智力密集型服务行业，属于典型的提供劳务，收入确认适用完工百分比法。智力密集型劳务在履约过程中一般不存在定期的劳务量或专业测量进度，但合同中往往规定按里程碑向客户交付工作成果并收取进度款项。

为了解决完工百分比法的客观性问题，部分智力密集型服务行业根据合同具有里程碑的特征，在实务中逐步形成了似乎兼具原则性和可操作性的里程碑法，即在适用完工百分比法分期确认收入的框架之下，只在几个固定的里程碑节点确认收入。由于里程碑法和完工百分比法下连续确认完工百分比的内在要求并不一致，尽管在实务中得到了广泛使用，但里程碑法在 IPO 审核中始终受到不符合准则规定的质疑。

严格而言，如果完全对照准则使用完工百分比，成本法很可能是唯一可选择的方法。对于智力密集型服务行业而言，其主要成本是人工成本，人工成本的变动直接受到员工工作能力和工作态度的影响，以人工成本预测为基础的成本法将会使完工百分比法更加不具可控性。

3. 原准则下收入计量没有系统的指南

原准则对收入计量没有提供系统的指南，只是规定按公允价值确定收入金额，并强调收入金额不能可靠地计量时不符合收入确认条件。原准则下收入的确认和计量存在一些混淆，对于存在计量困难的，收入无法在商品的风险和报酬转移时点及时确认。此外，如果合同中存在混合收入，凡是合同中没有明确规定价格的，一般都会倾向于视为不能单独计量；合同中存在可变对价的，经常由于存在计量难度而不倾向于确定可变对价。

2.1.3.2 新收入准则在原理上的改进

1. 使用新收入准则更容易识别业务

新收入准则倾向于尽可能地识别出合同中存在的全部单项履约义

务。新收入准则下判断企业承诺转让的究竟是单项商品还是由这些商品组成的组合时，强调商品是否整合为组合产出或商品之间是否具有高度关联性，并不像原准则过于强调"单独计量"的问题，故使用新收入准则在逻辑上比使用旧准则更容易识别出不同的履约义务。

新收入准则将履约义务只分为两类，且使用了先定义某一时段履约义务的排除法，相比原准则所定义的四类业务形式，新收入准则下的履约义务更为明晰也更容易辨别。例如前文所提到的游戏企业销售虚拟道具，在新收入准则下明显符合"履约的同时即取得并消耗企业履约所带来的经济利益"的特征，属于按时段确认的履约义务，继而虚拟道具收入需要分期确认。

2. 新收入准则将压缩完工百分比法的使用空间

原准则下分类为提供劳务或建造合同且使用完工百分比法确认收入的合同，在新收入准则下可能并不满足某一时段内履约的任一条件而无法按照履约进度确认收入，客观上压缩了完工百分比（履约进度）的使用空间。

3. 新收入准则的计量有完善的指南

新收入准则下，计量的可靠性已经不是收入确认的必要条件。新收入准则中的计量规定非常完善，一是详细列举了可能影响交易价格的可变对价、重大融资成分、非现金对价、应付客户对价等多种情况；二是对将交易价格分摊至各单项履约义务，给出单独售价法、市场调整法、成本加成法、余值法等多个可供选择的方法。一般情况下，单项履约义务的收入计量都不会成为问题，只要收入确认满足条件，均可以计量出明确的收入金额。

2.1.4 新收入准则存在的重大会计判断

任何会计准则的使用都会存在会计判断的问题。新收入准则在单项或多项履约义务的确定、某一时段或时点履约义务的确定、投入法和产出法的选择、时点法下的控制权转移时点的判断，以及可变对价的计量方面都存在重大的会计判断。不同的会计判断会导致不同的会计结果，只要存在重大会计判断，就存在可选择性的问题，原则上就存在以业绩为导向的业绩粉饰的空间。

2.1.4.1 单项或多项履约义务的选择

履约义务，是合同中企业向客户转让可明确区分商品的承诺。可明确区分商品，指在商品本身和合同层面都能够明确区分的商品。如果一个合同中存在几个本身可明确区分的商品，那么该合同构成一项履约义务还是包括多项履约义务就需要进行会计判断。具体判断情况如表2-3所示。

表2-3 履约义务的会计判断

常见影响项目	判断标准	会计判断	会计结果
确定可明确区分商品	在合同层面转让该商品的承诺不可单独区分的三种情况：和其他商品通过重大整合形成组合产出；对其他商品进行重大修改或定制；与其他商品具有高度关联性	不同商品之间是否存在重大整合、重大修改或定制、高度关联	判断为一项或多项履约义务，相应会滞后或提前确认合同收入，且多项义务的分拆会产生计量的会计判断问题
产品销售中的质量保证	提供的质量保证是属于符合既定标准的保证类质量保证还是既定标准之外的服务类质量保证。无法合理区分的同时存在的保证类和服务类质量保证，应当一起作为单项履约义务	既定标准的判断需要考虑法定要求、保证期限和性质	质量保证是否判断为单项履约义务，相应会滞后或提前确认质量保证相关收入，但质量保证收入的分拆会产生计量的会计判断问题

履约义务认定存在的可选择性，直接影响到合同收入的确认时点。以信息系统集成合同为例，合同一般包括硬件、软件、安装调试、质量保证四个本身可明确区分的商品，判断的关键是相关商品在合同层面的关联性。在不同的选择倾向下，合同中的四个商品可能判断为四个单项履约义务，也可能判断为一项形成组合产出的履约义务。一般情况下，确认为一项履约义务比确认为四项履约义务的收入确认在时点上更为靠后，并且不涉及履约义务分拆所带来的复杂计量问题，整体上更具有可控性。

质量保证是每一个产品销售合同都必备的内容，按性质可分为保证类和服务类，性质的确定受合同约定、法律法规或习惯做法的影响，经常需要做出会计判断。认定为服务类性质，质量保证作为单项履约义务将在服务期内确认质量保证收入；认定为保证类性质，则不作为单项履约义务在产品控制权转移时确认产品收入，同时按或有事项的相关准则规定来处理质量保证义务。在会计结果上，确认为服务类性质可能会使占比很小的质量保证收入的确认时点更为靠后，但履约义务分拆会带来复杂的计量问题，分拆计量本身也存在重要的会计判断。在总体上，质量保证分拆的可控性未必高于不分拆的可控性，且未必符合会计处理的重要性原则。

2.1.4.2　某一时段内履约义务的确定

只要满足"客户在企业履约的同时即取得并消耗企业履约所带来的经济利益""客户能够控制企业履约过程中在建的商品""企业履约过程中所产出的商品具有不可替代用途，且该企业在整个合同期间内有权就累计至今已完成的履约部分收取款项"三个条件之一，即为在某一时段内履行的履约义务。不满足任一条件，则为在某一时点履行的履约义务。具体判断情况如表2-4所示。

表2-4 时段法的具体判断

时段法的条件	判断标准	会计判断	会计结果
条件一：客户在企业履约的同时即取得并消耗企业履约所带来的经济利益	对于难以通过直观判断获知结论的情形，可以假定履约的过程中更换为其他企业继续履行剩余履约义务，继续履行合同的企业实质上无需重新执行企业累计至今已经完成的工作（以上定义为"中途更换无需重新执行"），表明客户在企业履约的同时即取得并消耗了企业履约所带来的经济利益	对"中途更换无需重新执行"的业务实质进行判断	确认为在某一时段内履约，按进度确认收入可能缺乏具有客观性的履约进度指标，收入确认相对提前；相反，确定为在某一时点履约，一次性确认收入客观性更强，收入确认相对滞后
条件二：客户能够控制企业履约过程中在建的商品	客户在企业提供商品的过程中获得其利益	从履行合同的场所、合同履行过程中的管理权、合同结算和收款等多个业务特征进行判断	
条件三：企业履约过程中所产出的商品具有不可替代用途，且该企业在整个合同期间内有权就累计至今已完成的履约部分收取款项	有权就累计至今已完成的履约部分收取款项，是指在由于客户或其他方原因终止合同的情况下，企业有权就累计至今已完成的履约部分收取能够补偿其已发生成本和合理利润的款项，并且该权利具有法律约束力（以上定义为"合格收款权"）	对"合格收款权"进行判断，一般需要考虑合同约定、可行性限制、法律实践及相关的类似案例等	

1. 三个条件在逻辑上是统一的

满足三个条件之一，即属于在某一时段内履行的履约义务。由于不是同时满足而是满足条件之一，因此三个条件都能够单独实现商品控制权在某一时段内的持续转移，三个条件的底层逻辑是统一的，只不过所体现出的控制权转移的特征存在区别，或者说，从外部观察的角度，有的特征容易观察到，有的则不容易观察到。

对于条件一"客户在企业履约的同时即取得并消耗企业履约所带来的经济利益"，诸如运输、保洁等一些服务类的合同，可以通过直观的判断获知满足该条件。

对于条件二"客户能够控制企业履约过程中在建的商品"，诸如土建工程、装修装饰等一些工程施工合同，可以通过在客户场地施工、施工后无法拆除、客户委托监理进行现场管理、客户定期对工作量计价付款等比较直观的特征来轻易地获知满足该条件。

对于条件三，高度定制化的产品通常能够满足"具有不可替代用途"的条件，但"合格收款权"条款则往往需要做出重大的会计判断。在实务中，首先，甲乙双方的相对地位很难保证签署非常有利于乙方权利保护的合同条款，其次，即使合同约定了甲方终止合同时乙方可以获得包括合理利润的补偿，仍然要考虑实际操作中存在的可行性限制以及既往的类似案例。总之，除了一些特殊行业和特定合同之外，"合格收款权"条款在实务中几乎是无法满足的。

2. 统一以"中途更换无需重新执行"来判断业务实质

对于条件一，准则规定了对难以通过直观判断获知结论的情形，以假定"中途更换无需重新执行"进行判断，如果不需要重新执行，则表明商品控制权已转移给客户。

对于条件二，证监会《监管规则适用指引——会计类第2号》中也有对"中途更换无需重新执行"的解读：根据合同约定，客户拥有企业履约过程中在建商品的法定所有权，假定客户在企业终止履约后更换为其他企业继续履行合同，其他企业实质上无需重新执行前期企业累计至今已经完成的工作，表明客户可通过主导在建商品的使用，节约前期企业已履约部分的现金流出，获得相关经济利益。

对于条件三，"合格收款权"也是在假定"由于客户或其他方原因终止合同"的情况下对款项回收做出的判断。

从原理上看，三个条件都指向了"中途更换供应商"的假定，都是利用这一假定基于客户角度来判断控制权转移的业务实质。

条件一和条件二是基于业务和客户资产的角度：如果中途更换供应商无需重新执行已完成的工作，则一方面说明已完成的工作对客户具有完整的价值，另一方面说明在建过程中客户实质上接受了该成果。条件一强调客户已经消耗了企业提供的经济利益，条件二强调客户会节约进一步完成全部工作的现金流出，条件一和条件二的业务实质是一致的。条件三则是基于业务和客户负债的角度：在业务满足"中途更换无需重新执行"的条件时，如果客户中途主动终止，那么从商业逻辑上看，当然需要对其已接受的已完成工作支付公平的费用，则很可能同时满足条件三。这种情况下，条件一、条件二和条件三在业务实质上是一致的。

条件一、条件二和条件三的业务实质也存在相背离的情况。如果"中途更换需要重新执行"，那么已完成的工作对客户而言没有任何经济利益或经济利益很小，即并不满足条件一和条件二。条件三强调"履约过程中所产出的商品具有不可替代用途"，既然该商品是客户定制的，不能用于其他项目，那么终止合同后其对企业而言也没有任何经济利益或经济利益很小。在这种情况下，如果客户根据合同在其主动终止的情况下仍然正常付款，能够满足"合格收款权"，那么说明已完成工作的几乎全部的经济利益（实际是损失）已转移给客户。

3."中途更换无需重新执行"和"合格收款权"存在的业务特征

对于适用时段法和时点法的重大会计判断，常见于智力密集型服务行业、信息系统集成行业和设备集成为主要内容的 EPC 业务。以"中途更换无需重新执行"和"合格收款权"为业务实质，表 2-5 总结了支持和不支持时段法的业务特征。

表 2-5 时段法的业务特征

业务实质	不支持时段法的业务特征	支持时段法的业务特征
中途更换无需重新执行	合同履行以智力投入为主	合同履行不以智力投入为主
	整体方案或前期设计由企业主导	整体方案或前期设计由客户主导
	难以兼容的特定工艺、技术和软硬件占大部分	难以兼容的特定工艺、技术和软硬件占小部分
	部分重要阶段不在客户现场实施	绝大部分阶段都在客户现场实施
	设备或材料安装简单且容易拆除，拆除后几乎不影响再次使用	设备或材料附着于场地之上且不容易拆除，拆除后几乎无法再次使用
	企业自行对现场进行管理	客户或客户指定的监理进行现场监督管理
	企业在施工过程中不需要向客户或监理定期报送工作量	客户或监理对企业上报的工作量进行审查并定期计量工作量
	按里程碑支付进度款，进度款与实际完成的工作量不直接对应	按计价工作量定期付款，进度款与实际工作量直接对应
合格收款权	合同未明确约定终止补偿条款	合同明确约定了终止补偿条款，且形式上满足"合格收款权"要求
	历史终止业务中无满足"合格收款权"的补偿案例	历史终止业务中全部是满足"合格收款权"的补偿案例

（1）"中途更换无需重新执行"的进一步说明。

以团队的创新、创意、创造为前提，将技术和研究等智力投入作为主要内容的合同，由于每一个团队的工作都具有很强的独特性，假如中途更换，后续的团队很可能要重新构思并执行前面团队已完成的工作，这种情况往往难以满足时段法的业务实质。但如果智力投入是在客户主导的非常明确的设计路线或研究路线之下，不同团队自由发挥的空间很小,更换团队之后只需要按照既定方案继续执行,这种情况则很有可能满足时段法的业务实质。

如果合同执行中使用的主要软硬件和技术工艺都是供应商特有的,假如中途更换,后续供应商在物理上无法兼容当前供应商已完成的工作,这种情况往往难以满足时段法的业务实质。

如果合同是以设备为主要内容,设备安装简单且容易拆除,拆除后几乎不影响再次使用,表明在假定更换供应商的情况下,客户可以轻易地让当前供应商拆除设备并由后续供应商重新执行,这种情况往往难以满足时段法的业务实质。如果合同设备实质上是以通用设备为主,设备安装后即深度附着在了建筑物之内而不容易拆除,这种情况则很可能满足时段法的业务实质。

(2)"合格收款权"的进一步说明。

在实践中,即使合同约定了付款进度,由于付款进度并不是履约进度,因此也不能表明公司有权收取已履约部分的款项;即使在客户终止合同的情况下可以收取已履约部分的款项,这个款项也很可能不是正常售价而仅仅是补偿成本;即使按合同约定有权按正常售价收回已履约部分的款项,仍然要考虑通过法律途径收回款项的现实可行性以及历史上是否存在类似的收回情况。

综上所述,"中途更换无需重新执行"和"合格收款权"两项业务实质之下的业务特征,同样存在重大的会计判断问题。与认定为时点履约义务相比较,认定为时段履约义务不但会依据履约进度提前确认合同收入,而且具体使用的履约进度确认方法还存在较大的选择空间。

2.1.4.3 某一时点履约义务的控制权转移时点

对于某一时点履约义务,企业应当在客户取得相关商品控制权时点一次性确认收入，判断客户是否取得商品控制权，需要综合考虑表2-6列示的五个迹象进行会计判断。

表2-6 对控制权转移的具体判断

控制权转移迹象	判断标准	会计判断	会计结果
客户就该商品负有现时付款义务	客户能够主导该商品的使用并从中获得几乎全部的经济利益。准则规定的五个控制权转移迹象中，并没有哪一个或哪几个迹象是决定性的，企业应当根据合同条款和交易实质进行分析	只有客户接受该商品并成为其控制的资产，客户才愿意承担现时付款义务	存在多个可能的控制权转移时点的情况下，比如客户验收存在初验和终验的合同，选择不同的时点会造成收入确认的提前或滞后
客户已拥有该商品的法定所有权		"实质重于形式"，法律形式是否与客户接受商品的业务实质一致	
客户已实物占有该商品		客户占有实物是否代表客户已实际接受该商品	
客户已取得该商品所有权上的主要风险和报酬		对商品所有权上的主要风险和次要风险的判断	
客户已接受该商品		向客户交付的商品符合合同规定的全部实质性条件	

1. "客户已接受该商品"是控制权转移的必要条件

尽管五个迹象中没有哪一个或哪几个迹象是决定性的，但只有客户已真正接受企业交付的商品，客户才能够主导该商品的使用并从中获得全部的经济利益，所以"客户已接受该商品"作为迹象之一更加符合控制权转移的内涵。从客户的角度进行评估，企业交付商品并不意味着客户无条件接受，只有向客户交付的商品符合合同规定的全部实质性条件，客户才会真正接受该商品、控制该项资产并愿意承担现时付款义务。

对于绝大多数合同，包括"客户已取得该商品所有权上的主要风险和报酬"在内的控制权转移的相关迹象是同时满足的，即在商品交付给客户，客户根据合同约定出具签收单或验收单后实现控制权转移。这种情况下，原准则与新收入准则下的收入确认时点通常是一致的。

2. 对初验和终验的分析

对于一些带有安装调试及试运行条款的信息系统集成或设备集成合同，验收程序可能包括安装调试完成后的初验和试运行结束之后的终验。此类业务应于初验还是终验确认收入，在实务中一直存在不同的看法。

在原准则下，初验后如果不会再对系统进行重大修改，后续发生成本较少，且不可能出现不能通过终验的情形，则很可能表明完成初验即实现了与商品所有权相关的主要风险和报酬的转移。试运行期间可能存在履行合同次要义务所带来的与商品所有权相关的风险，但该风险属于次要风险，不属于主要风险，于初验确认收入很可能符合原准则的规定。

在新收入准则下，"客户已接受该商品"是控制权转移的关键标志，客户能否在初验即接受商品，取决于终验是一项例行程序还是实质性程序。如果对集成项目的初验和终验实质上是一套客观标准，且企业在初验后就能够确定已经满足终验标准，那么终验可能只是一项例行程序。但对于高度定制化的集成项目而言，终验标准和初验标准几乎不可能完全一致，在项目系统进行一段时间的试运行后，终验是客户对试运行后的系统运行情况进行的实质性检测。此外，既然基于客户的角度进行评估，那么一方面验收标准难以避免地存在客户基于其主观判断的因素，另一方面客户在正常情况下更加倾向于在终验后再接受商品。

综上分析，在完成初验的时点上，绝大多数情况下企业无法确定项目的终验是否能够满足客户的标准，初验法一般难以符合新收入准则的规定，应于终验后一次性确认收入。

在一些特定情况下，初验法也存在满足收入确认条件的可能性，这种特定情况包括：一是初验后并无实质性的试运行过程，终验的目的只是确定项目的最终结算价格；二是使用终验法明显和项目实际情况不符，例如，终验周期漫长，而客户在初验之后已经在正常使用系统并正常获取经济利益；三是终验的范围远远超出了相关集成项目，是与其他项目共同构成对总体项目的验收，终验的标准与企业所提供的集成项目关联度很低。

2.1.4.4 投入法和产出法的选择

产出法是根据已转移给客户的商品对于客户的价值确定履约进度的方法，通常可以采用实际测量的完工进度、已达到的里程碑、时间进度等产出指标确定履约进度。投入法是根据企业为履行履约义务的投入确定履约进度，一般使用成本法。投入法和产出法的具体判断情况如表2-7所示。

表2-7 投入法和产出法的具体判断

影响项目	判断标准	会计判断	会计结果
投入法和产出法的选择与使用	产出法能够客观地衡量履约进度，无法获得产出信息时，采用投入法即成本进度来确定履约进度，但成本投入和转移商品控制权之间未必存在直接对应关系。履约进度不能合理估计时，企业按已经发生的成本确认收入，直到履约进度能够合理确定为止	产出法下的产出指标的选择；是否满足里程碑法的使用条件；使用成本法时预计总成本的估计，成本进度能否如实反映履约进度的判断	产出法经常不具备使用条件，成本法具有普适性，但其可控性不佳

在实践中，一般只有在客户持续地对合同工作量进行定期确认的情况下，才具备使用产出法的理想条件。产出法下的产出指标无法直接观

察获得时，可以"退而求其次"使用投入法来确定履约进度。新收入准则明确了使用产出法可以直接确定履约进度，而使用投入法确定的履约进度则有可能与实际履约进度不符。产出法是应该优先考虑的更理想的方法。

多数智力密集型服务行业的合同都具备里程碑的特点。里程碑法是新收入准则明确规定的可选择方法。里程碑法在固定的里程碑节点确认收入，非里程碑节点不确认收入，其底层逻辑与向客户持续转移商品控制权的某一时段内履约的业务实质是相悖的，故新收入准则进一步提出里程碑法使用的前提是合同约定的各个里程碑之间未向客户转移重大的商品控制权。里程碑之间是否存在重大的商品控制权转移、除里程碑之外的资产负债表日是否均无法确定履约进度，是智力密集型服务行业在新收入准则下正确使用里程碑法所必须做出的会计判断。

在无法获取有效的产出信息而不得不使用投入法的情况下，成本法几乎是唯一可行的选择。如果使用成本法，成本进度能否如实反映履约进度，涉及重大的会计判断，显然会带来收入确认可控性的问题。新收入准则对成本法是有顾虑的，故要求评价成本投入和转移商品控制权之间是否存在直接对应关系，是否能够反映真实履约进度。如果效果不佳或者无法评价，则需要视为"履约进度不能合理估计"，按已经发生的成本确认收入。

2.1.4.5 可变对价的计量选择

可变对价，是企业与客户在合同中约定的对价金额的变量。可变对价可能会增加合同金额，也可能会减少合同金额。可变对价影响收入的计量，应该按照期望值或最可能发生金额确定可变对价的最佳估计数。可变对价的具体判断情况如表 2-8 所示。

表2-8 可变对价的具体判断

常见影响项目	判断标准	会计判断	会计结果
附有退货条款的销售	合同的可变对价，应当考虑公开政策、特定声明、习惯做法、销售战略及客户所处环境等相关因素，以累计已确认收入极可能不会发生重大转回为限进行计量（以上定义为"限制转回"原则）	对预期退货金额重要性的判断，以及对退货最佳估计数的确定	对最佳估计数的不当估计，可能导致收入的虚增或虚减

可变对价对发生转回的估计使用了"极可能"的标准，等同于发生概率应该大于95%的"基本确定"，说明新收入准则高度强调计量的谨慎性。

销售退货是新收入准则正文中的"特定交易的会计处理"的一项重要内容，退货作为减少销售收入金额的可变对价，应按照"限制转回"原则进行最佳估计。对于发生退货的可能性很小且退货金额预期也很小的情况，根据重要性原则很可能并不需要进行退货估计。

2.1.5 新收入准则下对IPO收入确认方法的预测分析

会计准则在不同场景之下的运用方法是有区别的。站在外部审核的角度，IPO公司为避免利用准则进行业绩粉饰的嫌疑，会计准则的应用更加强调具体会计方法的可控性。无论在原准则下还是在新收入准则下，IPO的具体收入确认方法都应该努力遵循可控性的原则。

2.1.5.1 对原准则下的IPO收入确认方法的概括

依据IPO会计方法确认的可控性原则，经过长时间的IPO实践，原准则下收入确认方法存在以下三条"纪律"。

第一条：产品销售收入强调以客户签收或验收为标志的交付时点。

对于不附有安装调试义务的产品销售，通常企业将产品交付并取得客户签收后，视为产品所有权上主要风险和报酬实现转移。对于附有安装调试或试运行义务的特定产品销售，通常在安装调试完毕并经客户验收后，视为产品所有权上主要风险和报酬实现转移。

对于验收环节存在初验和终验的，由于终验的周期经常受一些非正常业务因素的影响，客户初验时点可能比终验时点更具有客观性。如果能够论证与产品所有权有关的主要风险和报酬在初验时点已经转移，且与同行业可比公司具有可比性，那么在初验时点确认收入也是常见的选择。

第二条：尽量减少完工百分比法的使用。

由于原准则下收入分类的模糊性，提供劳务和产品销售、建造合同和产品销售之间的边界在某些行业并不清晰。实践中，对于适用提供劳务的智力密集型服务，以及对于适用建造合同的信息系统集成、部分EPC项目等，亦可以视为产品销售而采用一次性确认收入的方法。由于上述业务往往不具备客户持续定期对工作量进行验工计价的条件，故采用一次性确认收入的方法比完工百分比法具有更好的可控性。

第三条：完工百分比法中避免使用或者避免单独使用成本进度。

对于具有双重特征的业务，如果采用一次性确认收入，除了可能受准则适用正确性的制约，还有可能会带来报表业绩波动过大的问题，造成和企业实际经营情况存在较大的偏差。在这种情况下，IPO公司可能仍然会选择使用完工百分比法来确认收入。

为了保证收入确认的可控性，IPO中应优先使用客户确认的工作量进度而非成本进度，这种情况下，对于合同中带有里程碑特征的提供劳务，里程碑法就成了使用完工百分比和强调客观性之间的一个折中选择。如果无法避免使用成本法，那么也需要使用结算进度、形象进度、里程碑进度等具有相对客观性的进度对成本法进行验证或调整，从而达到不单独使用成本进度的目的。

2.1.5.2 对新收入准则下的 IPO 收入确认方法的判断

IPO 会计方法要符合正确性和可控性的原则。执行新收入准则后，IPO 公司在选择具体的收入确认方法时，同样首先要保证正确性，即依据新收入准则的规定，采用"五步法"对合同收入进行确认和计量。其次，新收入准则在确定履约义务、确定时段法或时点法、选择投入法或产出法、确定产出法下的具体方法和时点法下的控制权转移时点等方面都存在重大的会计判断问题，为避免 IPO 中可能出现的业绩粉饰的嫌疑，同样要选择更具可控性的收入确认方法。

按照 IPO 一贯的可控性原则，依据对新收入准则的重大会计判断的理解，结合原准则下已成为实务惯例的三条收入确认"纪律"，我们对几类典型合同在新收入准则下应选择的 IPO 收入确认方法进行判断和预测，并通过分析新收入准则实施之后在 IPO 实务中的具体运用，对新收入准则和原准则下收入确认方法的异同、新收入准则下出现的使用特点进行分析和总结，以利于在 IPO 实务中更好地运用新收入准则下的会计方法。

1. 一般的产品销售合同

新收入准则下，对于产品销售合同，需要确定其包括的单项或多项履约义务，在存在会计选择的情况下，应该重点考虑 IPO 关于会计方法可控性的要求。

（1）安装条款是否作为重大整合？

对于合同存在产品安装条款的，如果安装与产品本身不属于重大整合，则需要将安装条款作为单项履约义务，可以先确认产品收入再确认安装收入；反之，则将产品加安装作为单项履约义务，于安装完毕后一次性确认收入。从收入确认的角度，将产品销售和安装视为存在重大整合，在安装完成并经客户验收后一次性确认收入更具有可控性。

（2）销售退回条款对收入确认和计量的影响。

对于附有退回条款的产品销售，首先判断退回条款是否影响客户取得相关产品控制权的时点，其次考虑是否需要依据"限制转回"原则，对销售退回产生的可变对价进行估计并冲减当期收入。

附有退回条款的销售，实务中可以分为有条件退货和无条件退货两类。有条件退货，一般是产品售出后存在质量问题才允许客户退货。正常情况下，企业销售的产品不会存在普遍性的质量问题，故有条件退货一般不会影响产品控制权转移的时点。无条件退货，一般是产品售出后的一段时期内允许客户无理由退货，无条件退货期满之前，往往意味着客户尚未真正接受已交付的产品，故一般情况下在退货期满时才满足产品控制权转移的条件。

企业将产品控制权转移给客户之后，可能尚存在销售退回的可能性。如果企业的历史退货数据丰富，能够根据历史退货率估计可能的销售退回金额，则可以依据"限制转回"的原则确认可变对价，并将该可变对价冲减当期确认的收入金额以及相应的成本。如果企业判断退货属于概率不高且金额不大的事项，从重要性的角度，不对销售退回进行预计并于实际退货时进行会计处理，是在实务中更具有普遍性，也更具有可控性的处理方法。

（3）质量保证条款的性质是保证还是服务？

对于大部分企业而言，并不存在独立于出售产品的单独的质量保证服务出售，故对于合同存在的质量保证条款，应与同行业惯例、法律法规等进行比较，尽可能确定一个比较明确的划分保证性质量保证和服务性质量保证的基准。综合考虑质量保证条款的性质、收入计量的难度和重要性，优先将质量保证条款视为保证性质并作为预计负债处理很可能更具有可控性。

综合以上分析和判断，对于一般的产品销售合同，预测新收入准则下的处理与原准则下的处理在会计结果上几乎保持一致。新收入准则实施之后，绝大部分产品销售业务的收入确认方法与原准则下并无实质区别，也充分印证了上述预测。

2. 提供智力密集型服务的合同

定制软件开发、建筑设计及医药 CRO（contract research organization，指合同研究组织）是常见的提供智力密集型服务的三个行业，相关合同经常具有明显的里程碑特征。

原准则下，具有良好可控性的里程碑法一度是上述三个行业 IPO 的主流收入确认方法，但由于里程碑法在完工百分比法框架之下的缺陷，实务中也部分采用完工百分比法下的成本法。新收入准则下，需要依据"五步法"的步骤，对上述三个行业的典型合同重新进行分析，并依据可控性原则对其中的重大会计判断做出选择。

（1）选择一项还是多项履约义务？

开发、设计或研究合同，经常是按里程碑交付成果，各阶段的成果之间是否存在重大整合、重大修改或高度关联等很可能存在重大的会计判断。从业务逻辑上看，即使客户对阶段性成果进行了验收，客户需要的仍旧是一项完整的开发、设计或研究成果；从收入确认时点和计量来看，视为一项履约义务显然比多项履约义务的收入确认滞后，更具客观性和谨慎性。

（2）属于时段履约还是时点履约？

确定时段法的关键是判断是否满足"中途更换无需重新执行"的业务实质和"合格收款权"条款。如果开发、设计或研究的过程是相对个性化的，是企业主导的，那么可能就很难满足上述业务实质；相反，如果过程是相对固定的，各企业的主观活动相对不重要，那么满足业务实质的可能性就比较大。

如果某些服务合同需要通过重大会计判断来确定是时段履约还是时点履约，那么将其视为交付智力服务整体产品的时点履约义务，于客户验收后一次性确认收入，显然比视为时段履约义务而采用履约进度法更具有可控性。

（3）里程碑法能否继续使用？

新收入准则下使用里程碑法的前提，一是能够论证原准则下适用完工百分比法的智力密集型行业的服务合同属于时段履约义务，二是不同里程碑之间不存在重大的商品控制权转移。和原准则相比，里程碑法的应用条件更为苛刻，笔者预测其在 IPO 实务中的使用仍旧会受到较大制约。

2.2 节将通过 IPO 案例对新收入准则下里程碑法在相关行业的使用进行分析和总结。

2.3 节将通过 IPO 案例对定制软件开发在新收入准则下的收入确认方法进行分析和总结。

2.1.5.3　信息系统集成合同

原准则下，一般的信息系统集成合同既属于建造合同的范畴，又可以视为交付某种系统产品，实务中出于可控性考虑，一般将其视为产品销售，于客户验收后一次性确认收入。新收入准则下，需要依据"五步法"的步骤，对信息系统集成合同重新进行分析，并对其中的重大会计判断做出选择。

1. 选择一项还是多项履约义务

新收入准则下，信息系统集成合同中可能包括多项履约内容，但从合同逻辑上来看，客户需要企业交付的是一项完整的系统，而非单独的硬件和软件。从收入确认时点和计量来看，视为一项履约义务显然比视为多项履约义务的收入确认更具客观性和谨慎性。

2. 属于时段履约还是时点履约

对照时段履约义务的三个条件，重点对"中途更换无需重新执行"的业务实质和"合格收款权"条款进行判断。根据信息系统集成合同的软硬件特点和集成现场的管理特征，判断为时段履约义务的难度通常要大于时点履约义务。从会计方法上来说，将信息系统集成合同视为交付整体系统的时点履约义务，于客户验收后一次性确认收入，显然比视为时段履约义务而采用履约进度法更具有可控性。

采用时点法一次性确认收入的情况下，对于存在初验和终验两个可选择的控制权转移时点的，基于客户立场去判断控制权转移，大多数情况下应该采用终验法确认收入。

2.4节将通过IPO案例对信息系统集成在新收入准则下的收入确认方法进行分析和总结。

2.1.5.4 部分 EPC 合同

原准则下，EPC适用于建造合同，但对于部分以设备集成为主要内容的EPC合同，原则上可以视为集成设备的销售，在IPO中采用经客户验收后一次性确认收入的方法，显然比完工百分比法更具有可控性。对于这部分 EPC 合同，在新收入准则下，需要依据"五步法"的步骤，对合同重新进行分析，并对其中的重大会计判断做出选择。

1. EPC 合同是否适用时段履约义务

对照时段履约义务的三个条件，重点对 EPC 合同是否具备"中途更换无需重新执行"的业务实质和"合格收款权"条款进行判断。与提供智力密集型服务的合同不同，EPC 合同一般以设备集成和土建工程为主，设计等智力投入为辅，且绝大部分的工程施工过程是在客户的场地之上，客户委托监理机构主导现场的工程管理，客户控制在建商品的可能性很大。在新收入准则下，EPC 合同体现出来的时段法特征很可能远多于时点法特征，将 EPC 合同论证为时段履约义务可能更符合会计方法的正确性原则。

2. 如何评价成本法的适当性

EPC 合同属于时段履约义务的情况下，首先需要判断是否有客观的产出指标并优先使用产出法，无法使用产出法的情况下，成本法就成为唯一的选择。可以预测，出于可控性的考虑，新收入准则下应该仍然不能单独使用成本法，需要以结算进度、形象进度或里程碑进度等评价成本投入是否能够反映履约进度，这个评价过程在实务中会成为一个难点。

如果 EPC 合同无法确认成本进度或者无法评价其合理性，那么相关履约进度很有可能属于"进度不能合理估计"的情况，则需要按已经发生的成本确认收入而不确认毛利，直到履约进度能够合理确定为止。

2.5 节将通过 IPO 案例对 EPC 项目在新收入准则下的使用进行分析和总结。

2.2 里程碑法的原理及在 IPO 中的具体运用

新收入准则下，里程碑法是基于某一时段确认收入的一种可供选择的方法，通常采用"已达到的里程碑"这一产出指标来确定履约进度，属于产出法。原准则下，里程碑法并非准则列举的确定完工百分比的方法，但其在 IPO 实务中却有较为广泛的使用，通常采用"已达到的里程碑"来确定提供劳务的完工百分比。

2.2.1 原准则下里程碑法的原理和缺陷

智力密集型服务行业提供的开发、设计和研究等业务，属于典型的提供劳务，收入确认适用完工百分比法，但服务合同中往往并不约定客户定期提供进度验证，而是分几个重要里程碑节点交付成果，收取合同款。根据原准则规定，如果一定要在每个资产负债表日连续地运用完工百分比，很可能只有成本进度能够符合规定，但成本进度在 IPO 中因不具有可控性而几乎一度不被监管机构所接受。

在 IPO 实务中，基于完工百分比法的框架，智力密集型服务行业逐渐形成了以里程碑确定完工百分比的惯例，其理论依据为《企业会计准则讲解（2010）》中关于提供劳务收入的规定：当某项作业相比其他作业都重要得多时，应当在该项作业完成之后确认收入。

在不同里程碑将某项劳务区分为几项重要作业的前提下，所形成的具体里程碑法为：以客户确认的里程碑时点为收入确认的时点，以交付给客户的价值量为收入确认的金额；里程碑节点的划分通常存在行业惯例，里程碑所代表的具体进度，要么是合同约定的收款进度，要么是统一制定的固定比例的经验进度；出于谨慎性和简化核算，劳务成本一般自开始确认后即在收入确认时点全部结转，不留存货余额。由于每个里程碑节点均具备客户的确认文件，因此上述里程碑法具有良好的可控性，能够保证 IPO 审核中所要求的客观性。

完工百分比法的原理，强调连续的资产负债表日都能够确定进度，里程碑并不是连续进度，作为完工百分比在理论上不完全符合准则规定。虽然准则讲解中提及了在某个重要节点后开始使用完工百分比，但自该重要节点开始确认后，相关进度仍旧是非连续的、分阶段的，实质上仍然不满足连续确定完工百分比的要求。

定制软件开发、建筑设计及医药 CRO 三个常见的智力密集型服务行业，尽管都存在交付成果的里程碑节点，但在原准则下对里程碑法的适用已经出现分野：定制软件开发被认为不适用里程碑法，实务中可以采用完工百分比法下的成本法或视为产品销售在验收时点一次性确认收入；建筑设计及医药 CRO 则能够在实务中持续适用里程碑法。

2.2.2　新收入准则下使用里程碑法的新探索和新问题

里程碑法是新收入准则中明确列举的产出法之一，但同时对里程碑法的适用做出了明确的限定：如果里程碑节点能恰当代表履约进度，则表明采用"已达到的里程碑"确定履约进度是恰当的；如果在各个里程碑之间向客户转移了重大的商品控制权，则很可能表明基于"已达到的里程碑"确定履约进度的方法是不恰当的。

时段法的基本逻辑是商品控制权在某一时段内持续转移给客户，但里程碑的"跳跃性"特征则代表了不能持续确定履约进度，如果只能在里程碑节点确认收入，且在里程碑之间产生了重大的合同履约成本，那么该收入确认方法与商品控制权持续转移给客户的业务实质是相悖的，这种天然的矛盾已经在原理上制约了里程碑法的使用。

在 IPO 实务层面，里程碑法属于优先于投入法的产出法，经客户验收的里程碑往往具有良好的客观性，故其能够适用的前提和条件、可能使用的行业和合同，一直是新收入准则下非常值得研究和关注的问题。"里程碑之间不存在重大的商品控制权转移"是新收入准则下能够使用里程碑法的关键。以下区分"不存在"和"存在"两种情况来分析里程碑法的使用。

2.2.2.1 里程碑之间不存在重大的商品控制权转移

"里程碑"和"重大的商品控制权转移"所应具有的会计特征，在准则层面均没有明确的阐述。只有厘清这两个概念，才能更好地理解里程碑法的使用条件。

1. 里程碑和重大的商品控制权转移的关联

里程碑，是客户检查和控制项目过程的重大标志性节点，这些节点往往具有明显的形象进度特征，会形成客户重点关注的功能性成果，而非仅仅持续的工作量或工作时间的进展。具体到会计确认上，里程碑应包括以下几个特点。

（1）里程碑是过程性成果的交付，客户可以对所达到的里程碑进行书面确认。

（2）里程碑的划分一般是行业所公认的，达到的里程碑一般对应所完成合同量的经验比例。

（3）里程碑是重要的结算时点，但结算时点并不一定是里程碑节点。

（4）里程碑节点之外，由于不存在向客户交付以及客户的验收，企业难以单方面确定产出的价值和进度。

里程碑是商品阶段性交付的标志，合理确定里程碑对于客户的价值量是使用产出法的前提。在实务中，对里程碑的价值量计量是存在分歧的，因为大部分具有里程碑特征的合同只是明确里程碑节点和进度款的支付相挂钩，并不直接认定里程碑的价值量就是应支付的进度款，所以对里程碑价值量的计量在实务中存在固定比例法和合同约定结算比例法两种方法。固定比例法，以公司、行业历史经验值等为依据，为各里程碑节点设定固定的工作量占比；而合同约定结算比例法的逻辑在于，合同中约定的里程碑节点的结算比例能够代表各阶段的实际工作量占合同总工作量的比例。严格来讲，如果合同中没有直接明确不同里程碑的价值量，两种方法所确定的价值量在逻辑上都不严密，它们都是一种近似的方法。

对于"重大的商品控制权转移"的界定，需要综合考虑定量和定性两个层面。时段法的底层逻辑，是企业将商品的控制权在某一时段内持续转移给客户，即合同所约定的工作量、工作时间或成本投入等都是持续发生的，转移给客户的价值量是不断累计的。如果相邻两个里程碑之间的作业时间较长，累计价值量较大，则可能在定量标准上存在重大商品控制权转移。从定性的角度，"重大"是从客户的角度来判断的，如果客户不对项目进行全过程控制，只有在重要的里程碑节点，客户才愿意办理阶段性交付和验收手续并支付款项，也即说明很可能只有里程碑节点对客户而言是重大的。

综上所述，里程碑是客户进行阶段性验收的标志，在行业存在公认的里程碑的前提下，如果不存在相邻里程碑之间作业时间过长、累计价值量过大的情况，可以认为，只有在里程碑节点的商品控制权转移对客户而言才是重大的，非里程碑节点的商品控制权转移不是重大的。

2. 里程碑之间不存在重大的商品控制权转移下的具体处理

如果里程碑之间不存在重大的商品控制权转移，则适用准则所规定的里程碑法，收入成本的具体处理方法可以概括如下。

（1）在未到达里程碑节点的资产负债表日，已发生的归属于该里程碑的合同履约成本"增加了企业未来用于履行（包括持续履行）履约义务的资源"，且该成本"预期能够收回"，故应确认为一项资产，计入存货。

（2）每一段里程碑的工作量价值为该段履约义务应确认的营业收入。根据配比原则，该里程碑累计投入的合同履约成本于收入确认时由存货结转入营业成本。

为与下面将要论述的"混合里程碑法"区分，将上述完全符合准则内涵的里程碑法称为"节点里程碑法"。

2.2.2.2 里程碑之间存在重大的商品控制权转移

时段法下的商品控制权必然是持续转移的，仅仅用定量标准判断里程碑之间存在的商品控制权转移是重大还是不重大，在实务中肯定是比较模糊的。如果局限于准则的本义，和原准则类似，里程碑法在新收入准则下能够运用的空间应该很小。

1. 里程碑法在原理上的创新

上海证券交易所发布的《上海证券交易所会计监管动态》（2021年第5期）中，举了一个"药学研究能否在达到合同约定的里程碑节点时确认收入"典型案例，深入分析了在运用里程碑法时对"各里程碑节点间资产负债表日的会计处理"。该案例的结论是：新收入准则规定"当履约进度不能合理确认时，企业已经发生的成本预计能够得到补偿的，应当按照已经发生的成本金额确认收入，直到履约进度能够合理确认为止"，在各个里程碑节点之间，履约进度通常无法合理确定，此时公司应当根据合同条款、历史经验、预期履约情况、客户信用情况等因素预计已发生的成本能否得到合理补偿。若预计能得到补偿，则按照已发生的成本金额确认收入，若预计不能得到补偿，应将已发生的劳务成本计入当期损益，不确认相关收入。

上海证券交易所的上述案例结论，实质上在原理上解决了"里程碑之间存在重大的商品控制权转移"时如何使用里程碑法的问题。严格来说，这种方法只在里程碑节点确认履约进度，而在非里程碑节点视为履约进度不能合理确认，并不是完全符合准则内涵的里程碑法，而是一种在同一个履约义务中同时存在履约进度能够确定和不能够确定两种判断的"混合里程碑法"。

"混合里程碑法"实现了原理上的突破，如果能够在实务中顺利推行，则可以大大提升里程碑法在 IPO 中的运用空间，并使其成为新收入准则下产出法的一种主流方法。

2. "混合里程碑法"下的会计处理

"混合里程碑法"下，收入成本的具体处理方法可以概括如下。

（1）在里程碑节点之间的资产负债表日，如果截至资产负债表日该里程碑已经发生的合同履约成本预计能够得到补偿，按照已经发生的成本金额确认收入；如果已经发生的履约成本预计不能够得到补偿，则将已发生的履约成本全部计入损益。

（2）在里程碑节点，用到达该里程碑的累计价值量减去累计已确认的收入，即为里程碑节点应该确认的收入，该里程碑节点与上个里程碑节点之间所产生的毛利，实质上全部确认于该里程碑节点。

原准则下,"混合里程碑法"也能够找到准则依据,在各个里程碑节点之间的资产负债表日,可以视为"在资产负债表日提供劳务交易结果不能够可靠估计",并分别下列情况进行处理:已经发生的劳务成本预计能够得到补偿的,按照已经发生的劳务成本金额确认提供劳务收入,并按相同金额结转劳务成本;已经发生的劳务成本预计不能够得到补偿的,应当将已经发生的劳务成本计入当期损益,不确认提供劳务收入。

以下通过典型案例,继续分析里程碑法在医药 CRO、建筑设计行业 IPO 中的具体运用。

2.2.3 里程碑法在医药 CRO 行业 IPO 中的运用

无论是在原准则还是在新收入准则下,医药 CRO 是在 IPO 实务中能够成功使用里程碑法的少数行业之一。里程碑法在新收入准则下属于某一时段履约义务下的收入确认方法,即使用里程碑法的前提是医药 CRO 属于某一时段内履约的义务。

2.2.3.1 医药 CRO 属于某一时段内履行的履约义务

新收入准则下,满足时段法的三个条件中的一个即适用时段法,否则适用时点法。对于医药 CRO 适用时段法还是时点法,财政部于 2020 年 7 月发布的《收入准则应用案例——药品实验服务的收入确认》最具权威性和参考价值。《上市公司执行企业会计准则案例解析(2020)》[一]列举了"研发服务收入确认方式和时点"的案例,也代表了对医药 CRO 收入确认的监管意见。

⊖ 由中国证券监督管理委员会会计部编写。

百诚医药[注]是属于医药 CRO 行业的创业板 IPO 公司，在 IPO 问询过程中详细对比了财政部应用案例和证监会解析案例的特征，并得出其 CRO 业务属于某一时段内履约的结论。百诚医药业务特征与时段案例的对比过程如表 2-9 所示。

表2-9 百诚医药业务特征与时段法案例的对比

时段法的三个条件	财政部案例	证监会案例	百诚医药
条件一：客户在企业履约的同时即取得并消耗企业履约所带来的经济利益 条件二：客户能够控制企业履约过程中在建的商品 条件三：企业履约过程中所产出的商品具有不可替代用途，且企业在整个合同期间内有权就累计至今已完成的履约部分收取款项	甲公司与乙公司签订合同，为其进行某新药的药理药效实验。甲公司按照乙公司预先确定的实验测试的材料、方式和次数进行实验并记录实验结果，且需向乙公司实时汇报和提交实验过程中所获取的数据资料，实验完成后应向乙公司提交一份药理药效实验报告。该项实验工作的流程和所使用的技术相对标准化，如果甲公司中途被更换，乙公司聘请另一家实验类企业可以在甲公司已完成的工作基础上继续进行药理药效实验并提交实验报告	A 公司接受 B 公司委托进行某项新药的药理药效研究项目并向 B 公司提交研究报告。A 公司需要每月向 B 公司提交实验数据或实验报告等，在研究项目完成之前，A 公司研究过程中所形成的任何试验数据、报告及相关知识产权均归 B 公司所有。如果合同终止，A 公司需将截至目前已完成但尚未提交的所有试验成果提交给 B 公司，B 公司可聘请其他企业在此基础上继续完成该研究报告。B 公司按照里程碑付款。假定由于 B 公司原因终止合同，A 公司有权收取的款项不能补偿其已发生的成本和合理利润	公司与客户就临床前药学研究或临床研究服务项目签订合同，约定因履行合同所产生的研究成果及其相关知识产权归属于客户。在研发过程中，公司需将工作形成的研发工作成果或资料提交给客户，由客户对里程碑节点进行确认。同时，客户可以通过项目领导小组实时掌握研发工作具体进展情况，并可随时派人去公司现场进行审计、跟踪和检查，公司还需定期向客户发送研发过程中相关的研发数据、进度、工作小结等资料。客户按照里程碑付款，在由于客户原因终止合同的情况下，公司可以收回成本但无法保证合理利润得到补偿
结论	符合条件一，属于某一时段内的履约义务	符合条件一或条件二，属于某一时段内的履约义务	经与案例对照，符合条件一，属于某一时段内的履约义务

注：本表由作者整理编制。

[注] 百诚医药全称杭州百诚医药科技股份有限公司。本章关于百诚医药的相关表述和分析所依据的资料来源于其在创业板发行上市审核信息公开网站（http://listing.szse.cn/）公布的招股说明书和相关审核问询函的回复。

表 2-9 中，财政部案例的关键特征是"甲公司按照乙公司预先确定的实验测试的材料、方式和次数进行实验并记录实验结果，且需向乙公司实时汇报和提交实验过程中所获取的数据资料"。证监会案例的关键特征是"A 公司需要每月向 B 公司提交实验数据或实验报告等"。两个案例都推导出"中途更换无需重新执行"的业务实质。

百诚医药列举的"客户可以通过项目领导小组实时掌握研发工作具体进展情况"及"定期向客户发送研发过程中相关的研发数据、进度、工作小结等资料"等关键业务特征，尽管没有上述案例的特征明确，但原则上也可以推导出"中途更换无需重新执行"的业务实质。此外，百诚医药认为，合同约定将里程碑作为收款节点，不符合条件三所规定的"合格收款权"。

2.2.3.2　医药 CRO 存在的里程碑

百诚医药 CRO 主要业务为临床前药学研究业务，共设置小试（实验室研究）、中试放大、三批工艺验证、注册受理（申报受理）、通过审评（获批）共五个里程碑，其设置的里程碑符合医药 CRO 业务流程，与绝大部分客户最为关注的里程碑节点和公司向客户交付成果的里程碑节点一致。

医药 CRO 行业中存在固定比例法和合同约定结算比例法两种里程碑价值量的确定方法。百诚医药参考主要合同各里程碑节点的平均结算比例，采用固定比例法确认里程碑，同时，百诚医药也查阅了同行业可比公司的收入确认政策，可比公司确认的各里程碑的履约进度均采用固定节点比例，除确认的具体比例略有不同外，各家选择的核算方法和主要里程碑节点设置基本一致。

百诚医药临床前药学研究的里程碑设置情况如表 2-10 所示。

表2-10　百诚医药临床前药学研究的里程碑设置

序号	里程碑	里程碑的固定比例	合同约定里程碑比例
1	小试（实验室研究）	35%	20%～50%
2	中试放大	55%	50%～65%
3	三批工艺验证	75%	65%～80%
4	注册受理（申报受理）	90%	80%～95%
5	通过审评（获批）	100%	100%

表 2-10 中里程碑之间相差的价值量比例，最大为 35%，最小为 10%，显然，从定量的角度，里程碑之间的每个资产负债表日应视为存在"重大的商品控制权转移"。在这种情况下，"节点里程碑法"难以适用，百诚医药和同行业 CRO 公司所运用的里程碑法实际是"混合里程碑法"。

2.2.3.3　里程碑法的收入确认

百诚医药并非只在各个里程碑节点确认收入，在里程碑之间的资产负债表日同样确认收入，在新收入准则下其披露的确认原则为：当截至资产负债表日的研发工作未到达相应合同约定的里程碑节点或处于两个节点之间时，履约进度通常不能合理确定。公司根据合同条款、历史经验预计该项目已经发生的成本能够得到补偿，故按照已经发生的成本金额确认收入，直到履约进度能够合理确定为止。

对上述"处于里程碑节点之间的会计处理"，百诚医药披露，同行业可比公司普遍认为里程碑节点之间的资产负债表日属于准则规定的"当履约进度不能合理确定时，公司已经发生的成本预计能够得到补偿"情况，均按照已经发生的成本金额确认收入，公司与同行业可比公司处理方式一致。

原准则下，百诚医药则将各个里程碑之间资产负债表日的完工百分比视为"在资产负债表日提供劳务交易结果不能够可靠估计"，并进一步判定为"已经发生的劳务成本预计能够得到补偿"的情况，按照已经发生的劳务成本金额确认提供劳务收入，实质上与新收入准则下的处理是一致的。

2.2.4 里程碑法在建筑设计行业 IPO 中的运用

两家建筑设计行业的创业板 IPO 公司笛东设计和中泰联合[⊖]（分属房地产设计行业下的不同领域）在 IPO 中使用了里程碑法，这可能是目前 IPO 实务中，除使用里程碑法比较成熟的医药 CRO 行业之外的又一具有普遍性的应用行业。里程碑法的使用前提是建筑设计合同属于某一时段内履约的义务。

2.2.4.1 建筑设计合同属于某一时段内履行的履约义务

表 2-11 以笛东设计和中泰联合两家公司为例，列示了新收入准则下对建筑设计业务是否属于某一时段内履约的分析过程。

根据对某一时段内履约的三个条件的理解，建筑设计属于具有独特创意的智力投入行业，假如中途更换设计公司，新的设计公司几乎不可能利用当前设计公司已完成的工作，故很难满足条件一和条件二。笛东设计和中泰联合没有论证是否满足条件一和条件二，应该也是认为其不可能满足"中途更换无需重新执行"的业务实质。

⊖ 笛东设计全称笛东规划设计（北京）股份有限公司。中泰联合全称四川中泰联合设计股份有限公司。本章关于这两家公司的相关表述和分析所依据的资料来源于其在创业板发行上市审核信息公开网站（https://listing.szse.cn/）公布的招股说明书和相关审核问询函的回复。

表2-11 建筑设计公司的时段法论证

时段法的三个条件	论证过程	结论
条件一：客户在企业履约的同时即取得并消耗企业履约所带来的经济利益	两家公司都没有论证是否符合条件一	—
条件二：客户能够控制企业履约过程中在建的商品	两家公司都没有论证是否符合条件二	—
条件三：企业履约过程中所产出的商品具有不可替代用途，且该企业在整个合同期间内有权就累计至今已完成的履约部分收取款项	设计业务服务过程中，公司向客户提交的都是个性化的工作成果，属于具有不可替代用途商品。两家公司从以下三点均论证其满足"合格收款权"条款：①公司所处行业对合同终止或解除的结算条款有明确指导意见，支持企业在整个合同期间有权就累计至今已完成的履约部分收取款项；②公司的设计合同基本都约定了项目终止结算条款；③报告期内实际发生的项目终止，均能够依据合同收回相关款项，且毛利率相对合理	满足条件三

笛东设计和中泰联合能够采用时段法的关键是满足条件三中的"合格收款权"条款。"合格收款权"条款要求在客户主动终止合同的情况下，企业能够取得的补偿不但是已交付成果的款项收回，还包括尚未交付部分的成本和正常利润的补偿，不但要在合同中明确规定有取得补偿的权利，而且在实际执行过程中也能够按约履行。

在一般行业的商业环境下，"合格收款权"在实务中通常是难以实现的。建筑设计行业显然是个比较特别的行业。根据笛东设计和中泰联合的披露，《建筑设计服务计费指导》《建设工程设计合同示范文本（房屋建筑工程）》两个国家级行业规范文件均对发包人取消合同时设计方的收款权利做出了明确规定。在上述国家级行业规范文件的支持下，笛东设计和中泰联合和客户订立的合同都约定了对于设计方权利保护比较有利的项目终止结算条款，并且也以历史上存在的终止项目为例，充分论证了实际执行过程中能够收回项目成本及合理利润。

2.2.4.2 建筑设计业务存在的里程碑

笛东设计将设计业务设置为概念方案设计、方案深化设计、扩初设计、施工图设计、施工配合五个里程碑，中泰联合则设置方案设计（将概念方案设计、方案深化设计阶段合并）、扩初设计、施工图设计、施工配合四个里程碑。

对于里程碑的价值量的确定，建筑设计行业也存在固定比例法和合同约定结算比例法两种方法。笛东设计和中泰联合均采用了合同约定结算比例法，即以每个合同中约定的里程碑结算比例为履约进度。在问询过程中，两公司也披露了综合确定的各个里程碑的固定比例，以用来印证合同结算比例的可靠性。具体固定比例如表2-12所示。

表2-12 建筑设计公司的里程碑设置

序号	笛东设计		序号	中泰联合	
	里程碑	固定比例		里程碑	固定比例
1	概念方案设计	25%	1	方案设计	32%
2	方案深化设计	20%			
3	扩初设计	20%	2	扩初设计	14%
4	施工图设计	25%	3	施工图设计	42%
5	施工配合	10%	4	施工配合	12%

案例公司的里程碑之间的比例，最大相差42%，最小相差10%，

显然，从定量的角度，里程碑之间明显存在"重大的商品控制权转移"。在这种情况下，"节点里程碑法"难以适用，笛东设计和中泰联合所运用的里程碑法在逻辑上应该也是"混合里程碑法"。

2.2.4.3 里程碑法的收入确认

从会计确认的结果来看，笛东设计和中泰联合只在各里程碑节点确认收入，里程碑节点之间不确认收入。两公司均是将实际成本全部计入损益，资产负债表日未确认存货，披露的理由是：由于尚未获得客户确认资料，无法表明资产负债表日未完工阶段的设计服务会得到客户的最终认可，基于谨慎性考虑，将尚未完工的设计服务业务中已发生的设计成本结转至营业成本，期末无存货余额。

由于笛东设计和中泰联合未确认里程碑之间的收入，看上去似乎符合"节点里程碑法"的收入确认特征，但实质上也完全可以认为其运用了"混合里程碑法"。因为准则规定：当履约进度不能合理确认时，企业已经发生的成本若预计能得到补偿，则按照成本确认收入，若预计不能得到补偿，应将已发生成本计入当期损益。笛东设计和中泰联合里程碑节点之间不确认收入，可以理解为公司判断非里程碑节点属于"履约进度不能合理确认"之下的"成本预计不能得到补偿"的情况，故将已发生的设计成本全部结转至营业成本。

原准则下，同样可以将里程碑之间资产负债表日的完工百分比视为"在资产负债表日提供劳务交易结果不能够可靠估计"，并进一步判定为"已经发生的劳务成本不能够得到补偿"的情况，将已发生的设计成本全部结转至营业成本，实质上与新收入准则下的处理是一致的。

2.2.5 不同行业运用里程碑法的异同

医药 CRO 行业和建筑设计行业在原准则和新收入准则下都使用了里程碑法，两个行业既存在相同点，也存在实质上的不同。

2.2.5.1 服务合同均认定为单项履约义务

医药 CRO 和建筑设计都是智力服务型行业，都属于提供劳务。医药公司与客户签订的医药 CRO 合同、建筑设计公司与客户签订的设计合同中，均明确约定了各试验或设计阶段的任务，医药 CRO 合同以向客户提供药品等效性试验或一致性评价等为最终目的，建筑设计合同以向客户提交能够用于施工的整体设计工作成果为最终目的，合同约定的试验或设计各阶段工作内容高度关联，每一阶段的工作内容均受到其他阶段工作的重大影响。

百诚医药、笛东设计和中泰联合将医药 CRO 合同和建筑设计合同均认定为单项履约义务，不存在拆分为多项履约义务的情况，说明类似服务合同认定为单项履约义务是比较一致的。

2.2.5.2 履约义务均认定为某一时段内履约但依据的条件不同

医药 CRO 和建筑设计的案例公司均将履约义务认定为某一时段内履约，适用时段法，即某一时段内持续向客户转移相关服务的控制权，但两个行业使用时段法的依据是截然不同的。医药 CRO 合同适用时段法的依据是满足条件一和条件二，建筑设计合同则并不满足条件一和条件二，采用时段法的依据是满足条件三。两者相较，建筑设计合同满足条件三的"合格收款权"源于合同保护条款，实务中可能只适用于某些特定行业或某些特定合同，而医药 CRO 合同的认定则源于"中途更换无需重新执行"的业务实质，确认为时段法的依据更加牢靠。

包括建筑设计在内的设计服务行业，如果不能满足"中途更换无需重新执行"的业务实质，能否真正在只满足条件三的前提下适用时段法，其实非常值得在 IPO 实务中进行进一步观察。需要说明的是，笛东设计截至 2022 年 6 月底尚处于证监会注册阶段，中泰联合已于 2022 年 4 月终止了 IPO 申请。

2.2.5.3 "混合里程碑法"的使用方法存在不同

医药 CRO 和建筑设计的案例公司均实质上使用了"混合里程碑法"，两者都认为里程碑之间的履约进度无法确定，但前者对里程碑之间的收入均以成本确认，后者则不确认任何收入。从准则的角度，资产负债表日未完工阶段的成本应该全部结转，区别只是如何确认收入的问题。逻辑上，建筑设计案例公司既然依据条件三确定时段法，在任何阶段都有"合格收款权"，那么预计成本能够收回的判断应该比预计成本不能得到补偿的判断更为合理。

当然，成本全部结转而不确认收入的做法，除了强调谨慎性，客观上大大简化了项目的会计核算，尤其是不需要严格区分各个里程碑所对应的合同履约成本。如果在合同稳定持续的情况下不会对各期业绩带来重大的影响，这种做法在实务中是可以接受的。

需要强调的是，在新收入准则下，"混合里程碑法"是否完全符合准则中里程碑法的内涵，在实务中的使用是否能够进一步稳定，有待于在 IPO 实务中进一步观察。从 IPO 会计方法可控性的角度，对于存在里程碑交付和验收的智力服务型 IPO 公司，"混合里程碑法"肯定是值得优先考虑的 IPO 收入确认方法。

2.2.6　IPO 中对里程碑法可能存在的盈余操纵的关注

新收入准则下，里程碑法属于产出法的范畴，并且其履约进度需要经客户验收确认，具有足够的客观性，相比投入法或其他没有直接外部证据的产出法，具有明显的可控性。尽管如此，能否运用及如何运用里程碑法同样存在重要的选择和判断。存在选择即意味着可能存在财务操纵，故 IPO 实务中需要注意以下主要问题的判断。

2.2.6.1　适用时段法还是时点法

时段法所依据的三个条件存在主观判断的过程，尤其是对条件三的判断。在 IPO 审核过程中，如果对适用时段法存在原则性争议，很可能会要求采用时点法下的一次性确认来进行收入模拟并与里程碑法下的业绩进行比较，如果存在较大差异，很可能会进一步加深对相关业务不适用时段法的审核判断。

2.2.6.2　对里程碑价值量计量的不同估计

里程碑法下的价值量计量，通常存在固定比例法和合同约定结算比例法的选择，固定比例法的计算基础，也存在固定的产出价值量和固定的成本投入量的区别。

严格来讲，如果合同中没有明确不同里程碑的价值量，各种估计方法在逻辑上就不严密。在 IPO 审核中，一般都要求采用未实际使用的固定比例法或合同约定结算比例法，甚至采用成本法来进行业绩模拟并与实际业绩进行比较，这一业绩模拟的要求即是对里程碑价值量计量是否谨慎的审核控制。

如果里程碑价值量的确认没有可靠的方法，那么即使存在明确的里程碑，也难以把里程碑作为产出指标，这种情况下，很有可能需要采用投入法，按成本来计算履约进度。

2.2.6.3 对里程碑法可比性的考虑

百诚医药、笛东设计、中泰联合所采用的里程碑法，是其行业内可比公司目前使用的主流方法，里程碑的设置基本相同，不同里程碑的价值量认定方法大体一致。收入确认方法具有良好的可比性，可以大大减轻审核过程中涉及财务操纵的嫌疑。

2.3 定制软件开发的收入确认方法

定制软件开发服务，是软件开发商在自主研发的软件产品的基础上，根据客户个性化的需求，对部分或全部功能模块进行定制化的开发，从而形成定制化软件系统的开发服务。

本节以报告期内以定制软件开发为主业的科创板 IPO 公司用友汽车、山大地纬、龙软科技和创业板 IPO 公司光庭信息⊖四家公司（以下简称案例公司）为例，分析新收入准则下定制软件开发的收入确认特征以及和原准则相比出现的变化。

2.3.1 定制软件开发 IPO 收入的确认方法

案例公司在原准则和新收入准则下的收入确认方法如表 2-13 所示。

⊖ 用友汽车全称用友汽车信息科技（上海）股份有限公司。山大地纬全称山大地纬软件股份有限公司。龙软科技全称北京龙软科技股份有限公司。光庭信息全称武汉光庭信息技术股份有限公司。本章关于用友汽车、山大地纬、龙软科技的相关表述和分析所依据的资料来源于其在科创板发行上市审核信息公开网站（http://star.sse.com.cn/renewal/）公布的招股说明书和相关审核问询函的回复；关于光庭信息的相关表述和分析所依据的资料来源于其在创业板发行上市审核信息公开网站（http://listing.szse.cn/）公布的招股说明书和相关审核问询函的回复。

表2-13 案例公司的收入确认方法

案例公司	服务合同是否为单一履约义务	原准则下		新收入准则下	
		确认方法	确认时点/确认方式	确认方法	确认时点/确认方式
用友汽车	是	完工百分比	成本进度	时点法	客户验收
山大地纬	是	完工百分比	成本进度	时点法	客户验收
龙软科技	是	完工百分比	成本进度	时点法	客户验收
光庭信息	是	一次性确认	客户验收	时点法	客户验收

表2-13列示的案例公司的收入确认方法，用友汽车、山大地纬、光庭信息三家在原准则下都出现了收入确认方法的变更。

用友汽车披露：采用完工百分比法之前，公司考虑到定制软件开发服务业务的里程碑进度确认收入与完工百分比确认收入差异较小，因而采用里程碑进度确认收入。

山大地纬披露：采用完工百分比法之前，公司在软件主要功能通过测试并且取得客户确认的验收报告时，按照该里程碑节点的价值量确认收入。公司的软件开发业务按合同里程碑节点确认收入不符合关于完工百分比法确认收入的相关要求。

光庭信息披露：采用一次性确认之前，公司定制软件开发采用完工百分比法进行收入确认，并依据已完成工作的测量确定完工百分比。为了更加谨慎地反映公司的经营业绩，同时也参考了新收入准则的相关规定以及会计实务的变化趋势，定制软件开发调整为在将开发成果交付客户并经客户验收后确认收入。

2.3.2 原准则下的收入确认困境

用友汽车、山大地纬均是从里程碑进度调整为成本进度，光庭信息变更之前依据已完成工作的测量确定完工百分比，很可能也是使用里程碑进度。

2.3.2.1 里程碑法存在的问题

里程碑法曾经是一种较为主流的定制软件开发业务的 IPO 会计方法，但以下述两家 IPO 公司于 2019 年度进行差错更正为标志，IPO 公司此后在定制软件开发业务的收入确认中几乎不再使用里程碑法。

航天宏图和中科星图⊖为科创板 IPO 公司，两家公司在 IPO 审核过程中均对原申报时采用的里程碑法进行了差错更正，具体情况如表 2-14 所示。

表2-14 航天宏图和中科星图的差错更正

案例公司	相关业务	更正收入确认方法	变更性质	变更时间
航天宏图	公司系统设计开发及数据分析应用服务业务，在执行过程中，按里程碑交付成果后收取相应款项，项目验收分为初验和终验	采用里程碑法按两阶段（初验95%，终验100%）确认收入，变更为在初验完成后一次性确认100%收入	会计差错更正	注册阶段
中科星图	公司通过定制开发等方式为客户提供符合其需求的软件产品开发服务。在执行过程中，按里程碑交付成果后收取相应款项，项目验收分为初验和终验	采用里程碑法分三阶段（方案论证完成25%，初验完成95%，终验完成100%）确认收入，变更为在初验完成后一次性确认100%收入	会计差错更正	问询阶段

⊖ 航天宏图全称北京航天宏图信息技术股份有限公司。中科星图全称中科星图股份有限公司。本章关于这两家公司的相关表述和分析所依据的资料来源于其在科创板发行上市审核信息公开网站（http://star.sse.com.cn/renewal/）公布的招股说明书和相关审核问询函的回复。

航天宏图将里程碑分为"初验95%，终验100%"两个节点，中科星图则分为"方案论证完成25%，初验完成95%，终验完成100%"三个节点。根据其问询回复，两家公司的里程碑都是固定比例的成本进度，是一种经验进度。

航天宏图在已经通过交易所审核进入证监会注册阶段后，经过针对里程碑法是否属于完工百分比法的连续几轮问询，最终在注册阶段修改了原申报时使用的里程碑法。航天宏图回复的更正原因为：公司从事的系统设计开发、数据分析应用的业务，系为客户提供定制化产品，故在取得客户确认的初验报告时，按照合同金额的100%确认项目收入。

中科星图在问询阶段修改了原申报时使用的里程碑法。中科星图回复的更正原因为：公司技术开发业务从交付角度属于为客户提供定制化产品，公司在产品交付时符合收入确认条件，故在按项目约定提交项目成果并取得客户确认的初验报告时，按照项目金额的100%确认项目收入。

客观来说，里程碑法是兼顾会计准则和实务中可操作性的方法，是对完工百分比法非常务实的运用。航天宏图所回复的"在合同执行期间，公司可以取得的重要完工进度确认文件为初验报告及终验报告。公司采用的收入确认方法更为谨慎，如果采用连续的完工百分比法，收入确认进度相对会提前"，侧面说明了这种方法存在的合理性。

IPO实务中当然不能无视里程碑法存在的理论缺陷，具有良好可控性并不代表符合正确性原则。如果不能使用里程碑法，变更会计方法存在两种选择：一种是继续使用完工百分比法，在没有客观的完工百分比指标的情况下，理应使用成本进度作为完工百分比，成本法虽然可控性很差，但在原理上是无懈可击的；另一种则是将定制软件开发业务视为向客户提供定制化产品，在完工验收时点一次性确认收入，一次性确认的可控性很强。在审核过程中,航天宏图和中科星图在放弃里程碑法后选择了一次性确认收入的方法,但同行业的很多公司则选择了完工百分比法下的成本法。

2.3.2.2 完工百分比法下的成本法

四家案例公司中有三家采用了成本法,说明原准则下成本法是较为主流的方法。成本法的优势是原则上不需要客户或第三方的劳务量认可,运用条件宽松,但成本进度完全依赖于预计总成本和实际成本归集的内部控制,其可控性存在较大的缺陷。基于防范财务操纵之目的,审核中主要从预计总成本的内部控制,以及客观进度对成本进度的验证两个角度关注完工百分比的客观性。

1. 预计总成本的准确性

预计总成本是一个动态调整的过程,审核中,一方面关注项目预计总成本的初始制定和调整过程所依赖的内部控制及执行情况,另一方面要求分析主要项目的实际总成本与预计总成本的差异情况,来验证预计总成本的可靠性。

2. 对成本进度的客观验证

选择成本进度作为完工百分比是可行的,但孤立地使用成本进度在实务中是难以被认可的,故需要寻找更为客观的、经客户确认的工作量来对成本进度进行验证。如果成本进度远高于所对比的客观进度,则说明可能存在提前确认收入的嫌疑。使用的客观进度,可能是里程碑进度,可能是结算进度,也可能是形象进度;客观进度的时点,可能同样是相同的资产负债表日,更可能只是接近资产负债表日的时点。此外,客观进度需要来自合同的约定,而非仅仅为获取一个客观进度而使用与合同内容无关的进度。

上述案例中，用友汽车使用成本进度的同时，以客户依据合同出具的里程碑确认单作为佐证复核项目完工进度的准确性，里程碑进度不是资产负债表日的进度。龙软科技使用成本进度的同时，取得经客户确认的项目进度确认书作为收入确认的外部佐证，但不作为收入确认依据。龙软科技项目进度确认书中的进度是资产负债表日的进度，但似乎并不是合同所规定的内容，因为在多轮问询中，交易所一直追问其项目进度确认书的工作比例与合同对验收节点的约定不存在对应关系的原因，是否符合项目推进和管理的逻辑，是否说明完工进度脱离项目实际运行情况。

2.3.2.3 一次性确认收入

定制软件开发属于最为典型的提供劳务，所以视为产品销售一次性确认收入似乎并不是主流。例如，光庭信息在原准则下由完工百分比法调整为一次性确认，其实更多是考虑了新收入准则的相关规定以及新旧准则的无差异衔接。

2.3.3 新收入准则下定制软件开发 IPO 收入确认方法的总结

接下来，我们依据新收入准则的规定，通过 2.3 节所讲的定制软件开发的案例，分析定制软件开发合同是否为单项履约义务，以及适用时段法还是时点法的问题。

2.3.3.1 定制软件开发合同为单项履约义务

2.3 节中的全部案例公司，均将定制软件开发合同作为单项履约义务，即合同中所规定各个模块的定制开发、数据迁移、上线验收、质量保证服务等义务存在高度整合和重大关联。对于软件开发业务，后续的软件升级等需求是常态，故需要关注合同中质量保证的性质属于保证类还是服务类。对于质量保证期内的维保承诺，包括软件免费升级、软件漏洞修补等义务，案例公司均认为是对软件产品质量的一种保证，并非构成单独的履约义务的服务类质量保证。

2.3.3.2 定制软件开发适用时段法还是时点法

新收入准则下，满足时段法的三个条件中的一个即适用时段法，否则适用时点法。关于定制软件开发适用时段法还是时点法，财政部于2020年7月发布的《收入准则应用案例——定制软件开发服务的收入确认》（以下简称财政部案例）最具权威性和参考价值。财政部案例论证结论为不适用时段法。用友汽车在问询回复中详细对比了财政部案例的规定，具体如表2-15所示。

判断定制软件开发是否适用时段法，首先要判断是否满足"中途更换无需重新执行"的业务实质，定制软件开发包括需求调研、蓝图设计以及代码开发等内容，主要依靠开发团队具有独特性的智力投入，只有在该开发团队完成全部工作并上线交付后，定制软件系统才能给客户带来经济利益，假定中途更换为其他供应商的新开发团队，智力投入的特点决定了新团队无法利用原团队已完成的工作。其次从业务执行的特征来看，很多情况下，软件开发在开发企业场地完成，开发企业自主管理项目进度、人员安排、质量控制等相关工作，客户并没有主导权。即便在客户所提供的场地及开发环境中进行，客户在开发过程中对已完成的程序和文档有很大的主导权，也不能从中获取经济利益，控制权仍然没有转移。最后，定制软件开发常常以里程碑收取进度款，通常也难以满足"合格收款权"的严格条件。

表2-15 用友汽车适用时段法的对比

时段法的三个条件	财政部案例	用友汽车	对比结论
条件一：客户在企业履约的同时即取得并消耗企业履约所带来的经济利益	甲公司与乙公司签订合同，为其开发一套定制化软件。如果甲公司被中途更换，新供应商需要重新执行软件定制工作，所以乙公司在甲公司履约的同时并未取得并消耗甲公司软件开发过程中所带来的经济利益	公司定制化软件开发服务是基于客户特定需求，依托公司多年研发积累的技术和行业项目经验，开展项目蓝图设计、代码开发等实施工作。若公司中途被客户替换，新的定制化软件开发服务供应商需要重新进行项目需求调研、蓝图设计以及代码开发等实施工作	不满足条件一
条件二：客户能够控制企业履约过程中在建的商品	甲公司虽然在乙公司的办公场地的模拟系统中开发软件产品，乙公司也拥有软件开发过程中形成的所有程序、文档等所有权和知识产权，可以主导其使用，但上述安排主要是基于信息安全的考虑，乙公司并不能够合理利用开发过程中形成的程序、文档，并从中获得几乎全部的经济利益，所以乙公司不能够控制甲公司履约过程中在建的商品	公司即使将蓝图设计和部分开发代码存储于客户，客户仍不能直接使用蓝图设计和部分代码获得几乎全部的经济利益，而只能在开发完成且验收后才能使用系统获取经济利益	不满足条件二
条件三：企业履约过程中所产出的商品具有不可替代用途，且该企业在整个合同期间内有权就累计至今已完成的履约部分收取款项	甲公司履约过程中产出的商品为定制软件，具有不可替代用途，但是，乙公司按照合同约定分阶段付款，进度款仅在相关里程碑达到且终验时才支付，且如果乙公司违约，仅需支付合同价款10%的违约金，表明甲公司并不能在整个合同期内任一时点就累计至今已完成的履约部分收取能够补偿其已发生成本和合理利润的款项	公司定制化软件开发服务是基于客户特定需求，公司与客户签署的合同仅仅是在某一特定节点才能收取一定比例款项，合同违约责任条款仅说明客户违约下只能收取合同金额一定比例的违约金	不满足条件三

总结而言，由于会计准则的原理发生了变化，定制软件开发在新收入准则下几乎可以判定只适用时点法，无法适用时段法。从结果上看，新收入准则采用一次性确认收入，完全解决了原准则下完工百分比的可控性问题。对于一次性确认的方法，项目开发的实施周期和验收周期的合理性，资产负债表日是否存在突击验收的情形，则会成为审核关注的重点。

2.3.3.3　定制软件开发和其他智力密集型服务行业准则适用的差别

定制软件开发、建筑设计及医药 CRO 是三个常见的提供智力密集型服务的行业。原准则下，定制软件开发已摒弃了完工百分比下的里程碑法，其他两个行业则仍然能够使用。在新收入准则下，定制软件开发合同适用时点法，于客户验收时点一次性确认收入；根据 2.2 节中的分析，建筑设计及医药 CRO 合同适用时段法，在 IPO 实务中实质性使用了"混合里程碑法"。由此可见，定制软件开发与其他两个智力密集型服务行业对准则的适用存在巨大的差别。

在原准则下，定制软件开发不适用以里程碑为完工百分比，很可能是因为其使用的里程碑与另外两个行业的里程碑存在不同的特点。无论是建筑设计还是医药 CRO，均存在各自行业公认的里程碑，多个里程碑节点依次分布，不同里程碑节点的价值存在较为固定的比例。相比较而言，定制软件开发业务在开发进程中并不存在行业公认的里程碑节点，合同里程碑可能只是合同规定的款项结算节点，甚至有的企业只是将系统初验和系统终验作为开发业务的两个里程碑，里程碑辨识度不高、客观性不强，其进度也很可能无法等同于应有的价值量。

在新收入准则下，定制软件开发合同和建筑设计合同都很难满足

"中途更换无需重新执行"的业务实质,而医药 CRO 合同则很可能满足该业务实质,故可以适用时段法。通过论证满足"合格收款权"条款,建筑设计行业在 IPO 实务中也能够运用时段法,这个认定是和该行业的一些合同规范和收款实践密不可分的。

2.4 信息系统集成的收入确认方法

信息系统集成,指集成商通过应用各种计算机软件技术以及各种硬件设备,经过集成设计、安装调试等技术性工作,按照客户需求所提供的系统整体解决方案。一般情况下,在项目所有软硬件安装调试完成并经过系统运行测试后,由客户进行验收并出具验收报告,即代表完成集成系统的最终交付。

2.4.1 原准则下收入确认方法的选择

原准则下,基于对准则适用和业务实质的理解,信息系统集成项目既可能属于建造合同准则所规范的建造合同,也可能属于一种特定的信息系统集成产品的销售。

2.4.1.1 属于建造合同准则规范的建造合同

信息系统集成项目显然满足"先有合同再建设"的建造合同特征,从"体积大、周期长、金额大"的定量指标来判断,具有一定体积、超出一定周期和金额的信息系统集成项目适用建造合同准则。

从原理上,信息系统集成项目的完工百分比可以使用成本进度,但信息系统集成的成本投入和产生的收入并不配比,硬件的成本大,但毛利相对不高，软件和设计部分的成本小，但往往赚取最多的利润，故使用成本进度可能会造成收入和成本不配比的问题。如果采用经客户确认的工作量作为完工百分比，则可以比较好地解决收入和成本的配比问题，和业务实质更为匹配。

2.4.1.2 属于信息系统集成产品的销售

信息系统集成最终是将整套信息系统集成后作为一个整体出售给客户，只有安装调试后整体功能满足客户要求才属于真正交付，从业务逻辑上，可以视为销售一种集成类产品，采用验收后一次性确认整个项目收入。

信息系统集成项目往往在合同中约定了初验和终验两个环节，初验完成后，项目系统将投入试运行，试运行结束后由客户对项目进行终验。原准则下采用"风险报酬转移模型"来判断收入实现，由于试运行往往是较为次要的义务，故初验时点作为收入确认时点的适当性是不难论证的。

2.4.1.3 IPO 实务中的会计方法选择

一次性确认收入比完工百分比更具可控性。在 IPO 实务中，信息系统集成项目收入确认的主流方法是验收时点一次性确认收入，同时也有适用建造合同准则的项目采用完工百分比法，还存在依据定量标准对同类业务进行分层并同时采用完工百分比法和一次性确认法的情况。

2.4.2 智慧城市信息系统集成行业 IPO 收入的确认

新收入准则下，取消了建造合同准则，全部收入采用统一的"控制权转移模型",按"五步法"分步骤确认收入。以下以智慧城市信息系统集成这一细分行业的 IPO 公司为例,来分析信息系统集成业务的收入确认特征。

2.4.2.1 智慧城市信息系统集成行业的 IPO 收入确认方法

2020 年 1 月 1 日新收入准则实施时,尚处于 IPO 期间的智慧城市信息系统集成行业的公司有五家,分别是华是科技、君逸数码、杰创智能、天亿马和宏景科技⊖,全部为创业板 IPO 公司(以下简称案例公司)。案例公司在原准则和新收入准则下的收入确认方法如表 2-16 所示。

表2-16 案例公司的收入确认方法

案例公司	集成合同是否为单一履约义务	原准则下		新收入准则下	
		确认方法	确认具体方式	确认方法	确认具体方式
华是科技	是	一次性确认	终验法	时点法	终验法
君逸数码	是	一次性确认	初验法	时点法	初验法
杰创智能	是	完工百分比	成本进度	时段法下的投入法(变更前)	成本进度作为履约进度(变更前)
				时点法(变更后)	终验法(变更后)
天亿马	是	一次性确认	终验法	时点法	终验法
宏景科技	是	一次性确认	终验法	时点法	终验法

⊖ 华是科技全称浙江华是科技股份有限公司。君逸数码全称四川君逸数码科技股份有限公司。杰创智能全称杰创智能科技股份有限公司。天亿马全称广东天亿马信息产业股份有限公司。宏景科技全称宏景科技股份有限公司。本章关于这五家公司的相关表述和分析所依据的资料来源于其在创业板发行上市审核信息公开网站(http://listing.szse.cn/)公布的招股说明书和相关审核问询函的回复。

1. 君逸数码收入确认方法变更

君逸数码本次申报创业板属于二次申报。初次申报时,其信息系统集成业务收入使用了完工百分比法,具体采用经甲方或监理确认的完工产值确定完工进度;二次申报由完工百分比变更为验收时点一次性确认收入,是在初次申报被现场检查之后再次选择的方法,足以说明监管机构对于信息系统集成收入确认的倾向性意见。

2. 杰创智能收入确认方法变更

杰创智能申报后变更了新收入准则下的收入确认方法,在交易所审核阶段采用时段法下的成本法,在证监会注册阶段则变更为时点法下的终验法。杰创智能认为:公司信息系统集成业务原收入确认方法具有一定的依据,本次信息系统集成业务收入确认方法调整主要系为了更加公允地反映公司的财务状况、经营成果和现金流量,更符合专业审慎原则及会计核算的稳健性要求。

杰创智能的本次收入确认方法变更代表了证监会的权威监管意见,变更后其原准则和新收入准则下的收入确认方法出现了实质性差异。

2.4.2.2 信息系统集成合同为单项履约义务

2.4.2节中全部案例公司均将信息系统集成合同作为单项履约义务,即认定合同中所规定的设计、提供软硬件、安装调试、质量保证服务等义务存在高度整合和重大关联。

2.4.2.3 信息系统集成适用时段法还是时点法

新收入准则下,满足时段法的三个条件中的一个即适用时段法,否则适用时点法。上述五家公司中,仅有杰创智能在变更之前论证为适用时段法。表2-17选取华是科技和君逸数码作为具有代表性的时点法案例，与杰创智能进行对比分析。

表2-17 是否满足时段法的对比分析

时段法的 三个条件	论证过程		
	华是科技	君逸数码	杰创智能（变更前）
条件一： 客户在企 业履约的 同时即取 得并消耗 企业履约 所带来的 经济利益	在完成最终调试并通过验收之前，各类软硬件并不具备实际使用功能，因此客户无法在履约过程中持续享受并消耗公司履约所带来的经济利益	信息系统集成服务主要是为客户提供涵盖方案设计、软硬件采购、工程施工、安装调试、系统集成等综合解决方案；相关业务、系统在完成安装调试、验收合格之前，无法达到客户的使用预期和目的	无法直接判断
	项目施工方案在前期招投标阶段仅对项目框架设计进行基本要求，在施工过程中不断调整优化设计；集成项目中使用了部分公司自产的软件和硬件产品，如果在履约过程中更换其他集成商，可能出现已经搭建和使用的软硬件出现无法兼容的问题，其无法在原有已完成工作基础上继续履行剩余履约义务	公司未继续论证	项目施工方案在前期招投标阶段已根据客户要求拟定完毕，施工标准清晰明确。集成项目全部是外购硬件，项目所需的应用软件通常选择向外部成熟的软件供应商进行采购。如果在履约过程中更换施工企业，其他企业可以按照客户原既定施工方案，在原有已完成工作基础上继续履行剩余履约义务
条件二： 客户能够 控制企业 履约过程 中在建的 商品	项目验收且交付给客户前，相关商品由现场的项目经理人员进行统一管理，并由公司自行承担商品的风险与报酬。客户并不参与项目实施过程中形成的在建项目的管理	项目不需在客户项目现场实施全部的业务环节，同时系统集成项目采购的软硬件产品在项目的实施过程中由现场项目经理人员进行统一管理，在公司完成安装调试工作前，未移交给客户，客户亦未控制该阶段性成果	按照客户要求定制化采购项目所需的设备、材料等，并在客户现场进行设备安装和项目实施，同时客户会委派监理单位或由其自身对施工过程全程进行监督管理，公司可以获取客户/监理对施工进度的确认；公司无权随意对已完工工作进行变更或拆除；公司系统集成项目一般随着工程主体建设进度分阶段安装，由于项目施工均在客户所在场所或建筑主体，客户在此施工的过程中能够控制在建商品

（续）

时段法的三个条件	论证过程		
	华是科技	君逸数码	杰创智能（变更前）
条件三：企业履约过程中所产出的商品具有不可替代用途，且该企业在整个合同期间内有权就累计至今已完成的履约部分收取款项	根据施工工程进度收取项目进度款，视不同项目的区别，在未完成竣工验收之前工程进度款总额通常为合同价的50%～70%，无法覆盖项目发生的存货成本	合同价款的结算主要约定了客户分阶段（或里程碑）付款，公司并非在整个合同期间均有权收款，而分期付款的进度与公司实际履约进度并不一定完全匹配	在整个合同期内，公司能够按照招标要求的施工标准执行履约义务，有权就累计至今已完成的履约部分收取款项
是否符合三个条件	全部不符合	全部不符合	全部符合
适用方法	时点法下的终验法	时点法下的初验法	时段法下的投入法

1. 条件一和条件二的判断要点

条件一和条件二关于时段法的业务实质是一致的，对于难以通过直观判断获知结论的情形，需要对是否满足"中途更换无需重新执行"的假定进行合理判断。下面通过案例公司不同的业务特征来进行时点法或时段法的论证。

（1）项目设计的主导权。

如果客户可以在集成项目开始前指定专业结构元素的设计或在建设过程中指定设计的重大结构性变化，则可能视为存在"中途更换无需重新执行"的前提条件；相反，如果客户只有有限的能力来影响所集成项目的设计,那么则可能不存在这个条件。

杰创智能强调项目施工方案在前期招投标阶段已根据客户要求拟定完毕,施工标准确定,而华是科技则强调在施工过程中不断调整优化设计。两种不同观点是对项目设计主导权的不同论证。

(2)主要软硬件是自产还是外购?

华是科技强调集成项目的部分软硬件是自产的,假定中途更换集成商,则可能代表新集成商的软硬件无法与已使用的自产软硬件进行兼容,故无法在原有已完成工作基础上继续施工。杰创智能强调项目使用的软硬件主要是外购,是外部供应商可以提供的、比较通用的产品,则可能代表新集成商在原有已完成工作基础上继续施工不存在软硬件兼容的问题。

(3)集成的物理过程。

杰创智能强调在客户现场进行设备安装和项目实施,君逸数码则强调项目不需在客户项目现场实施全部的业务环节。杰创智能强调安装之后不能拆除的物理特征,其信息系统集成项目属于总包方建筑整体工程的组成部分,集成设备在建筑主体内进行安装,已安装设备则附着于客户所控制的场所。可以总体上判断,杰创智能的信息系统集成的物理过程具有工程建设的一些特征,而华是科技和君逸数码系统集成的物理过程则以设备简单安装为主。

(4)集成过程的管理权。

华是科技和君逸数码的信息系统集成实质是"交钥匙"工程,在完成安装调试工作前,整体集成过程由公司的现场经理人员自行管理。杰创智能则强调客户会委派监理单位或自行对施工过程全程进行监督管理,对集成过程中的已完工工作,公司无权随意进行变更或拆除。

（5）客户对工作量的持续确认。

杰创智能说明其客户对施工过程全程进行监督管理，同时也会对每月完成的工作量以"施工月报"的形式进行确认。华是科技和君逸数码则不存在客户对工作量的进度确认。

2. 条件三的判断要点

华是科技、君逸数码、杰创智能三家公司中，信息系统集成项目作为高度定制化产品，都具有不可替代用途，分歧在于是否满足"合格收款权"。华是科技和君逸数码都认为只能在合同规定节点收款，因此不满足"合格收款权"条款，而杰创智能则认为其全部履约部分均可无条件收款，满足"合格收款权"条款。

2.4.2.4　杰创智能对业务实质的重新认定

在 IPO 申报和交易所审核期间，杰创智能在原准则下选择了完工百分比法下的成本法，在新收入准则下继续使用投入法下的成本法。在证监会注册阶段，杰创智能重新认定其信息系统集成业务应该采用时点法并在终验时点一次性确认收入。杰创智能前后两次认定的对比分析如表 2-18 所示。

针对同一事实，杰创智能前后两次认定出现了完全相反的判断，说明信息系统集成业务适用时点法还是时段法存在重大会计判断的问题，本质上，是对"中途更换无需重新执行"的可能性高低和需要重新执行工作范围的大小进行判断，是对客户现场管理的目的和控制能力进行判断，也是对合同终止情况下款项收回在实务中的可行性进行判断。

表2-18 杰创智能前后两次认定的对比分析

对比论证的核心	论证过程		前后判断的差异
	变更前的论证	变更后的论证	
中途更换实施方后，后续实施方是否需要重新执行公司已经完成的工作	项目施工方案在前期招投标阶段已根据客户要求拟定完毕，施工标准清晰明确。集成项目全部是外购硬件，项目所需的应用软件通常选择向外部成熟的软件供应商进行采购。如果在履约过程中更换施工企业，其他企业可以按照客户原既定施工方案，在原有已完成工作基础上继续履行剩余履约义务	如果在履约过程中更换实施方，公司可以交接施工图纸、已经采购和安装的主要设备和材料以及已经开发完成的软件等工作。但是，后续承接的实施方为确保方案可行性，可能要对原实施方案进行审核或修改，而重新执行方案设计、软件开发、系统集成调试等工作，即无法保证后续承接的实施方无需重新执行公司已经完成的工作	如果中途更换实施方，变更前认为方案固定、软硬件具有通用性，故可以在已完成工作基础之上继续履行；变更后认为原方案和原软件开发以及系统集成调试等工作存在修改的可能，无法保证后续实施方不需要对已完工工作进行重新履行
客户对现场的监督管理是否代表在建商品控制权的转移	按照客户要求定制化采购项目所需的设备、材料等，并在客户现场进行设备安装和项目实施，同时客户会委派监理单位或自行对施工过程全程进行监督管理，公司可以获取客户/监理对施工进度的确认；客户无权随意对已完工工作进行变更或拆除；公司系统集成项目一般随着工程主体建设进度分阶段安装，由于项目施工均在客户所在场所或建筑主体，客户在此施工的过程中能够控制在建商品	项目一般在客户所在场所或建筑主体根据总体规划在合同约定的范围内进行施工建设，客户会委派监理单位或自行对施工过程全程进行监督管理，但是客户不以主导在建商品或服务的使用并获取所有权为主要目的。客户虽然可以主导已交付的设备、材料及软件，但是无法完全主导在建产品或服务	对于项目在客户现场实施和客户对施工过程进行全程监督管理的特征，变更前认为这些特征表明客户在施工过程中能够控制在建商品；变更后认为虽然存在上述特征，但客户不以主导在建商品的使用为目的，无法控制未交付的在建商品
"合格收款权"在实务中是否能够满足	在整个合同期内，公司能够按照招标要求的施工标准执行履约义务，因客户原因终止合同的情形下，公司有权就累计至今已完成的履约部分收取款项	因客户原因终止合同的情形下，公司可以对已经交付或已完成的货物收取对价。一般而言，该部分款项可能无法保证能够覆盖全部工作的成本，只有在整个项目交付后，通过整个项目的价款收回才能保证补偿公司已经发生的成本和合理利润	对于因客户原因终止合同时对已完成商品的收款，变更前认为有权收取包括合理利润的全部款项；变更后认为有权收取但可能无法全部收取包括合理利润的全部款项
是否符合三个条件	全部符合	全部不符合	—

由于涉及上述多项会计判断，必然导致出现对会计方法的不同选择。杰创智能变更之前的会计方法存在正确性问题，但更为实质的是成本法存在的可控性问题。杰创智能在变更后使用的时点法下的终验法显然更具有客观性，同时与近期同行业 IPO 公司也能够保持可比性。

2.4.2.5　不同方法下可能存在的财务操纵问题

对信息系统集成项目采用完工百分比或履约进度确认收入、于验收时点一次性确认收入，以及选择初验或终验作为收入一次性确认的时点等，在 IPO 审核中监管部门都会从不同角度关注可能存在的财务操纵问题。

1. 采用完工百分比或履约进度

对于完工百分比或履约进度的确认，以客户确认的工作量为基础的产出法优于以实际成本为基础的投入法。杰创智能在原准则下采用成本进度作为完工百分比，变更之前在新收入准则下使用投入法下的成本法。成本进度以项目实际发生成本和预计总成本为基础，明显缺乏可控性。交易所在审核过程中对杰创智能的关注点如下。

（1）时段确认和一次性确认的业绩对比。

审核过程中，交易所要求杰创智能模拟测算报告期内在取得验收报告时一次性确认收入，并与采用目前会计政策确认收入进行比对。显然，审核中认为两种方法是具有可选择性的，一次性确认收入从证据层面而言更具客观性，相对靠后的确认时点则更具谨慎性。

（2）以成本进度作为履约进度的可靠性。

为说明成本进度的可靠性，杰创智能披露：虽然集成项目按成本投入比例确定完工百分比，但其集成项目需按月度获取客户/监理对施工进度的认可并取得施工月报，施工月报载有本月完成的工程量明细表，当月的项目成本投入以工程量明细表作为确认依据。

审核过程中，交易所要求杰创智能定量说明主要项目成本投入比例与客户出具的形象确认进度单、合同约定付款比例差异。杰创智能回复：经比较后，报告期内主要项目的成本投入比例与形象进度略有差异，与合同约定付款比例也略有差异，但报告期内不存在长期未得到客户认可的成本投入。

由交易所问询可以看出，在 IPO 公司使用成本进度的情况下，如果成本进度与相关的产出指标进度存在较大差异，尤其是成本进度经常超出产出指标进度，往往说明成本进度存在财务操纵的嫌疑。

2. 一次性确认收入的问题

信息系统集成项目采用一次性确认收入，尽管客观性更强，但全部收入的确认完全系于一个验收时点，这个验收时点的可靠性和严谨性则变得至关重要。论证验收时点的合理性，则需要分析项目周期是否存在异常。

在交易所审核过程中，华是科技和君逸数码均被要求对主要项目的实施周期和验收周期进行比较和分析，周期异常的情况主要包括某些项目的实施周期、验收周期与合同约定存在较大差异，某些项目金额较大但项目周期较短，某些项目的验收过于集中于资产负债表日。对于报告期内存在周期异常的项目，华是科技和君逸数码均根据项目的具体特征提供了合理的解释。

由交易所问询可以看出，在 IPO 公司使用时点法的情况下，如果存在难以合理解释的周期异常项目，则难以摆脱人为调节收入确认时点的财务操纵嫌疑。

3. 终验法和初验法的选择

同时存在初验和终验的信息系统集成项目，选择初验法还是终验法确认收入，关键是判断终验是例行性程序还是实质性程序。君逸数码采用初验法确认收入，其主要理由为：在初验和终验环节，验收内容基本一致，初验为实质性验收，终验主要系对初验结果的进一步确认，系客户的一种保护性条款；在历史上公司尚未发生过通过初验但不能通过终验的情形；公司实施的信息系统集成项目仅为客户整体工程中的一部分，安装调试完成进行初验后，需待客户整体工程全部竣工后，与其他部分一并终验，导致终验流程较为冗长，如果按照终验时点来确认收入，则与公司的实际经营情况不符。

终验法原则上比初验法更为谨慎，且与同行业公司更可比。在交易所审核过程中，君逸数码被要求模拟测算了使用终验法对业绩的影响。君逸数码回复：由于同时存在初验和终验的项目仅为客户整体工程的一部分，整体工程的终验流程较长，导致终验法测算的收入较初验法有较大的滞后性，两种方法的收入和利润存在一定差异。

由交易所问询可以看出，在 IPO 公司使用终验法的情况下，如果终验法下模拟业绩和初验法的结果差异较大，且不能基于业务的特征提供合理解释，则使用初验法存在财务操纵的嫌疑。

2.4.3 新收入准则下信息系统集成 IPO 收入确认方法的总结

在新收入准则下，信息系统集成项目仍然存在选择时段法和时点法的会计判断，但其通常难以满足"中途更换无需重新执行"的业务实质和"合格收款权"条款，采用时点法一次性确认收入从原理上成了主流方法。

新收入准则基于客户的角度更加强调产品交付需要满足合同规定的全部条件，在信息系统集成合同存在项目初验和终验的情况下，时点法下在初验时点确认收入一般情况下难以满足新收入准则的内在要求。

在 IPO 实务中，尽管从项目的关键特征以及合同条款出发，信息系统集成项目是否适用时段法仍然存在会计判断的空间，但从会计方法可控性的角度，新收入准则下对信息系统集成采用在终验时点一次性确认收入会进一步成为实务中的倾向和共识。

2.5　EPC 项目的收入确认方法

EPC 指从事工程总承包的企业受业主委托，按照合同约定对工程项目的勘察、设计、采购、施工、试运行、竣工验收等实行全过程或若干阶段的承包。

从事 EPC 业务的公司属于工程承包商，一般具有相应行业的工程总承包或工程专业分包资质。EPC 业务的施工内容一般包括土建和设备的采购及安装。在原准则下，EPC 一般适用建造合同准则，采用完工百分比法确认收入，其在 IPO 实务中的难点是如何保证完工百分比的客观性。某些以设备集成为主要内容的 EPC 合同往往属于"交钥匙"工程，工程承包商需要完成从设计到验收的整个过程，并最终向客户交付一个实现既定功能的工程或系统，从这个角度，该类 EPC 又具有集成设备销售的特征，故原准则下也常见经客户验收后一次性确认收入的情况。此外，对于一些工程造价相对较低，建设周期相对较短的 EPC 项目，原准则下以定量标准判断也常于客户验收后一次性确认收入。

新收入准则下，全部收入采用统一的"控制权转移模型"进行确认。新收入准则下，EPC 收入确认的关键是对 EPC 合同属于在某一时段内还是在某一时点履约义务进行明确的判断。本节通过一个非常有指导性的 IPO 案例，对新收入准则下 EPC 项目的 IPO 收入确认方法展开分析。

2.5.1 一个 IPO 案例所带来的权威结论

创业板 IPO 公司艾布鲁[一]是一家开展农村环境综合治理的企业，主要通过 EPC 模式为业主提供环境治理工程建设服务。艾布鲁于 2021 年 7 月通过创业板上市委会议批准，2022 年 3 月完成证监会注册。

在证监会注册阶段，艾布鲁调整了 EPC 项目在交易所审核阶段的收入确认方法。在交易所审核阶段，艾布鲁在原准则下将 EPC 视为产品销售一次性确认收入，在新收入准则下则认定为在某一时点履行的履约义务，在取得业主方、监理方和施工方三方签章的工程完工验收单时视为控制权转移而一次性确认收入。在证监会注册阶段，艾布鲁对照新收入准则的规定，重新分析了 EPC 合同特征，并将其最终认定为在某一时段履行的履约义务。

新收入准则下，满足时段法的三个条件中的一个即适用时段法，否则适用时点法。表 2-19 是笔者根据艾布鲁的问询回复对其 EPC 项目是否适用时段法进行的分析和总结。

㊀ 艾布鲁全称湖南艾布鲁环保科技股份有限公司。本章关于艾布鲁的相关表述和分析所依据的资料来源于其在创业板发行上市审核信息公开网站（http://listing.szse.cn/）公布的招股说明书和相关审核问询函的回复。

表2-19 艾布鲁前后两次判断差异对比

时段法条件	认定为某一时点履约	认定为某一时段内履约	前后判断差异
条件一：客户在企业履约的同时即取得并消耗企业履约所带来的经济利益	若项目合同终止，由其他方承包，新承包方可能需要重新执行艾布鲁已履行的部分工作，只要可能存在新承包方需要重新执行艾布鲁已履行的部分工作，即可认定客户在艾布鲁履约的同时未完全取得并消耗艾布鲁履约所带来的经济利益，与新承包方需要重新执行的工作量占比大小无关，据此，认为不符合条件一	项目中的非核心工序内容，在项目总工程量中占比较高。专用设备使用、专用药剂施用等核心工序内容，在项目总工程量中占比较低。若项目合同终止，由其他方承包，对于上述非核心工序内容，新承包方可以直接利用，不需要重新执行艾布鲁已完成的工作。对于上述核心工序内容，若新承包方掌握相应的技术方法，不需要重新执行艾布鲁已完成的工作；若新承包方不掌握相应的技术方法或部分核心工序内容受到专利保护，新承包方会采用替代方案，在充分利用艾布鲁已完成的工作基础上做出调整，继续实施项目，需要进行拆除或废弃的工作量占比极小。综上，认为符合条件一	假定中途更换承包方，实质上无需重新执行艾布鲁已经完成的工作即适用时段法。无需重新执行，是指新承包方对艾布鲁已完工程，还是对主要部分不需要重新执行？结论是需要重新执行的工作占比极小，即符合条件一
条件二：客户能够控制企业履约过程中在建的商品	在项目施工过程中，客户不掌握项目核心工艺内容，会通过合同约定将项目实施全过程委托给艾布鲁管理。客户会委托监理单位对施工过程进行监督，监理单位未对项目施工过程进行全面管理和控制。因此艾布鲁能对项目施工过程进行全面管理和控制。因此，客户不能控制履约过程中在建的商品，不符合条件二	艾布鲁在客户管理或所属的场地上进行环境治理工作，在施工过程中，客户会委托监理公司对在建项目进行监督，监理公司会对项目实施过程中的工程进度情况、工程量情况、施工标准情况进行监管和把关，施工过程中形成的资料客户可以随时查阅。艾布鲁能申请客户对可以分片区或分区域治理的项目的实施效果进行验收。综上，客户能控制履约过程中在建的商品，符合条件二	在客户场地上施工，是艾布鲁主导施工过程，自行对施工过程进行实质管理，还是客户委托监理公司主导施工过程，对施工过程进行监督管理？结论是监理公司代表客户对施工现场进行管理，客户能够控制在建商品
条件三：企业履约过程中所产出的商品具有不可替代用途，且该企业在整个合同期间内有权就累计至今已完成的履约部分收取款项	若在实施过程中终止项目，按照政府结算方式难以收回成本和合理利润，且艾布鲁在项目合同终止时点累计已收取的项目款会低于合同约定的进度款收款比例，有权收取的款项和累计已收取的进度款均不能足额补偿其已发生成本和合理利润，因此不符合条件三	艾布鲁没有重新论证	—

经过对照三个条件重新进行分析，艾布鲁将 EPC 项目在原准则下认定为适用建造合同准则，在新收入准则下则认定为某一时段内履约的义务，采用投入法并以成本进度为履约进度。EPC 项目原采用一次性确认实质上已得到交易所的认可，该项差错更正显然是在证监会提出异议的情况下进行的，是对类似 EPC 项目的收入确认方法的权威意见，对相关 IPO 实务有非常直接的借鉴作用。

适用时段法的业务实质是"中途更换无需重新执行"，从艾布鲁前后两次的表述可以看出，中途更换无需重新执行的工作量不是绝对的 100% 的概念，而是绝大部分无需重新执行就可以满足业务实质。艾布鲁非核心工序在项目总工程量中占比较高，非核心工序的投入远大于核心工序，如果大部分非核心工序无需重新执行，即符合"中途更换无需重新执行"的业务实质。

2.5.2　时段法是同行业 IPO 公司的通用方法

艾布鲁属于生态保护和环境治理业。新收入准则执行后截至 2022 年 3 月末已上市和在审的艾布鲁同行业 IPO 公司中，EPC 收入占总收入一半以上的公司共有中兰环保、倍杰特、深水海纳、建工修复、冠中生态、华骐环保[⊖]六家（以下简称案例公司），全部是创业板 IPO 公司。

⊖ 中兰环保全称中兰环保科技股份有限公司。倍杰特全称倍杰特集团股份有限公司。深水海纳全称深水海纳水务集团股份有限公司。建工修复全称北京建工环境修复股份有限公司。冠中生态全称青岛冠中生态股份有限公司。华骐环保全称安徽华骐环保科技股份有限公司。本章关于这六家公司的相关表述和分析所依据的资料来源于其在创业板发行上市审核信息公开网站（http://listing.szse.cn/）公布的招股说明书和相关审核问询函的回复。

2.5.2.1 全部案例公司均将 EPC 项目确认为某一时段内履约的单项履约义务

六家案例公司 EPC 项目所依据的认定条件及确定履约进度的具体方法，如表 2-20 所示。

表2-20　六家案例公司使用时段法的对比

案例公司	条件一	条件二	条件三	具体方法	产出法的指标或对成本法进行印证的指标
中兰环保	未论证	满足	未论证	产出法 / 工程量法	公司以经客户、监理签字盖章确认的工程量进度报表为依据确定项目的完工百分比
倍杰特	未论证	满足	未论证	投入法 / 成本法	公司取得的业主或第三方监理机构确认单据中载明了相关项目形象进度，仍可作为以成本法确定完工进度的辅助验证资料
深水海纳	未论证	满足	满足	投入法 / 成本法	公司将经监理单位、业主方或其中一方审核确认的工程进度与计算的完工百分比进行比较，以验证准确性
建工修复	满足	满足	不满足	产出法 / 工程量法	公司各期末以相应时点累计发生的工作量占合同预计总工作量的比例计算完工进度
冠中生态	满足	满足	满足	投入法 / 成本法	公司定期提报项目产值进度报表，由客户/监理单位签字、盖章确认项目进度情况，并结合其他经客户/监理确认的阶段性资料一并作为收入进度的复核验证资料
华骐环保	未论证	满足	满足	投入法 / 成本法	分析成本进度与客户或第三方机构出具的工程进度确认单等外部证据是否存在重大差异

根据表 2-20 中案例公司三个条件的对照情况，可进一步分析如下。

1. 案例公司均明确论证满足条件二

案例公司均认为客户拥有施工现场的控制权。例如倍杰特认为：工作主要在污水处理项目的建设用地上进行，运往项目所在地已安装完成的设备已附着于客户控制的场所之上，客户能够随时查看和控制项目现场，对项目进度进行及时了解和监督。

2. 没有单独使用条件三的案例公司

案例公司主要从合同结算条款和终止条款两个角度对条件三进行论证。例如深水海纳认为其满足的主要论据为：与客户就每月已完成工程量的价款结算和支付比例进行了约定，合同条款通常会约定违约责任或合同终止补偿条款，业主单位信用状况良好，履约能力强。建工修复认为其不满足的主要论据为：合同一般会安排里程碑付款，未明确约定因终止合同可以收回已发生成本及补偿合理的利润的情形。

2.5.2.2 投入法和产出法都是可选择的方法

新收入准则下，产出法是优于投入法的方法，因为产出法下的指标直接代表转移给客户的价值量，只有在产出法下的产出指标无法计量时，才采用投入法来确定履约进度，实务中一般使用投入法下的成本法。在原理上，企业的成本投入与向客户转移商品的价值量之间未必存在直接的对应关系，已发生的成本并不一定能反映真实的履约进度。

两种方法比较，产出法下的产出指标一般是经过客户确认的价值量，而成本法则是通过成本进度间接计算出的价值量，产出法相对于成本法更具有客观性。在实务中，并不是每一个 EPC 合同都能够按时取得客户定期确认的价值量，产出法的应用经常不具备充分的条件，故只能采用投入法下的成本法。成本法下的预计总成本和累计发生成本，主要来自企业的内部证据，其在 IPO 中的可控性存在问题。正因为如此，IPO 公司几乎不能孤立地使用成本法，在使用成本法的情况下，往往需要提供更具有客观性的指标来验证成本法下履约进度的合理性和稳健性。

上述六家公司中，有两家公司使用产出法，直接以经客户、监理签字盖章确认的工程量进度报表为依据确定项目的进度。有四家公司使用成本法，但全部需要将业主或第三方监理机构确认的项目形象进度或者阶段性验收资料作为对成本进度准确性的验证。

2.5.3 新收入准则下 EPC 与信息系统集成项目收入确认方法的区别

本节和 2.4 节中，都分析了一个在证监会注册阶段被要求更正收入确认方法的案例。这种具有指引作用的权威案例，基本明确了在 IPO 实务中信息系统集成项目一般应认定为时点法，而 EPC 项目则一般应认定为时段法。

EPC 与信息系统集成在业务特征上有一定的相似之处，如合同中一般都包括项目设计、设备材料采购、安装调试等内容，都需要向客户交付能够实现既定功能的工程或系统。在原准则下，EPC 与信息系统集成都适用建造合同准则，在新收入准则下则分别适用时点法和时段法，两者产生根本区别的根源是符不符合"中途更换无需重新执行"的业务实质。

信息系统集成的核心环节往往是系统设计和软件开发，项目的实施主要依靠企业特有的技术和开发团队独特性的智力投入，大部分硬件的采购和安装属于非核心环节，产生的合同毛利较低，而设计和软件往往是合同毛利的主要来源，对合同具有重要性。上述特征说明，信息系统集成的已完成工作大部分难以被后续集成商兼容，不符合"中途更换无需重新执行"的业务实质。

EPC 合同一般主要包括施工设计、土建工程和设备采购及安装，施工设计在开始施工后承包方无法自行变更，土建和设备安装等大部分实体工程一般通过分包商完成，假如中途更换，除了一些企业特有的工艺和设备之外，绝大多数已完成施工可以被后续承包商利用并按原设计方案继续进行施工。上述特征说明，EPC 符合"中途更换无需重新执行"的业务实质。

2.6　新收入准则下 IPO 收入确认方法的总结

在 2.2 和 2.3 节中，我们通过分析医药 CRO 行业、建筑设计行业和定制软件开发行业的 IPO 公司案例，论述了智力密集型服务业务的收入确认方法。在 2.4 节中，我们通过分析智慧城市信息系统集成行业的 IPO 公司案例，论述了信息系统集成业务的收入确认方法。在 2.5 节中，我们通过分析生态环境治理 EPC 行业的 IPO 公司案例，论述了 EPC 业务的收入确认方法。现在，我们来做进一步的总结与对比分析。

2.6.1　新收入准则和原准则下的会计方法总结与对比

2.2 ~ 2.5 节中的 IPO 案例公司共涉及三个类型业务中的五个行业，

收入确认方法具有典型性和代表性。表 2-21 通过对 2.2～2.5 节中案例公司的收入确认方法进行归纳，列示了原准则和新收入准则下不同行业在 IPO 中使用的主要会计方法。

表 2-21 不同行业原准则和新收入准则下的会计方法对比

业务类型	细分行业	原准则下不同行业会计方法		新收入准则下不同行业会计方法	
智力密集型服务	建筑设计	完工百分比	里程碑法	时段法履约	里程碑法
	医药 CRO	完工百分比	里程碑法	时段法履约	里程碑法
	定制软件开发	完工百分比	成本法	时点法履约	验收一次性确认
		一次性确认	初验一次性确认		
信息系统集成	智慧城市信息系统集成	一次性确认	终验一次性确认	时点法履约	终验一次性确认
		完工百分比	成本法		
EPC	生态环境治理 EPC	完工百分比	成本法配合产出指标验证	时段法履约	成本法配合产出指标验证
		完工百分比	工程量法	时段法履约	产出法下的工程量法

在原准则和新收入准则下，定制软件开发与同属智力密集型服务业务的其他两个行业的收入确认方法都存在较大的区别。原准则下定制软件开发也一度使用里程碑法，但该行业的里程碑不统一也不固定，再加之 IPO 审核中对航天宏图的权威纠正，故很多 IPO 公司将定制软件开发的收入确认方法调整为完工百分比法和验收一次性确认法。在新收入准则下，定制软件开发合同全部统一为时点法履约并于验收时点一次性确认收入，与另外两个行业仍然使用里程碑法存在根本性的区别。

使用里程碑法的建筑设计和医药 CRO 两个行业，实质上使用的是

"混合里程碑法"。由于建筑设计仅使用"合格收款权"作为确认时段履约的条件,故其在未来实务中使用的稳定性尚待观察。当前实务中,建筑设计也存在认为不符合"合格收款权"而采用时点法确认收入的同行业可比公司。

对于信息系统集成,原准则同时存在一次性确认和完工百分比法,在新收入准则下几乎统一为时点法履约并于验收时点一次性确认收入。

2.6.2 新收入准则下的收入确认方法预期和实务中的差异

在 2.1 节中,基于新收入准则存在的重大会计判断,按照 IPO 会计方法可控性的原则,我们已对新收入准则下三大业务类型在实务中的收入确认方法选择做出了预测。根据 2.2 ~ 2.5 节对相关行业的案例分析,预期和实务中的 IPO 收入确认方法差异对比如表 2-22 所示。

IPO 会计方法强调可控性原则,但正确性原则是前提,即从"中途更换无需重新执行"的业务实质出发,对不需要进行重大会计判断即可以明确适用时段法的,尽可能选择时段法下的产出法;对不需要进行重大会计判断即可以明确适用时点法的,存在初验和终验时点时尽可能选择终验法。在不违背正确性原则的前提下,业务性质的特征可能部分支持时段法,部分支持时点法,在这种存在重大会计判断的情况下,应尽可能选择更具可控性的时点法确认收入。

根据上述原则,建设工程设计行业存在"合格收款权"的重大会计判断,选择时段法有其合理性,但并不符合会计方法的可控性原则。"混合里程碑法"是 IPO 实务中对会计原则的突破,既解决了原里程碑法存在的正确性问题,又提供了非常好的可控性。

表2-22 预期和实务中的IPO收入确认方法差异对比

业务类型	重大会计判断	IPO预期收入确认方法	IPO实务收入确认方法
智力密集型服务	选择一项还是多项履约义务	服务合同作为一项履约义务	服务合同作为一项履约义务
	选择时段履约还是时点履约	不同行业业务实质的不同会导致时段法和时点法的不同选择,但如果存在选择时点法或时段法的重大会计判断,应选择时点法	从业务实质出发,医药CRO和定制软件开发分别选择时段法和时点法;建设工程设计行业在存在重大会计判断时并未选择时点法
	里程碑法能否继续使用	受到里程碑节点之间不能存在重大商品控制权转移的限制,故使用可能不会具有普遍性	医药CRO和建设工程设计行业都使用了"混合里程碑法",具有一定的普遍性
信息系统集成	选择一项还是多项履约义务	集成合同作为一项履约义务	集成合同作为一项履约义务
	选择时段履约还是时点履约	从业务实质确定是否适用时段法;但如果存在选择时点法或时段法的重大会计判断,应选择时点法;选择时点法时如果存在初验和终验的选择,应选择终验时点	从业务实质和可控性出发,时点法下的终验法是最为主流的方法
设备集成为主要内容的EPC	是否适用时段履约义务	从业务实质确定是否适用时段法,但如果存在选择时点法或时段法的重大会计判断,应选择时点法	从业务实质出发,时段法是最为主流的方法
	如何评价成本法的适当性	不使用或不单独使用成本法确定履约进度	产出法和投入法共存,使用成本法时需要通过对比具有客观性的产出指标进行评价

对于使用时段法的EPC业务,IPO实务中产出法和投入法共存似乎也不完全符合可控性原则,但很多EPC合同并未约定客户对工作量进行定期计价,能够作为履约进度的产出指标在客观上难以获取,在这种情况下,将成本进度作为履约进度的基础,并使用能够获取但无法作

为履约进度的一些产出指标来进行合理性验证，也是 IPO 中一种务实的选择。

2.6.3　新收入准则下 IPO 收入确认方法的三条"纪律"

由于新收入准则下也存在重大会计判断所带来的会计方法的可选择性，综合上述对不同行业典型案例公司收入确认方法的分析，根据正确性和可控性原则，概括而言，新收入准则的使用在 IPO 实务中仍旧可以总结为三条"纪律"。

第一条：商品组合及相关安装服务尽可能作为单项履约义务确认收入，收入确认强调以客户签收或验收为控制权转移的标志。一般只在退货金额具有重要性的情况下依限制转回原则谨慎估计退货产生的可变对价。一般将产品质量保证认定为保证性质而作为预计负债处理。

第二条：在会计方法正确性的前提下，单项履约义务尽可能确认为时点履约义务而非时段履约义务，以便增加一次性确认的使用而减少使用履约进度。

第三条：确定履约进度时，尽可能优先使用产出法而避免使用或者单独使用成本法。"混合里程碑法"也是产出法下的一种可选择方法。

第 3 章

IPO 中研发投入的规范和重点

3.1 研发投入的定义和规范性要求

3.2 研发投入在三个口径下的差异和统一

3.3 研发投入中与生产成本有关的常见问题

3.4 开发支出资本化的会计判断及在 IPO 中的具体运用

3.5 科研项目相关政府补助能否计入经常性损益

3.1 研发投入的定义和规范性要求

研发投入在 IPO 财务中的地位，是以上海证券交易所科创板的推出为转折点的。科创板推出之前的主板和创业板 IPO 实务中，研发投入并非财务重点，研发总支出一般全部计入当期费用，研发投入占比也不是重要财务指标，研发费用的真实性通常只是一个科目分类问题。科创板推出之后以及随之而来的注册制板块，由于高度强调 IPO 公司的科技和创新属性，也就快速地把研发投入推到了 IPO 财务中非常重要的地位。

3.1.1 研发投入的定义

科创板审核问答和北交所规则指引中对研发投入做了相同的定义：研发投入为企业研究开发活动形成的总支出。研发投入通常包括研发人员工资费用、直接投入费用、折旧费用与长期待摊费用、设计费用、装备调试费、无形资产摊销费用、委托外部研究开发费用、其他费用等。本期研发投入为本期费用化的研发费用与本期资本化的开发支出之和。

3.1.1.1 研发投入金额

从定义上看，研发投入指的是本期发生的研发总支出，本期费用化的研发费用应该直接取自利润表的研发费用科目，本期资本化的开发支出取自开发支出科目的本期增加额。如果存在原开发支出形成的内部无形资产的摊销额又计入研发费用或新的开发支出的情况，那么本期研发投入还应该剔除这些无形资产的摊销额。研发投入用计算公式表示如下：本期研发投入＝本期研发费用＋本期开发支出的增加额－内部无形资产摊销计入本期研发费用或开发支出的金额。

3.1.1.2　研发投入占比

衡量研发投入强度的最重要指标为研发投入占比。研发投入占比即研发投入占营业收入的比例。研发投入占比超高，说明研发投入的强度越高。

3.1.2　研发投入是重要的上市条件和重要财务指标

研发投入金额和研发投入占比是研发投入的两个重要指标。研发投入指标是科创板和北交所的上市条件，足以说明研发投入的地位和严肃性。研发投入占比是注册制下招股说明书必须披露的主要财务指标之一。

3.1.2.1　研发投入指标是上市条件

只有满足科创属性评价指引的条件才能够选择五套上市标准中的一套申报科创板，研发投入指标是科创板实质性上市条件。北交所的四套上市标准中，有两套包括研发投入指标。科创板和北交所关于研发投入的上市条件如表 3-1 所示。

3.1.2.2　研发投入占比已成为主要财务指标之一

主板和原创业板中，研发投入占比并非招股说明书必须披露的主要财务指标。自科创板开始，目前研发投入占比已成为科创板、创业板以及北交所招股说明书中必须披露的主要财务指标之一。

表3-1 科创板和北交所关于研发投入的上市条件

科创板上市条件		北交所上市条件	
第二套上市标准	预计市值不低于人民币15亿元，最近一年营业收入不低于人民币2亿元，且最近三年累计研发投入占最近三年累计营业收入的比例不低于15%	第三套上市标准	预计市值不低于8亿元，最近一年营业收入不低于2亿元，最近两年研发投入合计占最近两年营业收入合计比例不低于8%
科创属性评价指引（适用于全部上市标准）	最近三年研发投入占营业收入比例5%以上，或最近三年研发投入金额累计在6000万元以上。软件行业研发投入占比应在10%以上	第四套上市标准	预计市值不低于15亿元，最近两年研发投入合计不低于5000万元

由于研发投入指标已上升为上市条件，故IPO审核中对研发投入真实性的要求空前提高。只有在内部控制和核算比较规范的前提下，才能保证IPO公司研发投入指标的真实准确，也才能进一步判断其是否符合上市条件。

3.1.3 研发投入的规范性要求

科创板审核问答、创业板审核问答、北交所规则指引均列示了对于研发投入的规范性内容，三个文件概括起来，主要包括研发投入的确认、研发支出资本化、科研项目相关政府补助是否为经常性损益三项内容的披露和核查。对相关规范性要求的总结如表3-2所示。

表3-2 研发投入的规范性要求

法规依据	发行人信息披露要求	中介机构核查要求
科创板审核问答第7问、北交所规则指引1-4：对研发投入的认定、内控要求、信息披露和核查	1. 披露研发相关内控制度及其执行情况； 2. 披露研发投入的确认依据、核算方法、最近三年研发投入的金额、明细构成、最近三年累计研发投入占最近三年累计营业收入的比例及其与同行业可比上市公司的对比情况	1. 对报告期内发行人的研发投入归集是否准确、相关数据来源及计算是否合规进行核查； 2. 对发行人研发相关内控制度是否健全且被有效执行进行核查
科创板审核问答第14问、创业板审核问答第31问：对研发支出资本化的信息披露和核查	1. 与资本化相关研发项目的研究内容、进度、成果、完成时间（或预计完成时间）、经济利益产生方式（或预计产生方式）、当期和累计资本化金额、主要支出构成，以及资本化的起始时点和确定依据等内容； 2. 与研发支出资本化相关的无形资产的预计使用寿命、摊销方法、减值等情况，并说明是否符合相关规定	1. 研究阶段和开发阶段的划分是否合理，是否与研发活动的流程相联系，是否遵循了正常研发活动的周期及行业惯例，并一贯运用，研究阶段与开发阶段划分的依据是否完整、准确披露； 2. 研发支出资本化的条件是否均已满足，是否具有内外部证据支持； 3. 研发支出的成本费用归集范围是否恰当，研发支出的发生是否真实，是否与相关研发活动切实相关，是否存在为申请高新技术企业认定及企业所得税费用加计扣除目的虚增研发支出的情形； 4. 研发支出资本化的会计处理与可比公司是否存在重大差异
科创板审核问答第15问：科研项目相关政府补助在非经常性损益的列报	1. 说明将政府补助相关收益列入经常性损益是否符合非经常性损益的规定； 2. 说明所承担的科研项目是否符合国家科技创新规划； 3. 披露所承担科研项目的名称、项目类别、实施周期、总预算及其中的财政预算金额、计入当期收益和经常性损益的政府补助金额等内容	发行人政府补助相关会计处理和非经常性损益列报的合规性

3.1.4 研发投入在 IPO 中的关注重点

根据规范性文件中对于研发投入上述三项主要内容的披露和核查要求，可以预测，研发投入的准确性、开发支出资本化、科研项目相关政府补助的经常性损益认定将成为 IPO 中对研发投入的关注重点。

3.1.4.1 研发投入的准确性

影响研发投入准确性的问题主要包括三类。一是财务核算不够规范，财务账上并不直接分项目核算，项目费用仅仅依赖备查资料来划分，缺少归集和分配的原始证据。二是不同的研发费用披露口径存在不合理差异，不同披露口径各行其道，项目混乱，数据打架。三是数据的真实性存疑，尤其是某些情况下生产成本和研发投入容易混淆，实务中也存在为申请高新技术企业认定、企业所得税费用加计扣除或者达到上市条件的目的而虚增研发支出的情形。

在 IPO 实务中，研发投入的准确性主要体现在披露口径的一致性和财务核算的严谨性两个方面。

1. 披露口径的一致性

IPO 公司一般有三个研发费用的对外披露口径，分别基于高新技术企业认定、企业所得税加计扣除和 IPO 申报上市等不同目的。三个口径的数据，均应出自财务账的同一账面数据。由于所规范的研发费用范围略有差异，所以三个口径下的研发费用一般是不会完全一致的。三个口径下都存在各自遵循的法律法规，故无论差异大小，相关差异原因都应该是很容易厘清和核实的。

对于研发投入在三种口径下的差异和统一的相关分析，见本章 3.2 节。

2.财务核算的严谨性

财务核算的严谨性主要包括三个方面。第一,严格控制研发费用的范围、开支标准和分摊方法,当期的研发投入正常应该列示于研发费用和开发支出科目,对于无法直接归集的费用,要以实际工时等原始证据作为相关费用的分摊标准。第二,合理把握研发投入的会计处理方法的正确性和可控性,对某些特定情况下的研发投入和成本、费用的划分进行稳健的处理。第三,健全和严格研发支出的内部控制流程,建立研发项目的跟踪管理系统,有效监控、记录各研发项目的进展情况。

对于在实务中研发投入和成本费用划分的分析与总结,见本章3.3节。对于研发活动的内部控制的分析和总结,见第6章。

3.1.4.2 开发支出资本化

主板和核准制下创业板的审核中,基本不允许IPO公司进行开发支出资本化处理。科创板和创业板的审核问答中都明确规范了研发支出资本化的问题。可以预见,基于鼓励研发投入的目的,注册制下将适度扩大开发支出资本化的范围,允许部分具有充分科技含量的IPO公司在满足相关条件的前提下进行开发支出资本化处理。

对于资本化的条件,首先应强调的是IPO公司所处行业和研发项目本身的科技含量,其次对于开发支出资本化的可靠性要求将更加明确。一方面,研发项目需要遵循正常研发活动的周期及行业惯例,严格界定和限制开发阶段。另一方面,研发过程中需要更多关键外部证据的支持,外部证据主要体现在项目立项、研究阶段和开发阶段的划分、项目结项等重要研发节点的确定。

对于IPO实务中的开发支出资本化的分析和总结,见本章3.4节。

3.1.4.3 科研项目相关政府补助的经常性损益认定

科研项目相关的政府补助，根据证监会《公开发行证券的公司信息披露解释性公告第 1 号——非经常性损益》（以下简称非经常性损益公告）的规定，在实务中长期作为非经常性损益列报。科创板审核问答第 15 问所提及的科研项目的政府补助列入经常性损益的事项，可能是一个重大的变化。政府补助是否能够满足认定为经常性损益的条件，有待于在 IPO 实务中进行观察。

对于能否将科研项目相关政府补助认定为经常性损益，相关分析和总结见本章 3.5 节。

3.1.5 研发投入是会计方法可控性的新领域

研发投入指标上升到发行条件的高度，势必会为某些 IPO 公司带来粉饰研发投入的动机。IPO 公司通过刻意混淆并将生产成本或其他费用计入研发投入，不但可以"美化"研发投入指标，还可能虚增报告期内的毛利率水平。IPO 公司利用会计准则将开发支出过度资本化，可以粉饰报告期内的业绩。

由此可见，IPO 会计方法的可控性同样适用于研发投入。研发投入和成本费用的合理区分、开发支出审慎进行资本化等问题的处理都需要选择更具有可控性的方法。

3.2 研发投入在三个口径下的差异和统一

IPO 公司的研发投入，一般存在三个对外披露口径。IPO 财务口径，即基于会计准则、财务规范及 IPO 审核监管的要求，IPO 公司在财务报表中核算的研发总支出。企业所得税加计扣除口径，指税法所规范的可以享受加计扣除税收优惠政策的具体研发费用，相关税收文件中未明确列举的费用不能进行加计。高新技术企业认定口径，指高新技术企业相关法律法规所规范的，用于判断企业研发投入的强度是否满足高新技术企业指标要求的研发支出。

研发投入在三个口径下的差异和统一，是 IPO 审核中重点关注的问题。

3.2.1 三个口径的依据和差异分析

3.2.1.1 依据的法律法规和适用范围

所得税加计扣除、高新技术企业认定和 IPO 财务所依据的主要法律法规如表 3-3 所示。

表3-3 三个口径所依据的主要法律法规

项目	所得税加计扣除	高新技术企业认定	IPO 财务
依据的主要法律法规	1. 关于完善研究开发费用前加计扣除政策的通知（财税[2015]119 号） 2. 关于研发费用税前加计扣除归集范围有关问题的公告（国家税务总局公告 2017 年第 40 号） 3. 关于企业委托境外研究开发费用税前加计扣除有关政策问题的通知（财税[2018]64 号）	高新技术企业认定管理工作指引（2016）	1. 财政部关于企业加强研发费用财务管理的若干意见（财企[2007]194 号） 2.《企业会计准则解释第 15 号》 3. 科创板审核问答、创业板审核问答、北交所审核指引
适用行业	除烟草制造业、住宿和餐饮业、批发和零售业、房地产业、租赁和商务服务业、娱乐业外的行业	《国家重点支持的高新技术领域》内的行业	可以申请 A 股 IPO 的全部行业。目前重点适用于注册制下的板块
适用主体	境内从事研发活动的主体	境内具有高新技术企业证书的主体	合并范围内全部主体

根据不同口径所依据的不同法律法规，以下我们首先对不同口径下研发活动的相关界定进行对比，然后对不同口径下各类研发费用的具体内容做出详细对比。

3.2.1.2 三个口径对研发活动的相关界定

对不同口径下法律法规关于研发活动的界定，主要包括研发活动的定义、研发人员的范畴和研发投入的结构三项内容。

1. 研发活动的定义

表 3-4 中列示了三个口径下研发活动的定义。

表3-4 三个口径下研发活动的定义

项目	所得税加计扣除	高新技术企业认定	IPO 财务
研发活动的定义	指企业为获得科学与技术新知识，创造性运用科学技术新知识，或实质性改进技术、产品（服务）、工艺而持续进行的具有明确目标的系统性活动。不允许加计扣除的研发活动包括：企业产品（服务）的常规性升级，对某项科研成果的直接应用，对现存产品、服务、技术、材料或工艺流程进行的重复或简单改变等7项内容	指为获得科学与技术（不包括社会科学、艺术或人文学）新知识，创造性运用科学技术新知识，或实质性改进技术、产品（服务）、工艺而持续进行的具有明确目标的活动。不包括企业对产品（服务）的常规性升级或对某项科研成果直接应用等活动	指企业对产品、技术、材料、工艺、标准的研究、开发。研究是为了新的技术和知识而进行的有计划的调查。开发是在商业化生产和使用之前，将研究成果和其他知识应用于某项计划或设计，以生产出新的或具有实质性改进的材料、装置、产品等

三个口径下研发活动所界定的内涵是一致的，即研发活动需要形成新知识、新技术、新产品和新工艺，没有实质性改进的常规性升级或对某项科研成果的直接应用均不属于研发活动。三个口径关于研发活动的一致性，表明 IPO 公司在三个口径下所申报或披露的研发项目应该保持一致。

2.研发人员的范畴

表3-5中列示了三个口径下研发人员的范畴。

表3-5　三个口径下研发人员的范畴

项目	所得税加计扣除	高新技术企业认定	IPO 财务
研发人员的范畴	直接从事研发活动人员，包括研究人员、技术人员、辅助人员三类。研发人员包括在职研发人员和外聘研发人员	直接从事研发和相关技术创新活动，以及专门从事上述活动的管理和提供直接技术服务的，累计实际工作时间在183天以上的人员，包括在职、兼职和临时聘用人员	企业在职研发人员和外聘研发人员

三个口径下研发人员都包括在职和外聘人员。所得税加计扣除认定的研发人员不包括专门从事研发管理的人员。高新技术企业认定的科技人员既包括税法认定的直接从事研发活动的人员，还包括专门从事研发管理的人员，但同时有累计实际工作时间在183天以上的限制。综合而言，IPO财务的研发人员不包括上述两个限制，人员范畴最为广泛。

3.研发投入的结构

表3-6中列示了三个口径下研发投入的相关结构对比。

从表3-6可以看出，三个口径下研发投入存在结构性差异。

（1）研发投入的组成差异。

所得税加计扣除的研发投入包括费用化的研发支出和技术类无形资产的摊销额，即在形成无形资产之前资本化的开发支出不属于当期的研发投入。IPO财务和高新技术企业认定的研发投入是本期费用化和本期资本化的研发总支出，与所得税加计扣除在结构上存在不同。

表3-6 三个口径下研发投入的结构

项目	所得税加计扣除	高新技术企业认定	IPO 财务
研发投入的组成	未形成无形资产计入当期损益的，依据税法规定对本年度实际发生额进行加计扣除；形成无形资产的，依据税法规定对无形资产成本进行加计并进行税前摊销	本期发生的研发总支出，原则上应该包括计入损益的研发支出和资本化处理的研发支出	本期研发投入为本期费用化的研发费用与本期资本化的开发支出之和
政府补助收入冲减研发投入	企业取得的政府补助，会计处理时采用直接冲减研发费用方法且税务处理时未将其确认为应税收入的，应按冲减后的余额计算加计扣除金额	未有冲减研发费用的明确规定	政府补助采用总额法核算，不冲减研发费用；采用净额法核算，冲减研发费用
特殊收入冲减研发投入	企业取得研发过程中形成的下脚料、残次品、中间试制品等特殊收入，在计算确认收入当年的加计扣除研发费用时，应从已归集研发费用中扣减该特殊收入	未有冲减研发费用的明确规定	可以对外销售的下脚料、残次品，按预计可变现净值确认成本并自研发费用转出，并在实现销售时予以结转

IPO 财务和高新技术企业认定的研发投入在范围上也存在差异。一般认为，IPO 财务中费用化投入是指计入研发费用科目的支出，资本化投入是指计入本期开发支出科目的支出。高新技术企业认定的科目范围可能更为宽泛，费用化支出除了计入研发费用科目之外，还可能包括计入营业成本科目或其他期间费用科目的支出；资本化支出除了计入开发支出科目之外，还可能包括计入生产成本并在存货科目列示的资本化支出。

（2）政府补助收入和其他收入冲减研发投入的处理差异。

与研发项目相关的政府补助，如果属于应税收入或者会计选择总额法核算，所得税加计扣除和IPO 财务口径均不冲减研发费用；采用净额法核算的情况下，IPO 财务口径冲减研发费用，所得税加计扣除则在属于非应纳税收入情况下冲减研发费用。

对于特殊收入，所得税加计扣除以销售收入冲减研发费用，IPO 财务则把相关存货的预计可变现净值自研发费用转出，二者的处理对研发费用的影响金额基本一致，影响期间可能不同。

3.2.1.3　三个口径下的研发投入对比

三个口径下，对研发投入的类型划分基本是一致的，研发投入通常包括研发人员工资费用，直接投入费用，折旧和摊销，设计、试验和装备调试费用，委托外部研发费用，其他相关费用等。

1. 人员工资费用

表 3-7 中列示了三个口径下人员工资费用的对比。

表3-7　不同口径下的人员工资费用

项目	所得税加计扣除	高新技术企业认定	IPO 财务
在职人员	直接从事研发活动人员的工资薪金、社会保险费和住房公积金	科技人员的工资薪金、社会保险费和住房公积金	研发人员的工资薪金、社会保险费和住房公积金
外聘人员	外聘研发人员的劳务费用	外聘科技人员的劳务费用	外聘研发人员的劳务费用
股权激励	工资薪金包括按规定可以在税前扣除的对研发人员股权激励的支出	未明确	股份支付费用构成职工薪酬

从表 3-7 可以看出，三个口径下主要是股权激励费用的认定存在差异。IPO 财务口径下，股份支付费用构成职工薪酬的一部分，用于激励研发人员所形成的股份支付费用，原则上可以计入研发投入。所得税加

计扣除允许在税前扣除的对研发人员股权激励的支出,实务中一般只适用于已上市公司的股权激励,IPO 公司则难以适用。实际抵扣时点一般在被激励人员可行权且已缴纳个人所得税的当年。高新技术企业认定对股份支付费用未予明确,从认定的规范性和严谨性出发,实务中一般与所得税加计扣除的股权激励处理标准保持一致。

此外,研发人员的职工福利费、补充养老保险费、补充医疗保险费等,属于 IPO 财务和高新技术企业认定口径下的人员工资费用,在所得税加计扣除口径下则在"其他相关费用"中列举并规范。

2. 直接投入费用

表 3-8 列示了三个口径下直接投入费用的对比。

表3-8 三个口径下的直接投入费用

项目	所得税加计扣除	高新技术企业认定	IPO 财务
直接投入费用	直接消耗的材料、燃料和动力费用	直接消耗的材料、燃料和动力费用	直接消耗的材料、燃料和动力费用
	用于中间试验和产品试制的模具、工艺装备开发及制造费,不构成固定资产的样品、样机及一般测试手段购置费,试制产品的检验费	用于中间试验和产品试制的模具、工艺装备开发及制造费,不构成固定资产的样品、样机及一般测试手段购置费,试制产品的检验费	用于中间试验和产品试制的模具、工艺装备开发及制造费,设备调整及检验费,样品、样机及一般测试手段购置费,试制产品的检验费
	用于研发活动的仪器、设备的运行维护、调整、检验、维修等费用,以及通过经营租赁方式租入的用于研发活动的仪器、设备租赁费	用于研究开发活动的仪器、设备的运行维护、调整、检验、检测、维修等费用,以及通过经营租赁方式租入的用于研发活动的固定资产租赁费	用于研发活动的仪器、设备、房屋等固定资产的折旧费或租赁费以及相关固定资产的运行维护、维修等费用

三个口径下，用于研发活动的房屋租赁费不能进行所得税加计扣除，但可列入高新技术企业认定和 IPO 财务的研发费用。

3. 折旧和摊销

表 3-9 列示了三个口径下折旧和摊销费用的对比。

表3-9　三个口径下的折旧和摊销费用

项目	所得税加计扣除	高新技术企业认定	IPO 财务
折旧费用和长期待摊费用	用于研发活动的仪器、设备的折旧费	用于研究开发活动的仪器、设备和在用建筑物的折旧费；研发设施的改建、改装、装修和修理过程中发生的长期待摊费用	用于研发活动的仪器、设备、房屋等固定资产的折旧费
无形资产摊销费用	用于研发活动的软件、专利权、非专利技术（包括许可证、专有技术、设计和计算方法等）的摊销费用	用于研究开发活动的软件、知识产权、非专利技术（专有技术、许可证、设计和计算方法等）的摊销费用	用于研发活动的软件、专利权、非专利技术等无形资产的摊销费用

三个口径下，用于研发的房屋等建筑物的折旧费用，以及研发设施的改建、改装、装修和修理过程中发生的长期待摊费用等，均不能进行所得税加计扣除，但均属于 IPO 财务和高新技术企业认定的研发费用。此外，所得税加计扣除的折旧和摊销费用等允许税前抵扣的费用，在允许加速折旧的情况下，与 IPO 财务及高新技术企业认定的折旧费用存在时间性差异。

4. 设计、试验和装备调试费用

表 3-10 列示了三个口径下设计、试验和装备调试费用的对比。

表3-10　三个口径下的设计、试验和装备调试费用

项目	所得税加计扣除	高新技术企业认定	IPO 财务
设计、试验和装备调试费用	新产品设计费、新工艺规程制定费、新药研制的临床试验费、勘探开发技术的现场试验费	新产品新工艺新创意的设计、新设备的装备调试费用、新药研制的临床试验费、勘探开发技术的现场试验费、田间试验费等	属于研发活动的设计、试验以及装备调试费用应计入研发费用

三个口径下，IPO 财务和高新技术企业认定是一致的，所得税加计扣除费用中未列举新设备的装备调试费用、田间试验费。

5. 委托外部研发费用

表 3-11 列示了三个口径下委托外部研发费用的对比。

表3-11　三个口径下的委托外部研发费用

项目	所得税加计扣除	高新技术企业认定	IPO 财务
委托境内机构和个人	委托境内机构和个人进行的研发，按照费用实际发生额的80% 计算加计扣除	委托外部研究开发费用的实际发生额应按照独立交易原则确定，按照实际发生额的 80% 计入委托方研发费用总额	通过外包、合作研发等方式，委托其他单位、个人或者与之合作进行研发而支付的费用
委托境外机构和个人	委托境外机构进行的研发，按照费用实际发生额的80% 计入委托境外研发费用。委托境外研发费用不超过境内符合条件的研发费用三分之二的部分，可加计扣除。委托境外个人进行的研发不能加计扣除		

三个口径下，IPO 财务和高新技术企业的范围是一致的，但高新技术企业认定存在 80% 的限额。所得税加计扣除的境内标准与高新技术企业一致，境外委托个人研发则不能加计扣除，委托境外机构的研发费用不超过境内符合条件的研发费用三分之二的部分可以加计扣除。

6. 其他相关费用

表 3-12 列示了三个口径下其他相关费用的对比。

表3-12　三个口径下的其他相关费用

项目	所得税加计扣除	高新技术企业认定	IPO 财务
其他相关费用	技术图书资料费、资料翻译费、专家咨询费、高新科技研发保险费，研发成果的检索、分析、评议、论证、鉴定、评审、评估、验收费用，知识产权的申请费、注册费、代理费，差旅费、会议费、职工福利费、补充养老保险费、补充医疗保险费。此类费用总额不得超过可加计扣除研发费用总额的 10%	技术图书资料费、资料翻译费、专家咨询费、高新科技研发保险费，研发成果的检索、论证、评审、鉴定、验收费用，知识产权的申请费、注册费、代理费，会议费、差旅费、通信费等。此项费用一般不得超过研究开发总费用的 20%	研发成果的论证、评审、验收、评估以及知识产权的申请费、注册费、代理费等费用，技术图书资料费、资料翻译费、会议费、差旅费、办公费、外事费、研发人员培训费、培养费、专家咨询费、高新科技研发保险费用等

三个口径下其他相关费用的范围大体是一致的，所得税加计扣除的范围包括职工福利费、补充养老保险费、补充医疗保险费，但不包括通信费。与 IPO 财务相比，所得税加计扣除和高新技术企业认定的其他费用分别存在 10% 和 20% 的限额。

3.2.2　对会计核算的要求

为保证研发支出的准确性和可查证性，三个口径下均规定了对会计核算的要求，具体对比如表 3-13 所示。

表3-13 三个口径下的会计核算

项目	所得税加计扣除	高新技术企业认定	IPO 财务
对于会计核算的要求	对享受加计扣除的研发费用按研发项目设置辅助账。企业在一个纳税年度内进行多项研发活动的，应按照不同研发项目分别归集可加计扣除的研发费用。需要按项目分配但无法进行分配的费用不得进行加计扣除。企业应对研发费用和生产经营费用分别核算，对划分不清的，不得实行加计扣除	企业的研究开发费用是以单个研发活动为基本单位分别进行测度并加总计算的。企业应对包括直接研究开发活动和可以计入的间接研究开发活动所发生的费用进行归集。企业应设置高新技术企业认定专用研究开发费用辅助核算账目，提供相关凭证及明细表	按照研发项目或者承担研发任务的单位，设立台账归集核算研发费用。企业研发机构发生的各项开支纳入研发费用管理，但同时承担生产任务的，要合理划分研发与生产费用

三个口径下，均要求以单个研发项目作为费用归集的对象，与研发项目相关的直接和间接费用均应予以归集，并合理划分研发和生产经营费用。三个口径下均要求按研发项目设置辅助账或台账以实现按项目归集核算研发支出。辅助账或台账是会计系统外的辅助核算。

三个口径下均未要求企业对具体研发项目在会计核算系统内设置明细账进行专账核算，但在会计电算化早已普及的背景下，无论是 IPO 财务对内部控制和财务核算的精细度要求，还是所得税加计扣除和高新技术企业认定管理的合规性和严谨性，在会计核算系统内按项目进行核算都应该是最基本的要求。

3.2.3 IPO 中对于研发投入不同口径差异的关注

IPO 审核中，尤其是最为强调研发投入的科创板审核中，研发投入在不同口径的差异是问询中的必答题。通过分析差异，主要关注 IPO 财务中研发投入的真实性，高新技术企业认定和所得税加计扣除的合法合规性。IPO 问询中关于口径差异的最典型的两个问题，一是说明 IPO 公司报告期向税务机关申请所得税加计扣除优惠政策的研发费用金额与 IPO 财务列示的研发费用金额之间的差异并逐项定量分析原因，二是说明 IPO 公司高新技术企业申报的研发费用明细与 IPO 财务列示的研发费用是否存在差异并量化说明差异原因。

3.2.3.1 所得税加计扣除与 IPO 财务数据的差异

根据上述三个口径下研发投入在原则上的差异，结合实务中的具体分析和反馈，所得税加计扣除和 IPO 财务数据之间存在差异的原因主要有以下几类。

1. 研发投入的口径差异

口径差异可以分为时间性差异和永久性差异。固定资产在会计下的折旧和税法下的加速折旧形成的差异为时间性差异，计入研发投入的当期开发支出和税法下形成无形资产后以摊销形式进入研发投入的差异为时间性差异。房屋折旧费用、房屋租赁费用及股份支付费用等不允许加计扣除所形成的差异为永久性差异，委外研发费用和其他研发费用的扣除限额导致的差异也为永久性差异。

2. 基于税务谨慎性考虑未能申请加计扣除

税法允许加计扣除，但考虑项目费用的相关性、项目之间费用分摊方法、成本和费用的界定方法等实务操作，基于税务谨慎性考虑未能申请加计扣除。常见的情况包括：由于办公费用、差旅费用等金额较低，且相关费用和研发项目的相关性不强，此类费用未进行加计扣除；对于折旧及摊销费用，因部分设备同时用于不同的研发项目活动，其折旧与摊销费用在各个研发项目之间进行准确划分无法得到税务认可，在申报研发费用加计扣除时对此类费用予以减除；对于研发过程中可用以销售的试制品的成本，虽然税法只规定其中的材料费用不得加计扣除，出于税务谨慎性考虑，构成产品成本的料、工、费全部未进行加计扣除。

3. 实务中未予申报加计扣除

实务中未予申报加计扣除，指没有口径上和实际操作中的技术原因，出于其他考虑未申报加计扣除的情况。例如，有 IPO 公司解释，由于存在未弥补亏损，加计扣除意义不大，出于谨慎性考虑未进行申报。也有 IPO 公司直言，当年年度所得税应纳税额有限，出于对当地的税收贡献的谨慎考虑，仅就部分研发费用申报加计扣除。

3.2.3.2　高新技术企业认定及 IPO 财务之间的差异

IPO 实务中，高新技术企业认定及 IPO 财务研发投入之间存在的较大差异通常来自两个口径问题。一是股份支付费用，高新技术企业一般不认为是研发费用；二是研发过程中产生的试制品销售收入所对应的成本，在财务处理上不再属于研发投入，但原则上仍然构成高新技术企业认定的直接投入费用。

3.2.4　IPO 公司研发投入数据的"三表同源"

IPO 公司的申报财务报表、高新技术企业申请所填报的《企业年度研究开发费用结构明细表》、所得税汇算清缴所使用的《研发费用加计扣除优惠明细表》三个口径下的研发投入数据应出自统一的数据源头，这个"三表同源"的源头就是 IPO 公司会计系统内与研发项目相关的研发费用、开发支出及生产成本等科目。

"三表同源"，要求研发项目、研发人员、研发业务资料、研发内部控制程序和研发支出在源头上是统一的。IPO 财务数据，直接取自会计系统的研发费用和开发支出科目，而所得税加计扣除需要根据税法规定进行调整，高新技术企业认定则根据其管理办法进行调整。两个口径下的数据基于会计数据的相关调整过程必须是清晰的、合规的、谨慎的。

三个口径下研发数据完全一致是比较罕见的，数据不一致才是常态，但对于原则上不存在口径差异的具体费用，三个口径下应该尽量保持一致，即不应该由于实务操作的严谨度倾向而产生差异。三个口径的数据中，所得税加计扣除数据的认定无疑是最严格、最苛刻的，如果 IPO 财务和高新技术企业认定的数据与所得税加计扣除数据差异过大，则表明 IPO 公司在报告期内有可能存在研发投入与成本或其他费用的混淆，以及有可能存在实质上并不满足高新技术企业资格的情况。

3.3 研发投入中与生产成本有关的常见问题

研发费用的归集是否准确，研发费用与其他费用或生产成本是否能明确区分，相关费用是否确实与研发活动相关，是影响 IPO 研发投入真实性的主要问题。如果生产成本或其他费用与研发投入混淆，则可能导致研发投入的虚增。

本节将讨论研发投入与生产成本或其他费用相关的四个常见问题。

3.3.1 研发过程中的试制品收入和成本

2021 年 12 月，财政部印发《企业会计准则解释第 15 号》（以下简称解释第15号),对于研发过程中形成的试制产品的销售处理进行了规范,具体为:企业将研发过程中产出的产品或副产品对外销售的,应当对销售相关的收入和成本分别进行会计处理,计入当期损益,不应将销售相关收入抵销相关成本后的净额冲减研发支出。有关产品或副产品在对外销售前应当按照存货准则的规定确认为存货。

研发过程中的试制产品主要包括研发样机、中试生产形成的试制品等。如果试制产品不能对外销售,则料、工、费等全部投入均为已经发生的研发投入,不构成产品的生产成本。如果试制产品能够对外销售,那么在实务中的处理难点主要体现在两方面:一方面,试制产品是非正常生产的产品,能否实现对外销售可能在真正签订销售合同之前都存在较大的不确定性,由此涉及重大的会计判断;另一方面,试制产品的会计处理在解释第15号发布之前没有明确适用的准则规定,IPO实务中主要存在两类处理模式,一类是参考正常产品的生产和销售进行收入确认并结转成本,另一类则是比照在建工程在试运行期间产生的试运行收入冲减在建工程成本的处理,将销售收入全部冲减研发投入。

结合对能否形成对外销售的试制产品的判断,在上述两类处理模式下,IPO实务中对试制产品的处理主要存在四种不同的方法,具体情况如表3-14所示。

表3-14 试制产品的不同处理方法

会计处理方式	确认模式	优点	缺点
方式一:研发产品入库时确认存货或其他流动资产,冲减研发费用,实现销售时确认收入并结转成本,或确认利得	产品的生产和销售	收入和成本完全配比	销售实现具有不确定性,在资产负债表日确认存货可能会造成虚增利润,处理不够谨慎

（续）

会计处理方式	确认模式	优　　点	缺　　点
方式二：研发产品入库时做备查登记，实现销售时确认收入，冲减研发费用并结转成本	产品的生产和销售	收入和成本配比，不提前确认存货，具有谨慎性	资产负债表日如果存在可售出产品，则会形成利润跨期
方式三：对研发产品做备查登记，实现销售时冲减研发费用	在建期间的试运行收入	研发费用确认比较谨慎	资产负债表日如果存在可售出产品，则会形成利润跨期
方式四：研发产品的销售合同签署之后，才将其相关成本计入存货，研发产品实现销售时确认收入，同时结转已确认的存货成本	产品的生产和销售	兼具谨慎性和收入成本配比原则	前后确认模式不一致，收入成本配比性不足

上述四种方式中，方式一的确认模式大体符合解释第 15 号的规定，但实务中部分 IPO 公司的存货或其他资产的确认并没有完全遵循存货准则的规定，且还存在将实现的销售毛利确认为利得的处理方式。

由于方式一需要 IPO 公司对能否形成对外销售的试制产品做出会计判断，可能缺乏可控性，处理不够谨慎，在解释第 15 号出台之前，实务中也存在 IPO 申报后将方式一作为会计差错进行更正的情况，例如科创板 IPO 公司埃夫特和科思科技[⊖]。

1. 埃夫特研发样机销售由方式一改为方式二

更正前，埃夫特将最终形成可销售的研发样机按预计对外销售的可

⊖ 埃夫特全称埃夫特智能装备股份有限公司。科思科技全称深圳市科思科技股份有限公司。本章关于这两家公司的相关表述和分析所依据的资料来源于其在科创板发行上市审核信息公开网站（http://star.sse.com.cn/renewal）公布的招股说明书和相关审核问询函的回复。

变现净值确认为其他流动资产并相应冲减研发费用金额。研发样机实现对外销售时，再确认相应的收入和成本。

更正后，埃夫特账务处理方式为：公司在研发过程中形成可对外销售的样机时，在备查簿中进行登记。研发样机实现对外销售时，借记银行存款/应收账款，贷记主营业务收入，同时借记主营业务成本，贷记研发费用。

2.科思科技研发样机销售由方式一改为方式三

更正前，对于资产负债表日存在证据表明研发样机可供销售时，科思科技按其预计可变现净值确认为其他流动资产，同时冲减研发费用。日后对外销售时，可变现净值与其他流动资产账面价值之间的差额计入营业外收支。

更正后，科思科技对资产负债表日尚未销售的研发样机入库时不确认资产，做备查登记，销售时按实际销售金额冲减当期研发费用。

3.对照解释第15号的分析

对照解释第15号，埃夫特原处理存在的问题，是按预计对外销售的可变现净值确认试制产品成本，而未按存货准则的原则进行处理。科思科技原处理存在的问题有两个，一是按预计对外销售的可变现净值确认试制品成本，二是将试制品销售作为利得处理。

埃夫特和科思科技进行差错更正的原因，是对资产负债表日尚未销售的研发样机能否实现销售未进行审慎的会计判断。需要进行判断的时点有两个，一个是在试制品投产时，对能否生产出合格产品的判断；另一个是在生产出合格试制品之后，对能否实现对外销售的判断。正常情况下，试制品投产时即做出基本能够实现对外销售的判断不太符合研发试制的特征，在生产出合格试制品后，如果基本确定能够实现对外销售,则应按解释第 15 号的规定进行会计处理。如果合格试制品能否用于对外销售仍然存在较大的不确定性,在适用解释第 15 号的前提下,基于 IPO 所强调的会计方法的可控性,参考方式二的思路在确定试制品可实现销售时进行处理,很可能更为适当。

3.3.2 研发过程中的试制品所耗用的材料是否构成研发投入

研发过程中形成的试制品,如果不能用于对外销售,其所耗用的原材料全部属于研发投入;如果能够用于对外销售,其所耗用的原材料是否构成研发投入,需要在 IPO 财务、所得税加计扣除和高新技术企业认定三个口径下进行对比分析。

3.3.2.1 试制品耗用材料在三个口径下的差异

1. IPO 财务中的处理

基于解释第 15 号的处理原则,能够对外销售的试制品,应该根据存货准则归集相关存货成本,即料、工、费均应该自研发投入中转出至生产成本,其所耗用的成本已经不包括在本期费用化的研发费用和本期资本化的开发支出中。

2. 所得税加计扣除的规定

税法规定,企业研发活动直接形成产品或作为组成部分形成的产品对外销售的,研发费用中对应的材料费用不得加计扣除,即试制品所对应的原材料不包括在可以加计的研发费用中,但构成试制品成本的人工和制造费用则属于可以加计的研发费用。

3. 高新技术企业认定的处理

高新技术企业认定的指引中，对于研发活动直接形成的可销售产品所耗用的材料费用，并没有冲减研发投入的相关规定。在实务中，比较普遍的处理方法，是将试制产品的生产成本全部计入高新技术企业认定口径下的研发投入。

从会计处理的角度，能够实现销售的试制品成本应计入当期生产成本。从上述三个口径的不同处理可以看出：IPO 财务的处理口径是最严谨的，原则上试制品的生产成本不能构成研发投入，但实务中的确也存在确认为研发投入的案例；所得税加计扣除只要求试制品成本中的材料费用不得加计扣除；对于高新技术企业认定，则很可能将全部生产成本均确认为研发投入。

3.3.2.2 中试生产成本的两个案例

中试生产成本主要包括试制品的耗用材料及应分摊的人工和制造费用。以下是科创板 IPO 公司天合光能⊖和创业板 IPO 公司隆华新材⊜将生产成本确认为研发投入的两个案例。

1. 天合光能将生产成本确认为研发投入

表 3-15 列示了天合光能在 IPO 报告期内的研发投入情况。

⊖ 天合光能全称天合光能股份有限公司。本章关于天合光能的相关表述和分析所依据的资料来源于其在科创板发行上市审核信息公开网站（http://star.sse.com.cn/renewal）公布的招股说明书和相关审核问询函的回复。

⊜ 隆华新材全称山东隆华新材料股份有限公司。本章关于隆华新材的相关表述和分析所依据的资料来源于其在创业板发行上市审核信息公开网站（http://listing.szse.cn/）公布的招股说明书和相关审核问询函的回复。

表3-15 天合光能研发投入情况

项目	2019年1～9月	2018年度	2017年度
研发投入占比	4.77%	3.86%	4.60%
其中：研发费用占比	1.28%	0.88%	0.77%
中试线试制产品的投入成本占比	3.49%	2.98%	3.83%

天合光能研发投入的具体统计口径包括公司在实验室阶段各类研发项目的投入金额及在中试线阶段各类研发项目的相关研发投入。中试线阶段的研发投入中，能形成可对外出售组件产品的部分计入生产成本，不能形成正常销售组件产品的中试线阶段及实验室阶段的研发投入计入研发费用。

天合光能报告期内申请所得税加计扣除的研发费用金额与IPO财务口径下的研发投入金额之间的差异，主要系公司未将中试线所试制的产品对应的投入费用和中试线专职的研发人员的相关费用申报加计扣除所致。

天合光能将生产成本计入研发投入指标，很可能并不符合科创板关于研发投入的定义，实质上加大了研发投入占比。天合光能属于《科创属性评价指引（试行）》发布之前的申报企业，相关研发投入定量标准并不属于科创板当时的上市条件。

2.隆华新材将营业成本确认为研发投入

表3-16列示了隆华新材在IPO报告期内的研发投入情况。

表3-16 隆华新材研发投入情况

项目	2020年度	2019年度	2018年度
研发投入占比	3.45%	3.52%	3.53%
其中：研发费用占比	0.17%	0.23%	0.27%
研发形成产品对外销售后确认的营业成本占比	3.28%	3.29%	3.26%

隆华新材的研发投入的统计口径是，公司为研发项目取得研发数据、得出试验结论和形成研发成果所投入的全部人工成本、试验成本和与研发有关的费用。当期研发投入与研发费用产生的差异，原因系公司在生产线上进行中试试验或技术性验证时投入的原材料在试验结束后形成可供出售的产品，实现销售后在营业成本科目确认。该部分投入属于为研发活动发生的直接材料投入，故属于研发投入，但在会计核算上，由于该部分产品最终对外销售，根据收入成本配比原则，需确认为营业成本，而不在研发费用科目列示，从而导致公司研发投入与研发费用存在差异。

报告期内，隆华新材严格按照税法相关规定归集所得税加计扣除的研发费用，对研发活动中形成销售的试制产品所对应的直接材料未申请所得税加计扣除，符合政策规定。

隆华新材在高新技术企业认定过程中，按照上述研发投入口径申报高新技术企业，该归集口径获得山东省高新技术企业认定管理机构认可，研发投入与研发费用差异情况不影响公司高新技术企业认定。

隆华新材将研发形成产品对外销售后确认的营业成本计入研发投入，与天合光能将生产成本计入研发投入的处理存在口径上的差异。隆华新材将营业成本计入研发投入指标，可能也不符合研发投入的定义，但创业板对研发投入目前尚无定量指标，相关研发投入列示对上市条件不存在实质性影响。

3.3.3 研发项目和现有生产的投入如何区分

大多数情况下，IPO公司的研发活动和生产活动是泾渭分明的，研发活动基于研发项目开展，目的是研发出新产品、新技术，生产活动是基于客户订单开展，目的是生产出合格的订单产品。但也存在一些公司，对外提供新产品或新技术的研发服务是其正常生产活动，研发活动的直接目的是满足客户定制化的需要。还有一些公司，其研发活动主要依托现有在实施的项目或在进行的生产来进行，存在研发和生产"共线"的情况。

对于研发活动和生产活动存在混合特征的 IPO 公司，如何合理、谨慎地区分研发投入和生产投入，进而消除通过混淆成本而虚增研发投入的嫌疑，是一个非常重要的问题。

3.3.3.1　研发项目是否基于客户定制化需求驱动

研发项目是否基于客户定制化需求驱动，是 IPO 研发投入问询的常见问题。正常情况下，IPO 公司的研发项目不应该是基于客户的定制化需求。实务中 IPO 公司对问询的回复包括：项目主要依据行业特性、市场需求和技术发展趋势驱动，而非客户定制化需求驱动，公司作为研发成果推向市场的是标准化的产品，而非客户定制化产品。

尽管研发项目非客户定制化需求驱动，但实务中经常存在基于客户的新产品或技术研发订单而开展的研发活动，很有可能既形成用以交付客户的新产品、新技术，又形成专利权、非专利技术等研发成果。如果相关研发成果归属于客户，那么相关投入则全部是为了履行合同而发生的履约成本，这种情况下不能确认任何研发费用。如果相关研发成果归属于公司且具有通用性，预期能够为公司带来经济利益，则说明履行相关订单的投入中包括公司内部的部分研发投入，只要可以合理区分和可靠计量，该部分投入应计入研发投入。如果无法合理区分或可靠计量，则基于可控性，应该全部计入合同履约成本。

3.3.3.2 依托现有生产活动所进行的研发

某些 IPO 公司的研发项目，主要是依托现有在实施的项目或在进行的生产来开展的，生产人员和研发人员同时参与项目，项目的部分生产领料也具有研发领料的性质，项目的生产装置也是主要的研发装置。

对于这种研发和生产"共线"的情况，在有充分内控保证的情况下，原则上可以采用合理的、一贯的方法将生产线的支出在生产成本和研发投入之间进行分摊。在 IPO 实务中，这种"共线"下的生产活动和研发活动难以区分清楚，完全依赖内部控制也存在不可控的问题，所以首先要考虑的是生产投入构成合同履约成本的必要性和完整性，确属非必要的履约成本才有可能属于研发投入。

以下是科创板 IPO 公司丛麟环保⊖依托现有生产进行研发活动的 IPO 案例。

丛麟环保的主营业务为危险废物的资源化利用和无害化处置，研发工作按照项目制进行，研发人员来自技术管理中心等部门。公司的研发分为小试、中试和产业化示范应用三个阶段开展工作，中试过程主要依托公司运营管理中心的生产实践经验和建设管理中心的工程实践。

IPO 报告期内，丛麟环保的研发投入主要以直接人工为主，直接材料的投入占比很低，其 2019 年和 2020 年的研发投入的结构如表 3-17 所示。

表3-17　丛麟环保的研发投入结构

年度	直接人工	直接材料	折旧与摊销	其他费用
2019 年	80.18%	3.76%	4.80%	11.26%
2020 年	76.38%	1.79%	13.29%	8.54%

⊖ 丛麟环保全称上海丛麟环保科技股份有限公司。本章关于丛麟环保的相关表述和分析所依据的资料来源于其在科创板发行上市审核信息公开网站（http://star.sse.com.cn/renewal/）公布的招股说明书和相关审核问询函的回复。

1. 直接人工的处理

丛麟环保的研发人员来自技术管理中心等部门。除了董事长作为研发人员同时负责日常经营管理外，其余研发人员均专注于研发相关工作。出于谨慎性考虑，公司未将董事长的薪酬计入研发费用。

2. 直接材料的处理

中试阶段的试验，丛麟环保主要依赖现有的生产装置进行，虽有领用公司接收的危险废物，但不能独立实现危废处置实验，需要在正常生产过程中进行中试。这些研发活动中投入的危险废物无法与正常生产过程分离，且研发领用的危险废物数量极少，故公司未区分研发与生产所处置的具体危险废物数量，其对应的处置收入未冲减研发费用。产业化示范应用阶段的试验，主要在正常生产过程中观察跟踪，未领用危险废物。

3. 设备折旧的处理

中试和产业化示范应用阶段，丛麟环保需要通过生产设备来观察跟踪研发结果，但主要是以形成完整的技术工艺包和反馈、分析、解决跟踪问题等人工投入为主。依据谨慎性原则，报告期内，公司生产设备对应的折旧在成本中核算，研发设备的折旧在研发费用中核算。虽然存在研发活动与生产活动共用机器设备的情况，但考虑到实际是通过生产设备来观察跟踪研发结果，不需要将生产设备的折旧在生产成本和研发费用中进行摊销。

综上分析，丛麟环保研发投入的特征是与其研发活动的特点相符合的，并且在实际处理时，未区分研发领料和研发使用生产设备也具有谨慎性，会计方法较为可控。

3.3.4 同时从事研发和其他工作的人员成本如何区分

原则上,研发部门的人员几乎都可以认定为研发人员,但研发人员并不局限于研发部门的人员,故非研发部门的研发人员很可能属于同时从事研发和其他工作的人员。根据税法关于研发人员的定义,生产部门的技工可以属于研发人员中的辅助人员,即技工可能同时从事生产和研发两项工作。再比如,一些企业的董事长或其他高管人员具有技术背景,可能既从事企业经营管理,又从事研发工作。

对于同时从事研发和其他工作的人员,应该根据"谁受益谁承担"的原则在研发活动和生产、管理等其他活动之间进行费用分摊。同时从事生产和研发的,在生产成本和研发投入之间进行分摊;同时从事销售和研发的,在销售费用和研发投入之间进行分摊;同时从事管理和研发的,在管理费用和研发投入之间进行分摊。IPO公司日常需要对上述人员的研发工时和非研发工时进行如实记录并计算分摊比例。

费用分摊高度依赖企业的内部控制,一般不会存在具有客观性的外部证据。基于研发投入的可控性原则,在实务中,对于同时从事研发和其他工作的人员的人工成本不予以分摊,全部不计入研发投入也是常见的处理方法。

3.4 开发支出资本化的会计判断及在 IPO 中的具体运用

开发支出资本化,是上市公司在实务中所使用的最大的盈利管理"利器"之一,是衡量上市公司会计政策是激进还是稳健的"风向标"。

上市公司广泛使用开发支出资本化，既获得了"蜜糖"又获得了"砒霜"，因为研发投入高比例的资本化可以提升短期内的业绩，但资本化形成的巨额无形资产势必产生未来期间的摊销和减值，将会给上市公司长期业绩带来沉重的固定成本。

3.4.1 开发支出的会计判断和 IPO 中的运用预期

对于企业自行进行的研究开发项目，无形资产准则要求区分研究阶段和开发阶段。开发阶段，是指在进行商业性生产或使用之前，将研究成果或其他知识应用于某项计划或设计，以生产出新的或具有实质性改进的材料、装置、产品等。进入开发阶段后，只有开发支出在同时满足具有技术上的可行性、具有明确的使用或出售意图、具有明确的产生经济利益的方式、具有足够的资源支持和使用能力以及能够可靠地计量五个条件时，才可以进行资本化处理。

3.4.1.1 开发支出资本化的重大会计判断

作为一项重要的会计政策，开发支出资本化本身存在若干重大的会计判断，势必会带来重大的可选择性。开发支出资本化的主要会计判断如表 3-18 所示。

从表 3-18 第三列可以看出，确定能够资本化的项目是资本化的源头，即行业和研发项目本身的技术含量是决定能否资本化及资本化程度高低的关键。

表3-18 开发支出资本化的主要会计判断

开发支出相关内容	准则规定	会计判断	会计结果
资本化项目	新的或具有实质性改进的材料、装置、产品等	新产品和新技术在技术上的原创性、技术难度、技术通用性以及产生经济利益的方式及重要性等各个方面都存在重大的判断空间	可以资本化的研发项目越多，越能提升当期业绩
开发阶段的起始点	以研究阶段为基础且形成研发成果的可能性很大	研发项目在技术上的可行性或达到可行性的时点，研究阶段和开发阶段在项目研发周期中如何明确划分	开发阶段的起始点越早，越能提升当期业绩
开发阶段的终止点	达到预定用途形成无形资产	对代表开发项目达到预定用途具体时点的选择	开发阶段的终止点越晚，越能提升当期业绩
开发支出的减值	年底不存在减值迹象，不需要进行减值测试；存在减值迹象的，需要确定可收回金额并进行减值测试	对是否存在减值迹象需要进行判断，开发支出可收回金额的主要计算参数存在会计判断	存在减值迹象情况下计提资产减值，可能会大幅降低当期业绩
形成无形资产的后续摊销	按经济使用寿命进行摊销	经济使用寿命的判断	摊销年限越长，越能提升短期业绩

3.4.1.2 开发支出资本化在IPO中的选择预期

开发支出资本化在IPO中的运用，是以科创板的推出为分界线的，科创板推出之前，主板和原创业板IPO中几乎"一刀切"地不允许进行资本化。科创板高度强调"硬科技"的科创属性，"硬科技"中必然包括了很多高度符合新产品和新技术标准的研发项目，从会计方法正确性的角度，这些项目理应进行资本化处理。

科创板似乎给开发支出资本化推开了一扇窗户，但同时也制定了关于资本化的严格规则。科创板审核问答中明确要求：对于存在开发支出资本化的，发行人应审慎制定研发支出资本化的标准，并在报告期内保持一致。在初始计量时，对照会计准则规定的相关条件，逐条具体分析进行资本化的开发支出是否同时满足上述条件。在后续计量时，相关无形资产的预计使用寿命和摊销方法应符合会计准则规定，按规定进行减值测试并足额计提减值准备。

对照会计方法的可选择性、首发规则中关于审慎的要求，基于 IPO 会计方法的可控性特征，我们可以对开发支出资本化在 IPO 实务中的运用做出以下几项预测。

1. 可以资本化的行业和研发项目非常有限

最符合新产品和新技术定义的研发项目，应该综合考虑两个方面：一是技术本身的创新性，要么是具有高度原创性、颠覆性创新的产品和技术，要么是在所在领域解决国家"卡脖子"问题的关键技术；二是从投入和产出的角度，最好是具有"十年不开张，开张吃十年"特征的产品和技术，即从投入角度，开发周期长、财力和人力投入巨大，从产出角度，开发成功后会形成公司核心经营性资产，公司利用其独占性将很可能在未来很长时间内取得超额收益。

2. 开发阶段的起始点需要外部证据的支持

开发阶段的界定，原则上属于公司研发流程和内部控制的问题，但基于可控性，只有开发阶段的起始点具有明确的外部证据，才能更为客观地界定可以资本化的期间。

3. 摊销和减值的谨慎性很重要

对于开发支出形成的专利权和非专利技术，应该全部视为有使用年限的无形资产进行分期摊销，摊销方法选择最具客观性的直线法。对于摊销年限的确定，除了要与技术的生命周期相匹配，更重要的是与同行业可比公司具有可比性。

按准则规定，开发支出作为一项长期资产，在未出现明显减值迹象的情况下，可以不进行减值测试，但明确减值迹象本身又是重大会计判断，故在 IPO 中，出于谨慎性考虑，期末对于重大的开发支出和无形资产，可能都需要定期进行减值测试。减值测试需要计算开发支出的可收回金额，其收入增长率、毛利率、折现率等关键参数需要进行谨慎的、一贯的合理预测。

4. 资本化率一般不超过 50%

资本化率，指当期开发支出资本化的研发投入占全部研发投入的比例。正常的研发活动，应该既有真正的新产品、新技术的研发，又有改良性的升级换代或基于已有关键通用技术下的产品开发。正常的研发项目，应该既存在研究阶段又存在开发阶段。在开发具有技术可行性之前的研发活动都属于研究阶段，新产品、新技术在正常情况下的研究阶段一定会占用相当长的研发周期。

基于以上正常研发活动的特征，出于审慎性要求，对于在行业和产品满足开发支出资本化条件的 IPO 公司而言，报告期内的资本化率一般也不应该超过 50%，否则，就会有不符合正常研发周期且过度资本化的嫌疑。

3.4.2 开发支出资本化在 IPO 实务中的使用

科创板企业具有"硬科技"属性，如果仅从准则适用的角度，可能绝大多数科创板 IPO 公司都具备开发支出资本化的条件。事实上，科创板开启之后，一度有不同行业的 IPO 公司尝试资本化处理，但随着审核实务的推进，目前仅生物医药等少数行业在 IPO 中能够较为普遍地进行开发支出资本化处理。

来看一个资本化失败的案例。科创板 IPO 公司传神语联[一]于 2019 年 11 月申报，申报之后被交易所连续三轮重点问询开发支出资本化事项，并最终在第三轮回复时对资本化进行了差错更正并全部调整为费用化处理，随即于 2020 年 9 月申请终止审核。

传神语联是一家基于人工智能平台的语言服务商，主要依托语联网平台的基础模块及核心技术，整合人工译员、机器翻译引擎等产能资源为用户提供翻译服务和综合语言服务解决方案，属于新一代信息技术领域中的"人工智能、大数据"领域。报告期内，传神语联共将 24 项内部研发的翻译软件系统作为资本化项目，这些项目的开发周期从 3 个月至 1 年不等。

审核中，交易所对传神语联的开发支出资本化强烈质疑，询问的主要问题包括：资本化率过高，报告期各期分别为 82.51%、65.54% 和 66.29%；资本化影响业绩过大，报告期内资本化金额占各期净利润的比例分别为 49.79%、50.95%、56.86%；资本化项目未产生足够的经济利益，报告期内收入几乎全部来自人工译员产能，资本化项目所形成的机器翻译、人机共译等技术对主营业务收入的贡献较低；开始资本化时点缺乏客观证据，将软件设计阶段作为研发支出资本化的时点，但相关时点没有具有说服力的客观性外部支持证据；形成无形资产的摊销年限在报告期内由 5 年变更为 10 年，存在通过调整摊销年限调低报告期摊销费用的嫌疑。

上述问询问题，足以说明交易所在审核中认为传神语联将多项软件系统进行资本化是不适当的。在第三次回复问询问题时，传神语联对研发项目的有用性及经济利益流入的确定性做出进一步的判断，并与同行业可比上市公司及科创板上市公司进行了比较，最终认为自己的资本化

[一] 传神语联全称传神语联网网络科技股份有限公司。本章关于传神语联的相关表述和分析所依据的资料来源于其在科创板发行上市审核信息公开网站（http://star.sse.com.cn/renewal/）公布的招股说明书和相关审核问询函的回复。

处理缺乏谨慎性，并据此进行了差错更正，将报告期内的开发支出全部调整为费用化处理。

传神语联案例说明，科创板 IPO 对开发支出资本化的要求是非常严格的，符合科创属性的公司不一定符合资本化处理要求。据笔者观察，整个 IPO 市场上存在资本化的项目集中于科技含金量高的科创板，而科创板中则主要集中于生物医药、医疗器械、芯片设计等少数几个行业。以下通过案例对比分析，对生物医药、医疗器械、芯片设计三个行业 IPO 公司的开发支出资本化情况进行归纳和总结。

3.4.2.1　生物医药行业

1. 生物医药行业资本化的特征

生物医药公司产品包括创新药和仿制药，二者在研发流程、复杂程度、风险等方面存在较大的差异。创新药类一般需经过Ⅰ期、Ⅱ期、Ⅲ期临床，进入Ⅲ期临床后，药品整体成药性和商业化前景均相对可控。根据无缝试验（seamless trial）理念，创新药也存在Ⅰ期、Ⅱ/Ⅲ期临床的情况，即在完成Ⅰ期临床试验后，国家药监局根据创新药物的具体情况颁发Ⅱ/Ⅲ期临床联合批件，申请人取得Ⅱ/Ⅲ期联合批件后，可以视临床试验数据设计进一步的试验方案并提交上市申请。仿制药研发对标的原研药已上市，研发技术及产品工艺相对成熟，通过不分期的验证性临床或生物等效性试验后即可申报生产。

国内 A 股生物医药上市公司药物研发的开发支出资本化具有一定的普遍性，也是行业趋势。例如，国内医药龙头恒瑞医药[一]于 2021 年 11

[一] 恒瑞医药全称江苏恒瑞医药股份有限公司。本次会计估计变更内容，详见：http://www.cninfo.com.cn/new/disclosure/detail?stockCode=600276&announcementId=1211639663&orgId=gssh0600276&announcementTime=2021-11-20。

月 20 日发布会计估计变更公告,将原全部费用化处理的研发费用依据内部研发项目的研究阶段支出和开发阶段支出分别进行费用化处理和开发支出资本化处理。

对于创新药,常见的资本化会计政策主要有两种,一种是取得临床批件并经专业判断后进行资本化,另一种是取得Ⅲ期临床试验批件后开始进行资本化。对于仿制药,在取得临床批件并经专业判断后进行资本化。

2. 生物医药公司 IPO 资本化案例

我们选择科创板 IPO 公司凯因科技、艾迪药业、微芯生物㊀(以下简称案例公司)三家资本化率较高的生物医药公司进行对比分析,其 IPO 期间的资本化情况如表 3-19 所示。

(1)资本化项目的内容。

报告期内三家案例公司资本化项目为原创药和仿制药,原创药研发具有研发周期长、投入高、风险大的特点,一旦成功就可能会为制药企业带来长期的巨额收益。据行业研究机构的分析,从头开发一个原创药平均耗费约为 8 亿~20 亿美元,需要 10~15 年的研发周期。㊁原创药开发从进入Ⅰ期临床到产品上市的成功率约为 7%,从进入Ⅲ期临床到产品上市的成功率约为 62%。㊂从技术可行性上看,产品在取得Ⅲ期临床试验批件之后,在技术上很可能开发成功,研发费用才具备开发支出资本化的条件。

㊀ 凯因科技全称北京凯因科技股份有限公司。艾迪药业全称江苏艾迪药业股份有限公司。微芯生物全称深圳微芯生物科技股份有限公司。本章关于这三家公司的相关表述和分析所依据的资料来源于其在科创板发行上市审核信息公开网站(http://star.sse.com.cn/renewal/)公布的招股说明书和相关审核问询函的回复。

㊁ 资料来源:科创板 IPO 公司上海毕得医药科技股份有限公司招股说明书。

㊂ 资料来源:微芯生物关于第二轮审核问询函的回复。

表3-19 三家生物医药公司的资本化情况

案例公司	选择的科创板上市标准	报告期内资本化率	资本化项目和开发周期	开发阶段	开发支出的主要内容
凯因科技	第四套上市标准	38%	1个创新药，自Ⅲ期临床起的开发周期约3年	取得Ⅲ期临床批件并开始进行临床试验为资本化起点，取得药品注册批件为资本化终点	试验及临床试验费、研发物料费、职工薪酬、折旧与摊销
			2个仿制药，自临床起的开发周期约3年和4年	需开展生物等效性试验的仿制药项目，进入临床试验为资本化起点，取得药品注册批件为资本化终点。无需开展生物等效性试验的仿制药项目，则全部予以费用化处理	
艾迪药业	第二套上市标准	40%	1个创新药，自Ⅲ期临床起的开发周期约2年	进入Ⅲ期临床为资本化起点，获得生产批文为资本化终点	技术转让费、实验费、材料费、人工费
			1个仿制药，自临床起的开发周期约2年	获得生物等效性试验备案批件或验证性临床试验批件为资本化起点，获得生产批文为资本化终点	
微芯生物	第一套上市标准	44%	2个创新药，自Ⅲ期临床起的开发周期分别为4年和8年	取得Ⅲ期注册性临床试验批件（最后一期），或取得Ⅱ/Ⅲ期联合批件且有足够外部证据证明实质开展Ⅱ期注册临床试验（最后一期）或Ⅲ期注册性临床试验（最后一期）为资本化起点，取得新药证书或生产批件为资本化终点。如取得Ⅱ/Ⅲ期联合批件并拟开展Ⅱ/Ⅲ期临床试验则全部费用化	材料、测试化验加工费、职工薪酬

三家案例公司报告期内的资本化率均在40%左右，说明其研究阶段和开发阶段相对平衡，和同行业公司的可比性较强。开发支出的内容

中，艾迪药业包括了技术转让费，其处理原则为将某研发项目外购的技术转让费全部计入开发支出，不区分其所在的研发阶段，除外购技术之外的费用则参照资本化原则处理。对于总体处于研究阶段的项目，这种外购技术转让费的资本化处理则似乎不够谨慎。

（2）资本化起止时点。

对于创新药，案例公司原则上严格以取得Ⅲ期临床批件作为进入开发阶段的时点，以取得新药证书或生产批件（自行生产的药企除新药证书外，还需取得生产批件）作为结束开发阶段的时点。在开发阶段，全部研发费用均进行资本化处理。凯因科技和艾迪药业存在仿制药开发支出资本化的情况，但只是对需开展生物等效性试验的部分仿制药项目进行资本化，并均自取得临床试验批件后开始资本化。由于临床批件是由国家药监局注册司颁发，具有权威性，故以其作为资本化开始时点具有良好的客观性。

微芯生物的Ⅲ期临床与另外两家案例公司存在区别，其存在取得Ⅱ/Ⅲ期联合批件的情况。这种情况下并不确定最后一期试验是Ⅱ期还是Ⅲ期。微芯生物根据实际情况将最后一期临床试验作为开发阶段的起点，如取得Ⅱ/Ⅲ期联合批件但不存在明显的Ⅱ期与Ⅲ期临床试验的划分，则全部费用化处理。

（3）开发支出减值和摊销政策。

案例公司从研发项目的进展情况、市场预期、市场上同类产品上市情况、外部投资机构对公司估值等方面，判断开发支出不存在减值迹象，但基于谨慎性原则，报告期内均对开发支出进行了减值测试。案例公司从市场规模、生产规模、商业化前景等角度，对资本化的药品未来各年预计可实现销售收入、营业成本开支等进行了盈利预测。经减值测试，开发支出的可收回金额不低于账面价值，开发支出不存在减值。

开发阶段结束后,凯因科技将开发支出转入无形资产的非专利技术,摊销期限10年。艾迪药业将开发支出转入无形资产的专利技术,摊销期限10年。微芯生物将开发支出转入无形资产的专利技术,摊销期限20年。微芯生物以发明专利的法定20年保护年限为摊销年限,相比同行业公司可能不够谨慎。根据各自的摊销年限,三家案例公司均按审核中的要求将开发支出对未来经营成果的影响进行了量化分析。

3. 生物医药公司 IPO 开发支出资本化要点的总结

从生物医药产品特征和案例公司的实践可以看出,对于创新药开发支出的资本化,IPO 审核中强调以最严格的Ⅲ期临床作为开始时点。仿制药的新产品特性不够充分,只有需开展生物等效性试验的项目才能够资本化,且应该选择技术含量相对较高的项目,并严格以临床试验作为资本化起点。

无论是否存在减值迹象,出于谨慎考虑,IPO 公司在 IPO 报告期内均需要每年对尚在进行中的开发支出进行减值测试。

3.4.2.2 医疗器械行业

1. 医疗器械行业资本化的特征

我国对医疗器械按照风险程度分第一类、第二类、第三类共三类进行管理,第二类和第三类应当进行临床试验,但符合《医疗器械监督管理条例》相关规定免于进行临床试验的除外。医疗器械产品临床研究不划分阶段。由于行业主管部门对第三类医疗器械产品上市实施严苛的准入制度,一项新产品从规划设计到最终推向市场的周期可能需要数年时间。

A股医疗器械上市公司的开发支出资本化具有普遍性。资本化产品为第二类或第三类医疗器械，开始资本化的时点以临床试验为标志，大体可以划分为三类，（1）临床试验之前的时点，例如完成动物试验或型检等时点；（2）取得临床试验批件的时点；（3）临床试验开始后完成首例人体临床试验的时点。

2. 医疗器械公司IPO资本化案例

我们选择科创板IPO公司赛诺医疗、心脉医疗⊖两家介入医疗器械领域的公司进行对比分析，其IPO期间的资本化情况如表3-20所示。

（1）资本化项目的内容。

案例中的两家公司只研发、生产高端介入第三类医疗器械，报告期内开发支出资本化的项目均是需要临床试验的新产品，开发周期一般均超过5年，技术门槛较高，临床应用前景广阔，并且属于国家重点支持的进口替代产品。两家公司研发投入的资本化率均未超过50%，说明其研究阶段和开发阶段相对平衡，与同行业公司具有良好的可比性。赛诺医疗的归集内容比心脉医疗更为保守，只包括与临床试验直接相关的费用。

（2）资本化起止时点。

在我国，医疗器械临床试验没有临床试验批件审批过程，由临床试验主中心医院伦理委员会审核批准临床试验申请。在美国等其他国家，由FDA（Food and Drug Administration，美国食品药品监督管

⊖ 赛诺医疗全称赛诺医疗科学技术股份有限公司。心脉医疗全称上海微创心脉医疗科技股份有限公司。本章关于这两家公司的相关表述和分析所依据的资料来源于其在科创板发行上市审核信息公开网站（http://star.sse.com.cn/renewal/）公布的招股说明书和相关审核问询函的回复。

理局）或类似监管机构审核批准临床试验申请。赛诺医疗研发项目中不需要临床批件情况即指我国的情况，需要临床批件情况即指境外的情况。

表3-20　两家医疗器械公司的资本化情况

案例公司	选择的科创板上市标准	报告期内资本化率	资本化项目	定义的开发阶段	开发支出的主要内容
赛诺医疗	第二套上市标准	44%	5个心脑血管高端介入医疗器械，均属第三类医疗器械，自临床试验起的开发周期为4～7年	需要临床试验的研发项目：不需要临床批件情况下以主中心医院伦理委员会通过并取得伦理批件为资本化起点；需要临床批件情况下以取得临床批件为资本化起点。不需要临床试验的研发项目，以第三方检测机构检测合格并取得《检测报告》为资本化起点。申请并获得医疗器械注册证或生产许可证为资本化终点	只包含与临床试验直接相关的费用，包括临床试验费、研发材料费
心脉医疗	第一套上市标准	48%	6个主动脉介入医疗器械，均属第三类医疗器械，自临床试验起的开发周期为4～5年	产品成功完成首例人体临床试验作为资本化的起点；临床结束后申请并获得医疗器械注册证作为资本化的终点	临床费用、人工费用、研发材料、折旧、摊销费用等

从表3-20可以看出，两家公司的资本化开始时点存在明显不同，赛诺医疗以伦理批件或临床批件作为资本化起点，而心脉医疗则以临床试验开始后完成首例人体临床试验作为资本化起点，其资本化起点要晚于赛诺医疗。两家公司均于临床结束后、申请并获得医疗器械注册证时停止资本化。两家公司开发支出资本化起止时点均存在明确的外部证据。与药品临床批件由国家药监局注册司批准不同，医疗器械的伦理批

件由临床试验主中心医院伦理委员会审核批准，其权威性和客观性均弱于药品的临床批件。

赛诺医疗资本化开始时点早于心脉医疗的问题，在交易所审核过程中受到了质疑并被要求与心脉医疗进行比较。赛诺医疗的解释为：产品成功完成首例人体临床试验为获得伦理批件或临床批件后的关联步骤，相应环节间隔周期较短，间隔期间并无实质性费用支出发生，相应时点差别对于资本化金额无实质性影响。同时，结合本行业其他可比上市公司资本化时点判定，选择以伦理批件或临床批件作为资本化起始时点合规、谨慎。

（3）开发支出减值和摊销政策。

无论是否存在减值迹象，案例中的两家公司至少每年对开发支出进行一次减值测试，估计其可收回金额。可回收金额采用资产预计未来现金流量的现值进行估计。在确定资产预计未来现金流量的现值时涉及管理层的重大判断，包括未来收入增长率、未来毛利率、未来资本支出及恰当的折现率。

结合产品生命周期，两家公司将开发支出转入无形资产中的专利或非专利技术后，摊销年限均为10年。

3. 医疗器械公司IPO资本化要点的总结

从医疗器械产品特征和案例公司的实践可以看出，只有研发周期长、研发投入大、技术难度高的第三类医疗器械才能够资本化。资本化可以以临床试验作为起始点，但以临床开始之后的成功完成首例人体临床试验为起点更具有谨慎性。无论是否存在减值迹象，IPO公司在报告期内均需要每年对尚在进行中的开发支出进行减值测试。

3.4.2.3 芯片设计行业

1. 芯片设计行业资本化的特征

集成电路（芯片）产业是我国的战略新兴产业。由于我国集成电路产业起步较晚，在技术、人才等方面与发达国家存在一定差距，从而导致产业自给率偏低。国家通过产业政策的引导和支持，正在大力推动国产高端芯片突破"卡脖子"核心技术，使其能够在更多领域实现进口替代。芯片设计行业是芯片产业的先导，芯片设计公司经营主要采用Fabless（指没有制造业务，只专注于集成电路设计的一种运作模式）模式，其本身主要聚焦于芯片产品和技术的研发活动。

国内 A 股芯片设计行业上市公司的开发支出资本化具有一定的普遍性，但由于芯片产品和技术的立项、结项时点及研究、开发阶段的划分均属于公司内部流程，开发支出资本化的起止点主要依赖于公司的内部控制和对研发项目是否满足资本化条件的主观判断。

2. 芯片设计公司 IPO 资本化案例

我们选择科创板 IPO 公司复旦微、海光信息、龙芯中科[⊖]（以下简称案例公司）三家芯片设计公司进行对比分析，其 IPO 期间的资本化情况如表 3-21 所示。

⊖ 复旦微全称上海复旦微电子集团股份有限公司。海光信息全称海光信息技术股份有限公司。龙芯中科全称龙芯中科技术股份有限公司。本章关于这三家公司的相关表述和分析所依据的资料来源于其在科创板发行上市审核信息公开网站（https://star.sse.com.cn/renewal/）公布的招股说明书和相关审核问询函的回复。

表3-21　三家芯片设计公司的资本化情况

案例公司	选择的科创板上市标准	报告期内资本化率	资本化项目和开发周期	开发阶段	开发支出的主要内容
复旦微	第二套上市标准	15%	22项芯片设计技术项目,大部分开发周期不超过1年半	仅允许"一般产品"项目进行资本化处理,公司以开发阶段中的产品立项经产品委员会评审通过形成《项目任务书》作为资本化的起点,研发项目通过设计定型评审时作为资本化终点	研发人员薪酬及材料加工费
海光信息	第二套上市标准	59%	45项芯片设计技术项目,大部分开发周期不超过2年	仅允许开发类项目,即"芯片产品的设计与实现技术"项目进行资本化处理,于评审专家组对开发类项目进行资本化评审,形成《立项评审报告》和《资本化评审报告》作为资本化的起始点。项目验收结项时,对项目目标、产品目标、管理目标等进行综合评估,形成研发项目《验收结项评审报告》时作为资本化终点	人工费用、折旧及摊销费用、外采服务及材料费
龙芯中科	第四套上市标准	30%	8项芯片设计技术项目,大部分开发周期在2~4年	对逻辑模块、全定制模块、指令系统等关键核心技术的研发,并不针对具体的芯片产品或解决方案,属于通用技术。科研管理部门召集并组织专家组对项目研究阶段的成果进行评审,形成《研发项目转阶段评审确认表》作为资本化的起点,相关研发成果的整体功能及性能达到设计要求及预期指标时,公司进行设计数据和代码的定版确定,并经专家组评审通过,形成《评审报告》作为资本化终点	职工薪酬、技术测试验证费

（1）资本化项目的内容。

案例公司报告期内的资本化项目为高端芯片设计相关产品或技术项目,对于能够资本化的项目,三家公司均进行了分类限制。复旦微将研发产品项目分为一般产品项目、内部项目、简单项目和高可靠产品项目：内部项目通常不直接面向市场，开发周期相对较短；简单项目在既有产品的基础上，简单改进产品以符合客户的个性化需求；高可靠产品项目对产品可靠性要求较高，技术实现难度较大。根据上述不同特征，复旦微只允许一般产品项目在符合资本化条件的情况下进行资本化。海光信息根据技术成熟度对项目进行划分，技术的开发设计与仿真验证类等技术成熟度不足的开发类项目称为"技术或产品预研"，不进行资本化；技术成熟度较高的开发类项目，主要为芯片产品的设计与实现的相关技术开发，包括芯片前后端设计、基础软件开发、流片、硅后验证测试等，称为"芯片产品的设计与实现技术"，只有该类项目才进行资本化。龙芯中科只对逻辑模块、全定制模块、指令系统等关键核心技术的研发进行资本化处理，资本化项目属于通用技术，并不针对具体的芯片产品或解决方案。

从报告期处于开发阶段的项目以及开发周期来看，海光信息的资本化项目高达 45 项，复旦微也有 22 项，且开发周期较短，表明复旦微、海光信息是以未来上市销售的具体产品作为开发项目。龙芯中科资本化的不是具体产品，而是可以开发出不同新产品的通用技术，故报告期内开发项目不多，且开发周期远长于另外两家公司。

三家案例公司的资本化率相差悬殊。复旦微为 15%，其披露的资本化率与同行业可比公司不存在显著差异。海光信息资本化率高达 59%，远远高于同行业可比公司水平，主要原因为：公司主要研发工作是对 AMD（指 Advanced Micro Devices，Inc.，一家美国半导体公司）授权技术的消化、吸收，技术成熟度很高，研发周期的开发阶段长；公司研发的 x86 架构处理器产品在设计、工艺等方面更为复杂，实际研发投入较大；公司从 AMD 获得非专利技术授权，付出了较大授权费，无形资产摊销较大。如果不考虑非专利技术授权的影响，报告期内资本化率约为39%，公司认为自己处于相对合理的区间。

（2）资本化起止时点。

三家案例公司的资本化起止时点均为公司内部自行评审确认。对于内部评审的客观性，海光信息强调其评审专家组的技术专家中至少包含一名外部专家，参与资本化评审并签署相关评审报告。复旦微则强调其负责项目评审的产品委员虽然均由内部行业专家组成，但部分评审委员具有外部身份，从事微电子专业教研工作并作为国家重大科技项目的入库专家参与外部评审工作。

（3）开发支出减值和摊销政策。

复旦微于每年末及半年末，由财务部组织各项目组对资本化研发项目进行减值测试，具体减值测试过程中，由项目负责人牵头组织提供产品至设计定型尚需发生的研发支出、产品设计定型后未来三年的收入及成本情况。海光信息定期进行开发支出减值测试，公司将海光CPU（通用处理器）或海光DCU（协处理器）全部相关无形资产、开发支出视作一个整体无形资产组进行减值测试和评估。

转入无形资产后，复旦微基于谨慎性考虑以3年作为专有技术的摊销年限；海光信息将内部开发形成的通用技术的摊销年限定为10年，专用技术摊销年限定为3年；龙芯中科则基于对专有技术使用寿命的判断，预计其在未来至少10年内可以持续为公司产生和贡献经济效益，摊销年限定为10年。

3.芯片设计公司IPO资本化要点的总结

从芯片产品的特征和案例公司的实践来看，芯片设计公司研发的产品众多，只有真正属于新产品、新技术的开发支出才能够资本化，故需要解决的首要问题是产品和技术的资本化范围。由于产品众多且重要性参差不齐,原则上具有通用性的新技术比具体的新产品作为资本化项目更为合理。由于不存在真正的外部证据确定资本化的起止时点,芯片设计公司一是要从内部控制的角度设计研发项目的关键节点管理,二是内部的研发项目评审机构要具有权威性,最好引入具有一定相对独立性的外部专家,三是资本化率的结果尽量保持和同行业公司的可比性。

无论是否存在减值迹象,IPO 公司在报告期内均需要每年对尚在进行中的开发支出进行减值测试。

3.4.3 开发支出资本化预期和 IPO 实务的对比

在对生物医药、医疗器械、芯片设计三个行业在实务中的 IPO 资本化进行分析和总结之后,我们继续分析相关资本化处理是否符合开发支出资本化的预期。

表 3-22 列示了三个行业开发支出资本化预期与实际情况的对比。

表3-22 开发支出资本化预期与实际情况对比

项目	基于可控性的预期	评价与预期的相符程度的标准	生物医药	医疗器械	芯片设计
可以资本化的项目	技术具有高度创新性,研发周期长、投入大,形成重大的超高收益的经营资产	较强、一般、较弱	较强	较强	一般
资本化起始点的证据	起始点具有明确的外部证据	较强、一般、较弱	较强	一般	较弱
摊销和减值测试	谨慎选择摊销年限,无论是否存在减值迹象,对重大开发支出定期进行减值测试	基本相符、基本不相符	基本相符	基本相符	基本相符
资本化率	一般不超过 50% 且与同行业具有可比性	基本相符、基本不相符	基本相符	基本相符	基本相符

由表 3-22 可见，生物医药是比较完美的资本化行业，除了仿制药的新产品性质不强之外，基本符合所有可控性的预期。医疗器械只能将第三类医疗器械作为资本化项目，其伦理批件尽管是外部证据，但由于是合作医院出具，其客观性一般。芯片设计行业将众多应用型的产品作为资本化项目，产品的重要性不够，以通用的新技术作为资本化项目更为适当。此外，其资本化起始点没有任何有力的外部证据，证明力较弱，通过资本化进行财务操纵的可能性最大。以高端芯片为代表的新一代信息技术行业能够成为资本化的主要行业之一，可能部分得益于其处于"国产替代"的政策风口之上。

3.4.4 资本化和发行条件的关系

本节选取的八家科创板 IPO 公司中，只有微芯生物和心脉医疗采用第一套上市标准，即采用了净利润指标，其余六家公司均未采用第一套上市标准，即未采用净利润指标。如果不进行任何资本化处理，微芯生物报告期内三年连续亏损，不符合其选择的上市条件；心脉医疗在利润大幅下降的情况下仍然可以满足上市条件；由于未采用净利润指标，是否进行资本化处理，对其余六家公司的上市条件没有实质性影响。

微芯生物是首家通过交易所上市委审核的科创板 IPO 公司，且所处的生物制药行业属于科创板最为支持的"硬科技"行业之一，其于 2019 年 6 月 11 日递交注册申请，但直到 2019 年 7 月 17 日才拿到证监会的注册批文，错失被市场寄予厚望的"科创板第一股"[一]的头衔。

微芯生物未能如期注册，从披露的事项看，是因为在注册阶段进

[一] 微芯生物 IPO 难产内幕："科创板第一股"将成注册制下被否首例？源自 https://www.163.com/dy/article/EJ436HCN0519WTTG.html。

行了会计差错更正，更正事项为：其资本化项目西达本胺（非小细胞肺癌）的临床试验方案设计，不存在明显的Ⅱ期与Ⅲ期临床试验的划分，无法客观划分Ⅱ期与Ⅲ期临床试验，在问询阶段自取得Ⅱ/Ⅲ期联合批件后开始进行资本化，出于谨慎性考虑，公司在注册阶段将西达本胺（非小细胞肺癌）项目发生的研发支出全部进行费用化处理。该更正对报告期内净利润的影响金额很小，且更正后仍然满足其选择的发行条件。

实际上，对于上述差错更正的研发项目，微芯生物在问询环节已披露了费用化处理对其业绩的影响不具有重要性，证监会在注册阶段的重点问询似乎有点"小题大做"了。但从更深层次看，报告期内微芯生物如果不进行资本化处理，则不满足其选择的上市条件，当时外界传闻这可能是它差点无法通过注册的实质性原因。微芯生物在IPO之前估值已高达80亿元，即使报告期存在不盈利甚至无收入的情况，也完全可以符合科创板其他更适当的上市标准。

由上述分析可以看出，首先，存在重大资本化的IPO公司大部分不会选择第一套包括净利润指标的上市标准；其次，微芯生物的案例表明，在选择第一套上市标准的情况下，如果不进行开发支出资本化则不满足上市的净利润条件，很可能也是IPO上市标准的实质性"红线"。

3.5 科研项目相关政府补助能否计入经常性损益

科研项目相关政府补助属于政府补助的范畴。证监会非经常性损益公告将"计入当期损益的政府补助"列举为非经常性损益，"但与公司正常经营业务密切相关，符合国家政策规定、按照一定标准定额或定量持续享受的政府补助除外"。科研项目相关政府补助通常无法满足"按照一定标准定额或定量持续享受"的标准，故在上市公司和IPO实务中一直作为非经常性损益列报。

3.5.1　相关政府补助作为非经常性损益对业绩的扭曲

实务中，科研项目相关政府补助作为非经常性损益，对IPO公司的盈利能力存在一定的扭曲，主要表现在以下两个方面。

一方面，科技创新企业承担国家科研项目并享受政府补助。除取得的补助之外，企业还需要配套大部分的科研资金。科研投入大部分情况下会形成期间费用，在对应的政府补助全部确认为非经常性损益的情况下，在实务中经常会形成承担的国家项目越多、扣除非经常性损益后的业绩越差的情况。

另一方面，与科研项目有关的政府补助，最终都会计入损益并在其他收益列报。其他收益属于与生产经营相关的营业利润的范畴，并非利得或损失。在政府补助"具有与公司正常经营业务的相关性、补助具有持续性"的情况下，将相关其他收益列入非经常性损益与其会计性质存在一些矛盾。

3.5.2　相关政府补助能否计入经常性损益的相关文件规定

科创板审核问答第15问，重点提出了将政府补助相关收益列入经常性损益的披露要求：发行人应结合承担科研项目是否符合国家科技创新发展规划、相关政府补助的会计处理方法、补助与公司正常经营业务的相关性、补助是否具有持续性等，说明将政府补助相关收益列入经常性损益而未列入非经常性损益是否符合非经常性损益公告的规定。

审核问答第 15 问首次提出了与科研项目相关的政府补助列入经常性损益的可能性。对于承担国家科研项目较多的 IPO 公司，其取得的相关政府补助几乎都能够符合审核问答第 15 问所列举的"与公司正常经营业务的相关性""补助具有持续性"等可列入经常性损益的标准。审核问答第 15 问似乎为科研项目的政府补助拓展了列报为经常性损益的空间，并可以解决非经常性损益列报所带来的业绩扭曲问题。

但是，应用审核问答第 15 问时，还要考虑最终能否符合证监会非经常性损益公告的规定。在实践中，科研项目的政府补助不可能是定额或定量的，所以不可能属于"符合国家政策规定、按照一定标准定额或定量持续享受的政府补助"。在非经常性损益公告没有原则性突破的情况下，假如 IPO 公司依据审核问答第 15 问将科研项目的政府补助认定为经常性损益，那么势必会出现政府补助列示无法和非经常性损益公告相协调的情况。

能否依据审核问答第 15 问将与科研项目相关的政府补助认定为经常性损益，需要在 IPO 审核实践中得到验证。IPO 实务中有一个可以提供验证结论的科创板 IPO 公司中微半导[⊖]的案例。

3.5.3　中微半导的实践和结论

中微半导于 2019 年 3 月申报科创板，是科创板第一批上市公司。中微半导是将科研项目相关政府补助计入经常性损益的第一家科创板

[⊖] 中微半导全称中微半导体设备（上海）股份有限公司。本章关于中微半导的相关表述和分析所依据的资料来源于其在科创板发行上市审核信息公开网站（http://star.sse.com.cn/renewal/）公布的招股说明书和相关审核问询函的回复。中微半导上市后，改简称为中微公司。

IPO 公司，首次申报的招股说明书中，其报告期内 2016 年度、2017 年度和 2018 年度确认的政府补助收入分别为 11 190.23 万元、11 211.82 万元和 9 338.34 万元，相关政府补助收入全部计入了经常性损益，未作为非经常性损益自净利润中扣除，对报告期内扣除非经常性损益之后的业绩产生了重大的影响。

对于科研项目相关政府补助是否应该计入非经常性损益的问题，交易所共有四轮问询。首轮问询中，交易所就要求公司说明相关补助未被计入非经常性损益的具体原因。第二轮问询中，交易所要求公司说明相关政府补助是否与公司正常经营业务密切相关，是否为"符合国家政策规定、按照一定标准定额或定量持续享受的政府补助"，公司将其计入经常性损益是否符合非经常性损益公告的规定，是否符合行业惯例。

公司和中介机构在回复第一轮和第二轮问询时，引用科创板审核问答第 15 问的"与公司正常经营业务的相关性""补助具有持续性"等经常性损益的特征，坚持将科研项目政府补助作为经常性损益处理，所以第三轮问询和第四轮问询中，交易所就上述问题又重复问询了两次。

实务中，科研项目的政府补助金额不太可能符合"定额或定量"的标准。在交易所坚持不懈的四轮问询后，公司和中介机构最终还是进行了更正，公司对是否为"按照一定标准定额或定量持续享受"进行了进一步复核分析，将报告期内科研项目相关的政府补助修订计入非经常性损益，并对相关财务指标进行了更正处理。

中微半导的实践表明，科研项目相关政府补助仍然要作为非经常性损益处理，科创板审核问答第 15 问并没有能够成功拓展政府补助作为经常性损益的空间。

第 4 章

IPO 中应收款项和合同资产的减值准备计提方法

4.1 应收账款坏账准备的计提方法
4.2 合同资产减值准备的计提方法
4.3 应收票据的分类和减值问题

IPO 公司已于 2019 年 1 月 1 日开始执行新金融工具准则。为便于读者更好地理解新金融工具准则下应收款项和合同资产计提减值准备的方法，本章对原金融工具准则下计提减值准备的方法也进行了论述和总结，并将新金融工具准则和原金融工具准则下的方法进行了相应的对比分析。

4.1 应收账款坏账准备的计提方法

IPO 公司于 2019 年 1 月 1 日起开始执行新金融工具准则（本章中以下简称新准则），金融资产计提减值由原准则下的"已发生损失法"变更为"预期信用损失法"。预期信用损失，是指以发生违约的风险为权重的金融工具信用损失的加权平均值。"已发生损失法"下，只在有客观证据表明金融资产已产生损失时，才对相关金融资产计提减值准备，由于未考虑尚未发生的未来信用损失，故难以及时足额地反映相关金融资产在资产负债表日的信用风险。与"已发生损失法"相比，"预期信用损失法"考虑了有关过去事项、当前状况以及未来经济状况预测的合理且有依据的信息，更贴近于经济上的预期信用损失。

根据新金融工具准则的要求，在"预期信用损失法"下，对新收入准则所规定的、不含重大融资成分的应收款项和合同资产的减值应采用简化处理，即始终按照整个存续期内预期信用损失的金额计量其损失准备。

应收款项主要包括应收账款和应收票据，本节将分析应收账款在 IPO 中的坏账准备计提问题，4.2 节和 4.3 节将分别分析合同资产和应收票据在 IPO 中的减值准备计提问题。

4.1.1 预期信用损失计提方法

使用"预期信用损失法"计提应收账款减值准备,实务中引入了以账龄为基础的"减值矩阵模型",模型的建立和计提具有复杂性和主观性。

4.1.1.1 预期信用损失模型的建立

以账龄为基础的"减值矩阵模型",是在对不同风险组合的应收账款划分账龄或逾期账龄的基础上,利用迁徙率对历史损失率进行估计,并在考虑前瞻性信息后对信用损失进行预测的方法,是应收账款计提坏账准备的一个易于操作的方法。

账龄分析,是指以应收账款确认后开始计算的自然账龄为基础进行的分析。逾期账龄分析,是指以应收账款的信用期结束后(发生逾期)开始计算的账龄为基础的分析。迁徙率,是指某一组合中的应收账款经过一个账龄分段后仍未收回而迁徙至下一个相邻账龄分段的比率。历史损失率,是指应收账款从第一个账龄分段不断向后一个账龄分段迁徙,直至最后一个迁徙率为100%的账龄分段仍未收回的比率。

使用"减值矩阵模型"计提应收账款坏账准备的具体步骤如下。

第一步,根据不同风险特征将应收账款划分为不同组合,不同组合选择以账龄或逾期账龄为基础,确定计算历史损失率的历史数据。

第二步,计算相邻账龄分段之间的平均迁徙率,一般以前2~5年作为一个计算周期。

计算迁徙率时,应考虑应收款项因核销等而形成的减少、因非同一控制下企业合并等而形成的增加等情况,并对相关迁徙率进行适当的调整。

第三步，根据平均迁徙率来计算历史损失率。

假如应收账款按账龄分为 5 个账龄段，账龄段 5 的迁徙率为 100%，平均迁徙率和历史损失率的计算关系如表 4-1 所示。

表4-1 平均迁徙率和历史损失率的计算关系

项目	账龄段 1	账龄段 2	账龄段 3	账龄段 4	账龄段 5
平均迁徙率（%）	a_1	a_2	a_3	a_4	100
历史损失率（%）	$a_1 \times a_2 \times a_3 \times a_4 \times a_5$	$a_2 \times a_3 \times a_4 \times a_5$	$a_3 \times a_4 \times a_5$	$a_4 \times a_5$	100

第四步，以当前信息和前瞻性信息调整历史损失率。

前瞻性信息，需要综合考虑宏观经济状况如国内生产总值（GDP）增速、行业发展等系统性因素，以及公司未来信用政策和应收账款回收风险变化等特定性因素。确定前瞻性信息对历史损失率的调整比例，具有非常强的主观性。

第五步，以应收账款账龄组合和预期损失率对照表建立减值矩阵，计算该组合应收账款的预期信用损失。

4.1.1.2 新准则下预期会出现的变化

新准则下的预期信用损失与应收账款的违约事件及违约风险高度相关，与已发生损失相比，预期信用损失导致应收款项坏账准备计提的时间长度增加、计提的时间提前、计提的范围扩大。

根据新准则下预期信用损失的内涵以及"减值矩阵模型"的使用方法，相对于原准则，IPO 公司应收账款的减值预期会出现一些更加符合预期信用损失特征的变化。

1. 选择逾期账龄优于自然账龄

原准则下，应收账款在实务中一般采用账龄分析法或逾期账龄分析法计提坏账准备,由于逾期账龄分析是以严格规范的应收账款信用期为基础,实务中对应收账款信用期的管理要求很高,故原准则下大部分IPO公司采用以自然账龄为基础的账龄分析法。

新准则下,自然账龄变动与预期信用损失变动存在紧密的关联,但"逾期"是应收账款违约风险更为显著的标志,新准则中也规定"通常情况下逾期30天则表明信用风险已经显著增加"。应收账款逾期账龄,原则上比自然账龄更适合作为确定预期信用损失率的基础。如果新准则下逾期账龄分析法成为更为主流的方法,那么IPO公司应普遍加强对应收账款信用期的管理。

2. 坏账准备的计提比例应大于原准则

在预期信用损失模型下,预期信用损失既包括已发生损失又需要考虑未来信用损失,故如果原准则下的坏账准备计提是公允的,则新准则下计提的坏账准备不应该低于原准则。

在原准则下,采用账龄分析法的IPO公司,1年以内账龄的应收账款坏账准备的计提比例在IPO实务中一般不低于5%。新准则下与原准则下的计提方法可能并不能够进行直观的对比,但通过计算转换前后的综合计提比例,可以对转换前后计提的充分性进行比较。

3. 预期信用损失率很可能是变动的

在原准则下,无论是账龄分析法还是逾期账龄分析法,不同账龄区间均采用固定的计提比例,报告期内一般不能发生变动。在新准则下,企业对预期信用损失的估计,应当反映相关可观察数据的变化并与其保持方向一致,即企业于每个会计期间均需要根据实际情况做出估计并调整预期信用损失率,预期信用损失率理论上并不是固定的坏账准备计提比例。

4.1.1.3 首发问题解答中的规定

证监会首发问题解答第 28 问对应收款项在 IPO 中的处理提出以下原则和规定。

1. 发行人应根据所有合理性依据、前瞻性信息、相关减值参数详细论证并披露预期信用损失率的确定方法和具体依据

根据该规定，IPO 公司需要披露预期信用损失模型，实务中一般使用"账龄迁徙率模型"，与该模型相关的历史实际损失率、前瞻性信息调整比率是重要的计算参数。

2. 发行人不应以欠款方为关联方客户、优质客户、政府工程客户或历史上未发生实际损失等理由而不计提坏账准备

在该规定提出之前，部分 IPO 公司以应收账款处于信用期之内、账龄 3 个月或 6 个月之内，以及客户信用良好等理由不计提坏账准备。根据该规定，IPO 公司不应该存在不计提坏账准备的客户，部分 IPO 公司据此规定重新制定坏账准备计提政策并进行了会计差错更正或估计变更。

3. 发行人应参考同行业上市公司确定合理的应收账款坏账准备计提政策，对于计提比例明显低于同行业上市公司水平的，应在招股说明书中披露具体原因

正常的应收账款账龄以 1 年以内为主，实务中 1 年以内账龄的应收账款坏账准备的计提比例一般不低于 5%。保持在这个水平以上，也就基本满足了可比性的要求。如果明显低于同行业计提水平，问询过程中一般要求以可比的计提比例进行模拟并说明对报告期内公司业绩的影响。

4.1.2 IPO 公司在实务中对应收账款坏账准备的计提情况

凡是 IPO 报告期内包括了 2019 年度的 IPO 公司，都会涉及原准则下和新准则下应收账款坏账准备计提方法衔接和转换的问题。对于 IPO 公司在实务中的转换情况，可以从计提方法和转换结果两个角度进行分析。

4.1.2.1 应收账款坏账准备计提在 IPO 实务中的转换情况

1. 原准则和新准则下应收账款坏账准备计提方法的衔接情况

通过对 IPO 公司原准则和新准则下应收账款坏账准备计提方法的比较，对衔接情况的归纳如表 4-2 所示。

表4-2 原准则和新准则下应收账款坏账准备计提方法的比较

原准则		新准则	
计提基础	不同期间是否变动	计提基础	不同期间是否变动
账龄	固定比例	账龄	固定比例
			变动比例
		逾期账龄	固定比例
			变动比例
逾期账龄	固定比例	逾期账龄	固定比例
			变动比例

原准则下以账龄作为计提基础的，由于逾期账龄更加符合预期信用损失的特征，故部分 IPO 公司存在固定账龄转换为逾期账龄，并基于逾期账龄来计算预期信用损失的情况。

原准则下在不同期间的计提比例是固定的，由于历史损失率和前瞻性信息调整比例可能是逐期变动的，故部分 IPO 公司在新准则下于每个会计期间均对预期信用损失率进行调整。

2. 原准则和新准则下的转换结果

新准则下的坏账准备计提比例原则上应高于原准则下的计提比例，才能体现出"预期信用损失法"下的风险量化。IPO 公司在实务中的转换结果包括以下三类。

（1）计提比例完全一致。

大多数 IPO 公司按预期信用损失模型测算后，预期信用损失率低于原准则下的计提比例，这个结果与新准则下应大于原准则下计提水平的推论是相悖的。为了保持 IPO 会计方法的谨慎性，大多数 IPO 公司选择保持和原准则下完全一致的计提比例。

（2）计提比例高于原准则。

如果原准则下账龄 1 年以内的应收账款按 5% 计提，转换后的预期信用损失率一般不会高于原准则下的计提比例。如果出现了计提比例高于原准则的结果，相差不大的，可以理解为前瞻性信息调整的影响，相差较大的，则很可能说明原准则下的计提并不充分，而前期少计提坏账准备有可能会构成前期会计差错。

（3）计提比例的高低不容易直接判断。

如果计提基础发生了变化，例如从账龄基础转换为逾期账龄基础，那么计提比例就无法直接进行对比。这种情况下，采用综合计提比例可以间接对比出变化情况。还有一种情况，计提比例从固定比例转换为变动比例之后，各年的变动比例相对于原固定比例的高低，可能也会存在较大波动。

4.1.2.2 IPO 公司计提应收账款坏账准备的案例分析

1. 芯源微计提案例

芯源微[一]是科创板 IPO 公司，原准则下以账龄作为坏账准备计提基础，在新准则下转换后仍然以账龄作为计提基础，预期信用损失率和原坏账准备计提比例没有发生变化。

根据其 IPO 公开披露的信息，芯源微应收账款预期信用损失率的计算过程如表 4-3 所示。

表4-3 芯源微应收账款预期信用损失率的计算过程

项目	1年以内	1~2 年	2~3 年	3~4 年	4~5 年	5 年以上
平均迁徙率	20.40%	7.47%	58.61%	97.66%	47.04%	100.00%
历史损失率（a）	0.41%	2.01%	26.93%	45.94%	47.04%	100.00%
前瞻性信息调整（b）	5.00%	5.00%	5.00%	5.00%	5.00%	—
理论预期信用损失率 [＝a×（1+b）]	0.43%	2.11%	28.28%	48.24%	49.39%	100.00%
采用的预期信用损失率	5.00%	10.00%	30.00%	50.00%	80.00%	100.00%
原坏账准备计提比例	5.00%	10.00%	30.00%	50.00%	80.00%	100.00%

由表 4-3 可见，模型中采用了 5% 的前瞻性信息调整数据，通过模型计算出的理论预期信用损失率与实际损失率存在较大的差异，公司并未采用理论预期信用损失率，而是直接选择延续原坏账准备计提比例。

对于这种"新瓶装旧酒"的做法，交易所在审核问询中要求芯源微说明预期信用损失率的设置及合理性。芯源微在问询回复中披露了其使用"减值矩阵模型"来计算预期信用损失率的过程，对于预期信用损失

[一] 芯源微全称沈阳芯源微电子设备股份有限公司。本章关于芯源微的相关表述和分析所依据的资料来源于其在科创板发行上市审核信息公开网站（http://star.sse.com.cn/renewal）公布的招股说明书和相关审核问询函的回复。

率在形式上并没有体现出预期损失应该大于已发生损失的特征。芯源微回复：各组合信用损失率均高于计算的预期信用损失率，对逾期应收账款客户的信用损失率设置合理，符合会计准则的要求，坏账准备计提充分。

2. 联影医疗计提案例

联影医疗[一]是科创板 IPO 公司，原准则下以账龄作为坏账准备计提基础，新准则下仍然以账龄作为计提基础，但其转变后的预期信用损失率为每期变动比率，且从 IPO 3 年报告期来看，每期的计提比例均高于原准则下的计提比例。

报告期各期内，公司应收账款各账龄区间坏账准备计提比例如表 4-4 所示。

表4-4 联影医疗的坏账准备计提比例

账龄	新准则下的预期信用损失比率			原准则下的坏账准备计提比例
	2021 年	2020 年	2019 年	2018 年
180 天以内	2.49%	3.35%	3.39%	—
180 天至 1 年	7.09%	7.22%	4.56%	5%
1~2 年	11.56%	8.54%	12.01%	10%
2~3 年	77.99%	57.38%	48.63%	30%
3 年以上	100.00%	100.00%	100.00%	100%

在 IPO 问询中，联影医疗披露了其预期信用损失率计算过程：报告期内，采用预期信用损失率模型对各期末应收账款余额计提坏账准备。依据业务类型的不同，对不同信用风险客户进行坏账准备计提分组，以

[一] 联影医疗全称上海联影医疗科技股份有限公司。本章关于联影医疗的相关表述和分析所依据的资料来源于其在科创板发行上市审核信息公开网站（http://star.sse.com.cn/renewal）公布的招股说明书和相关审核问询函的回复。

过往与之具有类似信用风险特征的应收账款组合的历史信用损失率为基础，结合当前状况以及对未来经济状况的前瞻性预测对历史数据进行调整，编制应收账款账龄天数与整个存续期预期信用损失率对照模型，计算预期信用损失。

由于采用变动预期信用损失率，IPO审核中的主要问询问题为：对预期信用损失率在报告期内的波动，尤其是计提比例呈现增长趋势的原因以及是否需要单独计提坏账准备等进行合理性分析。联影医疗回复的主要内容为：不同账龄区间应收账款坏账准备计提比例主要受该账龄区间以及长于该账龄区间的应收账款历史回收情况影响；由于部分长账龄应收账款未能及时收回，公司计算的2~3年的应收账款计提比例呈逐年上升趋势。公司对于账龄3年以上应收账款全额计提坏账准备，报告期内公司不存在因客户经营情况恶化导致应收账款回收风险较大、需单项计提坏账准备的情形。

联影医疗在新准则下的预期信用损失率高于原准则下的计提比例，直接原因是原准则下账龄在180天以内的应收账款不计提坏账准备。对原准则下不计提坏账准备的判断，很可能并不符合首发问题解答中"发行人不应以欠款方为关联方客户、优质客户、政府工程客户或历史上未发生实际损失等理由而不计提坏账准备"的规定。联影医疗在2019年报告期第一年准则转换之后，3年报告期内实质上已不存在上述少计提坏账准备的问题。

3. 视联动力计提案例

视联动力[⊖]是科创板IPO公司，于2019年4月申报科创板，2019年

⊖ 视联动力全称视联动力信息技术股份有限公司。本章关于视联动力的相关表述和分析所依据的资料来源于其在科创板发行上市审核信息公开网站（http://star.sse.com.cn/renewal/）公布的招股说明书和相关审核问询函的回复。

8月已终止审核。视联动力在原准则下采用账龄基础计提坏账准备,账龄计提比例如表4-5所示。

表4-5 视联动力账龄计提比例

1年以内	1~2年	2~3年	3~4年	4~5年	5年以上
3%	10%	30%	50%	80.00%	100.00%

新准则下转换为逾期账龄模式。根据公开披露的信息,视联动力应收账款预期信用损失率的计算过程如表4-6所示。

表4-6 视联动力应收账款预期信用损失率

项目	未逾期及逾期1年以内	逾期1~2年	逾期2~3年	逾期3年以上
平均迁徙率	32.42%	8.14%	71.40%	100%
历史损失率(a)	1.88%	5.81%	71.40%	100%
前瞻性信息调整(b)	0.00%	4.19%	28.60%	0.00%
预期信用损失率[=(a)+(b)]	1.88%	10%	100%	100%

由表4-6可见,模型中采用的前瞻性信息调整数据,是先确定预期信用损失率,再减去历史损失率倒推出来的。历史损失率和前瞻性信息调整采用绝对值相加的关系,而非比例调整的关系。由于新准则和原准则计提坏账准备的基础完全是不一样的,计提方法无法直接对比,只有比较各期的计提结果才能够判断新准则下计提的充分性。

由于无法直接对比计提结果,IPO问询中要求视联动力说明坏账准备计提比例和历史损失率的计算依据,坏账准备计提是否充分。视联动力经过测算,反馈回复说:预期信用损失率对应的坏账准备大于或等于各账龄的历史损失率对应的坏账准备,应收账款坏账准备计提充分。假设仍然沿用原准则下的坏账准备计提方法,相应计提的坏账准备略低于新准则下的结果，执行新准则对坏账准备的影响并不重大。

可以看出，如果新准则下计提的坏账准备远低于按原准则下计提方法测算的结果，则说明预期信用损失的计提方法在原则上存在问题，应收账款的坏账准备计提很可能是不充分的，报告期内存在利用准则转换来下调坏账准备计提比例以虚增利润的嫌疑。

4.1.3　IPO 中运用预期信用损失法的相关总结

预期信用损失法作为一种重要并且复杂的会计方法，同样要遵守 IPO 会计方法的正确性和可控性的原则。首发问题解答中强调的任何客户都不能不计提坏账准备的谨慎性以及坏账准备计提比例和同行业公司的可比性，都是 IPO 会计方法可控性的内在要求。

4.1.3.1　采用与原准则保持一致的计提方式

在 IPO 实务中，其实大部分公司在新准则和原准则下的转换并没有发生实质性变化，即无论采用账龄还是逾期账龄为计提基础，准则转换前后都采用同样的固定比例来计提坏账准备，预期信用损失率和原坏账准备计提比例无差异。

从原理上讲，原准则和新准则转换前后计提比例的一致，以及转换后各期间计提比例的一致，都不是最合乎新准则的方法，都存在会计方法正确性的瑕疵。但实务中原计提比例一般远高于在历史损失率基础上计算出的预期信用损失率，在执行新准则后再次提高计提比例是没有依据的，从原理"应高于"和实际"远低于"的现实考虑，保持原来的计提比例是一种比较好的折中选择。

转换后对各期间的计提比例进行动态调整，实质上也存在客观性不足的问题：一是历史损失率存在由于偶发性因素所带来的预期信用损失调整，二是前瞻性信息调整比例具有很大的主观性。转换后仍然采用固定的计提比例，或者在一个相对长的周期内（例如 5 年为一个调整周期）保持计提比例的稳定性，是更加符合 IPO 可控性的会计方法。

4.1.3.2 建立客观的预期损失模型

根据首发问题解答中的要求，IPO 公司在继续使用原方法的情况下，同样需要建立应收账款的预期信用损失模型，通过模型计算出预期信用损失率，并将计算出的预期信用损失率与实际采用的预期信用损失率进行对比，从结果上强调并没有少计提坏账的事实以及继续使用原方法的谨慎性。

账龄分析或逾期账龄分析，都可以作为计算预期信用损失的基础，逾期账龄比账龄更加符合预期信用损失的原则，账龄则很可能比逾期账龄更具可控性。一个原因，是企业在账龄模式下的历史经验丰富，账龄管理对应收账款管理的基础要求远远低于逾期管理，操作简单可控；另一个原因，则是客户信用期在实务中具有可调整性，如果公司同意对客户放宽信用期，则应收账款是否逾期以及逾期账龄等也随之变动，从而导致对预期信用损失计提及 IPO 公司业绩的操纵。

前瞻性信息调整是预期信用损失模型中最关键的一个变量，IPO 公司应选择相对合理的比例，并在一个较长的周期内保持相对固定。

4.1.3.3 与新准则下使用预期的对比

根据 4.1.3.1 节和 4.1.3.2 节的总结，对比新准则下预期出现的变化，可以看出，IPO 实务中并没有出现大量由原准则下账龄分析法转换为新准则下逾期账龄分析法的情况，新准则下对预期信用损失率的动态调整也没有成为最主流的方式，大部分 IPO 公司在新准则下的坏账准备计提水平也没有超过原准则的计提水平。

IPO 实务中，大部分 IPO 公司仍然保持了与原准则完全一致的计提方式，总体符合 IPO 会计方法的正确性和可控性原则。但基于前述的会计方法正确性的瑕疵，新准则下按固定比例计提能否持续成为主流方式，有待在未来的 IPO 实务中继续进行观察。

4.2 合同资产减值准备的计提方法

合同资产是执行新收入准则后的列报科目，合同资产和应收账款都是企业拥有的有权收取对价的合同权利，二者的区别在于，应收款项代表的是无条件收取合同对价的权利，即企业仅仅随着时间的流逝就可收款，而合同资产并不是一项无条件收款权，该权利除了时间流逝之外，还取决于合同中的其他条件。

合同资产由新收入准则规范，但其减值由新金融工具准则规范，合同资产与应收账款均应按照新金融工具准则的规定，应当始终按照相当于整个存续期内预期信用损失的金额计量其减值准备。合同资产不属于金融资产，其预期信用损失在资产减值损失中列报。

4.2.1 合同资产的主要内容和列报衔接

新收入准则下列报的合同资产，在实务中主要包括三项内容，相关内容在原准则下一般于存货和应收账款等科目进行列报。

4.2.1.1 合同资产在新收入准则和原准则中的列报

表 4-7 列示了合同资产的内容在新收入准则和原准则下的列报衔接。

表 4-7 合同资产的内容和列报

核算内容	新收入准则列报	原准则列报
内容一：按履约进度结转的收入金额大于客户结算项目款的差异	根据其流动性，在资产负债表中分别列示为合同资产或其他非流动资产	按完工百分比法核算的已完工未结算款，资产负债表中一般列示在存货科目中的已完工未结算款
内容二：竣工或完工验收后还需最终结算的已完工未结算项目款	按时段法确认收入的情况下，处理原则同上。按时点法确认收入的情况下，完工验收确认全部收入时也可能存在尚不满足无条件收款权而形成的合同资产	按完工百分比法核算的已完工未结算款应列示在存货科目；非建造合同准则下核算的，则应列示在应收账款科目
内容三：产品质保金或工程质保金	质保金需等到客户于保质期结束且未发生重大质量问题后方能收款，应当在资产负债表中作为合同资产列示	质保金一般列示在应收账款或长期应收款科目

新收入准则和原准则并不仅仅是列报科目差异，其附带产生了对资产减值准备的重大影响。原准则下内容一和内容二中按完工百分比法核算的已完工未结算款，由于在存货科目列报并按可变现净值计提存货跌价损失，故在合同预计不亏损的情况下，一般不会产生存货减值。转移至新收入准则下的合同资产列报之后，合同资产应按新金融工具准则规定的预期信用损失法计量减值准备，则很可能与原准则下产生较大的减值准备差异。

4.2.1.2 首发问题解答对 IPO 实务的规范

原准则下，已完工未结算款包括工程成本和工程毛利，其实质是应收账款，不计提坏账可能会导致 IPO 公司业绩虚增的问题。实际上，证监会于新收入准则实施之前已要求对已完工未结算款进行必要的调整。

1. 首发问题解答的规定

对于内容二的情况，特别是"部分园林、绿化、市政等建筑施工类企业，存在大量已竣工并实际交付的工程项目的工程施工（合同资产）余额未及时结转"的情况，首发问题解答第27问对IPO中的处理原则提出了明确规定，执行新收入准则前后的要求对比如下。

（1）执行新收入准则前。

存在工程施工业务且按照建造合同准则采用完工百分比法进行会计核算的首发企业，各报告期末存货主要为已完工未结算的工程项目施工余额，如发现存货中存在以未决算或未审计等名义长期挂账的已竣工并实际交付的工程项目施工余额，一般应考虑将其转入应收款项并计提坏账准备。

（2）执行新收入准则后。

存在工程施工业务且按照新收入准则某一时段内履行的履约义务核算的首发企业，各报告期末存在已完工未结算或未收款的合同对价，应准确区分与列报合同资产和应收账款。如存在长期挂账的已竣工并实际交付的合同资产余额，应结合发行人与业主之间存在实质的收款权利或信用关系等条件，考虑相关列报的准确性。同时，发行人应充分考虑相关风险特征分别确定并披露合同资产和应收账款的减值准备计提方法。

首发问题解答第27问，明确了竣工验收后的未结算工程款在原准则和新收入准则下的IPO处理方法。按建造合同准则规定，已完工未结算款一般应列示在存货科目，并应按《企业会计准则第1号——存货》（简称存货准则）计提存货跌价损失，首发问题解答则将竣工验收视同已实质性完成结算，相关存货应调整至应收账款列示并按规定计提坏账准备。新收入准则下，已确认收入的未结算款一般都无法具备无条件向客户收款的权利，应列入合同资产并按新金融工具准则规定的方法计提预期信用损失。

从准则层面讲，已完工未结算款在存货科目挂账是符合原准则规定的列报方式，首发问题解答要求将已竣工未结算且长期挂账部分转入应收款项并计提坏账准备，本质是基于 IPO 会计方法的谨慎性而提出的审核要求。新收入准则下，无论是竣工前还是竣工后，已确认收入的未结算款一般应在合同资产中列报，原准则下存在的已完工未结算款所导致的坏账准备计提不充分的问题，在新收入准则下需要通过计提合同资产减值准备来予以解决。

2. 根据首发问题解答进行差错更正的案例

首发问题解答正式发布之后，很多执行建造合同准则的 IPO 公司对存货中的已完工未结算款按第 27 问的要求进行了差错更正处理。北交所 IPO 公司嘉缘花木[○]是一个典型案例，其于 2021 年 6 月申报北交所，已于 2022 年 5 月终止审核。

嘉缘花木的主营业务主要为绿化工程项目，其在申报北交所 IPO 时披露了差错更正事项：根据首发问题解答第 27 问的相关解答并参照同行业公司的一般处理方法，基于谨慎性原则并考虑公司与客户之间存在实质的收款权利和信用关系，2020 年 5 月，公司对 2018 年末和 2019 年末工程施工存货中包含的已完工并实际交付但未办理结算的工程项目（即已实质竣工验收的项目）结转至应收账款核算，并计提相应坏账准备。

○ 嘉缘花木全称云南嘉缘花木绿色产业股份有限公司。本章关于嘉缘花木的相关表述和分析所依据的资料来源于其在北交所发行上市审核信息公开网站（http://www.bse.cn/audit/audit_disclosure.html）公布的向不特定合格投资者公开发行股票说明书和相关审核问询函的回复。

嘉缘花木认为，上述应收账款的信用风险特征与正常工程结算下形成的应收账款是不同的，公司将正常应收结算款的应收账款组合定义为"组合一"，将自存货转入的应收账款组合定义为"组合二"。从2020年开始，公司在执行新收入准则的情况下，组合二确认的应收账款由于不满足"无条件（即仅取决于时间流逝）向客户收款的权利"，已经转入合同资产核算，故2020年不再存在组合二，新收入准则下的合同资产实质采用与组合二一致的坏账准备计提方法。

组合一（新收入准则下的应收账款组合）和组合二（新收入准则下的合同资产组合）的坏账准备计提方法如表4-8所示。

表4-8　嘉缘花木不同组合的坏账准备计提比例

账龄	组合一计提比例	组合二计提比例
1年以内（含1年）	5%	0%
1~2年（含2年）	10%	5%
2~3年（含3年）	20%	10%
3~4年（含4年）	40%	20%
4~5年（含5年）	50%	40%
5~6年（含6年）	100%	50%
6年以上	100%	100%

尽管都使用账龄分析法，但组合二下使用的计提比例远低于组合一，组合一采用较低计提比例的合理性在审核过程中被交易所进行了重点问询。

嘉缘花木在问询回复中强调：组合一的收款权是"无条件的"，而组合二的收款权是"有条件的"，由于两个组合的收款权在权利完整性上具有重大差异，从而表现出不同的风险特征。组合二的应收账款包含了未履行完毕的合同义务（配合业主单位及时完成审定结算或完成养护责任），公司可以通过履行合同义务来加快款项的收回，从而降低损失风险，因此组合二的计提比例要低于组合一。

尽管嘉缘花木对组合一和组合二的减值方法进行了差异合理性分析，但在问询过程中仍然被要求组合二按组合一的减值方法模拟测算应计提坏账准备对报告期净利润的影响。经模拟测算后，嘉缘花木回复对报告期的业绩影响不大，且对上市条件也不会产生实质性影响。

4.2.2 对合同资产具体减值方法的分析

合同资产和应收账款都属于应向客户收取的合同对价，均按整个存续期内预期信用损失的金额计量减值准备，二者在与账龄或逾期账龄的相关性，以及对客户的收款权利等方面都存在差异。

4.2.2.1 合同资产减值方法的内在逻辑

在实务中，应收账款一般采用账龄分析法或逾期账龄分析法计算预期信用损失，合同资产是否应该与应收账款采用同样的减值准备计提方法、合同资产转应收账款的账龄是否应该延续计算，上述两个问题在实务中存在两种不同的理解。

1. 合同资产是否应该与应收账款采用同样的计提方法

一种理解认为，合同资产和应收账款的客户相同，确认收入的时点相同，信用风险几乎相同，故应该采用完全一样的坏账减值计提方法。另一种理解则认为，合同资产不具备无条件收款权利，未结算之前不存在逾期问题，其减值风险与账龄的相关性较低，直接采用应收账款的账龄分析法计提坏账准备可能会高估合同资产减值，直接采用应收账款的逾期账龄分析法计提坏账准备可能会低估合同资产减值。

2. 合同资产转应收账款的账龄是否应该延续计算

一种理解认为，合同资产和应收账款都属于应收客户对价款，两者只是收款权利的不同表现形式，属于并列的关系。一项收款权利一旦确定，账龄应该自初始确认之日至款项收回之日连续计算。另一种理解认为，合同资产的回收并不仅仅取决于时间流逝，合同资产和应收账款的账龄在性质上存在差别，应该按前后顺序各自单独考虑，合同资产转应收账款的账龄不应该延续计算。

合同资产减值方法存在的上述两个问题，可以组合成表4-9中计提减值准备的四种不同方式。

表4-9 合同资产计提减值准备的不同方式

不同方式	是否采用同样的计提方法	账龄是否延续计算	逻辑是否统一
方式一	同样方法	连续计算	统一
方式二	不同方法	不连续计算	统一
方式三	同样方法	不连续计算	不统一
方式四	不同方法	连续计算	不统一

方式一的内在逻辑是：合同资产和应收账款的信用风险几乎相同，应采用一致的预期信用损失计提方法，如果采用账龄分析法，那么合同资产和应收账款的账龄应该是连续的。

方式二的内在逻辑是：合同资产和应收账款的信用风险存在较大区别，应该分别采用独立的预期信用损失计提方法，那么合同资产和应收账款的账龄也应该是相互独立的。

方式三和方式四的内在逻辑并不统一。假如有一笔3年账龄的合同资产转入应收账款，按方式三，在方法一致的情况下，账龄重新按1年计算则会带来坏账损失的不合理转回；按方式四，在方法不统一的情况下，账龄按 3 年延续则可能会造成在完成结算的情况下坏账准备计提反而大幅上升。

由此判断，IPO 实务中最可能使用方式一和方式二两种方式计提合同资产减值准备。

4.2.2.2　合同资产减值方法的案例和相关分析

阳光诺和[一]和普蕊斯[二]均为科创板 IPO 公司。阳光诺和的主营业务是对外提供药物 CRO（医药研发外包）服务，普蕊斯的主营业务是对外提供临床试验 SMO (Site Management Organization，现场管理组织) 服务。两家公司在新收入准则下均采用时段法确认收入，对于项目进度位于两个收款结算节点之间但尚未达到结算条件的部分确认为合同资产，资产负债表中合同资产的金额均较大。两家同行业案例公司对于合同资产采用的减值准备计提方法存在差异。

浩瀚深度[三]是科创板 IPO 公司，主要从事网络智能化及信息安全防护解决方案的设计实施等业务。公司在新收入准则下采用时点法，在取得系统解决方案验收单并确认销售收入时，将应收初验款确认为应收账款，应收终验款确认为合同资产，在项目终验完成后将该合同资产转为应收账款。

[一] 阳光诺和全称北京阳光诺和药物研究股份有限公司。本章关于阳光诺和的相关表述和分析所依据的资料来源于其在科创板发行上市审核信息公开网站（http://star.sse.com.cn/renewal/）公布的招股说明书和相关审核问询函的回复。

[二] 普蕊斯全称普蕊斯（上海）医药科技开发股份有限公司。本章关于普蕊斯的相关表述和分析所依据的资料来源于其在科创板发行上市审核信息公开网站（http://star.sse.com.cn/renewal/）公布的招股说明书和相关审核问询函的回复。

[三] 浩瀚深度全称北京浩瀚深度信息技术股份有限公司。本章关于浩瀚深度的相关表述和分析所依据的资料来源于其在科创板发行上市审核信息公开网站（http://star.sse.com.cn/renewal/）公布的招股说明书和相关审核问询函的回复。

1. 阳光诺和的合同资产减值方法符合方式一

阳光诺和的应收款项和合同资产均以账龄组合计提整个存续期预期信用损失，计提比例保持完全一致。合同资产在项目进度达到合同约定的结算条件时转为应收账款，对应应收账款的账龄自收入确认时开始计算且连续计算。具体计提情况如表4-10所示。

表4-10 阳光诺和应收账款和合同资产的计提比例

账龄	应收账款计提比例	合同资产计提比例
1年以内（含1年）	5%	5%
1~2年（含2年）	10%	10%
2~3年（含3年）	30%	30%
3~4年（含4年）	50%	50%
4~5年（含5年）	80%	80%
5年以上	100%	100%

对于阳光诺和的合同资产采用与应收账款完全一致的坏账准备计提方法，以及合同资产转为应收账款时连续计算账龄的方法，在审核过程中未受到任何质疑。

2. 普蕊斯的合同资产减值方法符合方式二

普蕊斯应收账款和合同资产分别以不同账龄组合计提整个存续期预期信用损失，合同资产和应收账款的账龄并未连续计算，合同资产结算后转为账龄1年以内的应收账款。具体计提情况如表4-11所示。

合同资产的账龄计提只分为两类，一类是账龄短于3年（含3年）的按5%计提，另一类是账龄超过3年的按100%计提。在账龄不超过3年的情况下，普蕊斯对合同资产采用的减值计提比例显然要远低于应收账款。

表4-11 普蕊斯应收账款和合同资产的计提比例

账龄	应收账款计提比例	合同资产计提比例
1年以内（含1年）	5%	5%
1~2年（含2年）	10%	5%
2~3年（含3年）	20%	5%
3~4年（含4年）	40%	100%
4~5年（含5年）	80%	100%
5年以上	100%	100%

对于普蕊斯合同资产减值准备计提比例与应收账款坏账准备计提比例存在明显差异，且账龄1~3年的合同资产的计提比例低于应收账款的情况，交易所在审核中进行了多轮次的反复问询，主要问询及回复情况如下。

（1）说明合同资产减值准备计提比例与应收账款坏账准备计提比例存在明显差异的原因及合理性。

普蕊斯回复的主要内容，概括如下。

在公司收入确认方式下，应收账款是项目达到结算条件，客户与公司进行结算后应支付的合同款项；合同资产是项目处于两个结算节点之间未达到结算里程碑标志的合同款。应收账款、合同资产在公司业务开展的过程中存在前后转换的关系，而并非平行并列的关系。应收账款具有完全的收款权利，应收账款的账龄是开票结算与支付款项时点之间的时间差。合同资产并不具有完全的收款权利，合同资产的账龄是项目执行进度与开票结算时点之间的时间差。

公司以3年为基准划分合同资产的减值准备计提，符合自身业务经营的实际情况。经统计，报告期内公司93%以上的项目在1年内会触发合同约定的结算条款，且几乎所有的项目在3年内会触发合同约定的结算条款。因此，公司在确定合同资产的减值准备计提比例时主要参考历史上的项目执行情况，以账龄是否在 3 年以内作为重要的判断指标：合同资产结算后转为账龄 1 年以内的应收账款列示，其减值准备计提比例与 1 年以内的应收账款计提比例 5% 保持一致；账龄超过 3 年的合同资产，所对应项目通常处于非正常执行状态，是否能够足额开票结算并转为应收账款存在较大的不确定性。公司根据谨慎性原则，对账龄在 3 年以上的合同资产全额计提减值准备。

（2）按应收账款坏账准备同等计提比例计提合同资产减值准备对于发行人相关财务指标的具体影响，是否会对发行人符合发行上市条件产生重大不利影响。

普蕊斯回复的主要内容，概括如下。

公司合同资产在满足结算条件并开具发票后必先转为 1 年以内的应收账款，再根据应收账款后续回款情况按照相应账龄计提坏账准备。假设账龄 3 年以内的合同资产按照应收账款的坏账准备计提比例计提资产减值准备，且账龄 3 年以内的合同资产在 2021 年 1 月 1 日全部开票结算并转为应收账款，按应收账款坏账准备的同等计提比例计提合同资产减值准备，测算结果为减少了公司 2020 年小部分净利润，但由于合同资产转为应收账款反而增加了 2021 年的净利润，进而导致公司财务报表金额在不同期间内发生波动。

普蕊斯的上述测算，实质是在合同资产和应收账款采用完全相同的计提方法但未连续计算账龄，其业绩波动的测算结果恰恰说明了方式三的不合逻辑性。

3. 浩瀚深度合同资产减值方法符合方式一

浩瀚深度合同资产和应收账款的预期信用损失计提方法完全一致，具体计提情况如表 4-12 所示。

表 4-12　浩瀚深度应收账款和合同资产的计提比例

账龄	应收账款计提比例	合同资产计提比例
1年以内（含1年）	5%	5%
1~2年（含2年）	10%	10%
2~3年（含3年）	30%	30%
3~4年（含4年）	50%	50%
4~5年（含5年）	80%	80%
5年以上	100%	100%

在审核过程中，交易所直接问询了账龄是否连续的问题：合同资产转为应收账款后账龄是否连续计算，对坏账准备计提的影响，坏账准备计提的充分性。

浩瀚深度回复：公司合同资产用于核算项目初验后尚未收取的终验款，待项目试运行结束，完成终验测试并由运营商出具终验证书后，合同资产转为应收账款，对应合同资产转为应收账款的账龄已连续计算，相关坏账准备已根据信用风险特征相应计提，对坏账准备计提不构成影响。

4.2.3　IPO 中合同资产减值方法的主要结论

首发问题解答中规定，发行人应充分考虑相关风险特征分别确定并披露合同资产和应收账款的减值准备计提方法。故从原则上讲，合同资产和应收账款的减值准备计提方式可以分别确定，并不是必须保持一致。根据本节对合同资产是否应该与应收账款采用同样的计提方法、是否应该连续计算账龄的分析，IPO 公司主要应在方式一（计提方法相同且账龄连续计算）和方式二（计提方法不相同且账龄不连续计算）之间进行选择。

从本节引用的四个案例看，阳光诺和与浩瀚深度选择了方式一，嘉嘉缘花木和普蕊斯对合同资产均采用了与应收账款完全不同的计提方法，且计提标准总体控制在应收账款账龄 1 年之内的计提水平。普蕊斯选择了方式二，嘉缘花木因未披露账龄计算规则故无法判断是否选择了方式二。从两个项目的问询过程看，合同资产减值准备计提标准远低于应收账款会成为审核中的重点关注问题，并被要求按与应收账款相同的计提方法进行业绩模拟测算。

从会计方法的谨慎性看，合同资产在 IPO 实务中采用方式一当然是最好的选择。如果合同资产的确存在余额较大、账龄较长、结算后客户基本能够按约付款的事实，在假定采用与应收账款相同的计提标准且在连续计算账龄的情况下，如果测算结果不会对关键财务指标产生实质性影响，采用方式二在 IPO 实务中也是可以接受的。

4.3 应收票据的分类和减值问题

应收票据一般包括银行承兑汇票和商业承兑汇票两类。按照新金融工具准则的规定，企业持有应收票据的业务模式，可能只有收取合同现金流量的目的，也可能兼有收取合同现金流量目的及出售的目的，根据上述两种业务模式，应在报表上列报为应收票据或应收款项融资。应收票据属于"以摊余成本计量的金融资产"，应收款项融资属于"以公允价值计量且其变动计入其他综合收益的金融资产"。

4.3.1 应收票据的分类

应收票据除了到期承兑之外，还可以用于贴现或背书转让，能否将票据的贴现和背书转让认定为具有出售目的，取决于应收票据在出售

（票据贴现或背书转让）时能否构成金融资产的终止列报。如果构成终止列报，则视为具有出售的目的；如果不能终止列报，贴现或背书转让的实质是将该票据作为质押而取得相应的短期借款。

4.3.1.1　应收票据分类的原则性规定

《上市公司执行企业会计准则案例解析（2019）》[一]中，对于应收票据的终止确认有明确的结论：根据信用风险和延期付款风险的大小，可以将应收票据分为两类，一类是由信用等级较高的银行承兑的银行承兑汇票，随着票据的贴现，信用风险和延期付款风险很小，并且票据相关的利率风险已经转移给银行，因此可以判断票据所有权上的主要风险和报酬已转移给银行，可以终止确认；一类是由信用等级不高的银行承兑的银行承兑汇票或由企业承兑的商业承兑汇票，贴现不影响追索权，票据相关的信用风险和延期付款风险仍没有转移，不应终止确认。

表 4-13 综合上述规定，列示了应收票据所对应的具体列报方式。

表4-13　应收票据的列报方式

票据类别	承兑方	业务模式	贴现或背书是否终止确认	列报科目
银行承兑汇票	信用等级高的银行	仅持有至到期	—	应收票据
		兼有贴现或背书转让	是	应收款项融资
	信用等级不高的银行	仅持有至到期	—	应收票据
		兼有票据贴现或背书转让	否	应收票据
商业承兑汇票	企业	仅持有至到期	—	应收票据
		兼有票据贴现或背书转让	否	应收票据

由表 4-13 可以看出，对于企业而言，只有信用等级高的银行承兑的银行承兑汇票，在到期之前全部贴现或背书转让，或者部分持有至到

[一] 中国证券监督管理委员会会计部组织编写。

期、部分贴现或背书转让，需要在应收款项融资科目中列报。

对于背书或贴现时不终止确认的应收票据，视同取得短期负债，具体会计处理为：背书时借记"应付账款"等，贷记"其他流动负债"，贴现时借记"银行存款"等，贷记"短期借款"。背书或贴现的应收票据到期承兑时，借记"其他流动负债""短期借款"，贷记"应收票据"。

4.3.1.2　IPO 中应收票据分类的要求

科创板 IPO 公司长阳科技[①]可能是第一家在审核过程中对应收票据分类进行差错更正的 IPO 公司，从此开始，实务中很快形成了新金融工具准则下应收票据分类的规则。

1. 长阳科技案例

长阳科技于 2019 年 4 月申报科创板，2019 年 9 月通过上市委员会（简称上市委）会议。上市委提出的应收票据在新金融工具准则下的列报问题为：发行人 2019 年 1 月 1 日至 2019 年 6 月 30 日，通过票据背书终止确认了超过 50% 的应收票据，请发行人基于上述情况说明认定持有应收票据的业务模式是收取合同现金流量且以摊余成本核算应收票据的会计处理是否符合新金融工具准则的规定。

根据上述问题，长阳科技对信用级别较高的银行承兑的银行承兑汇票的列报由应收票据调整为应收款项融资，并进行了差错更正。长阳科技调整前后对于应收票据的主要判断如下。

调整前，公司认为，公司持有应收票据的目的并非是通过出售产生整体回报，而是收取该金融资产的合同现金流量。承兑是为了收取应收票据的合同现金流量，背书达到了收取合同现金流量相同的经营效果，

---

① 长阳科技全称宁波长阳科技股份有限公司。本章关于长阳科技的相关表述和分析所依据的资料来源于其在科创板发行上市审核信息公开网站（http://star.sse.com.cn/renewal/）公布的招股说明书和相关审核问询函的回复。

均不违背收取合同现金流量的目的。公司将持有的应收票据承兑和背书不影响对业务模式的判断,仍然是以收取合同现金流量为目的,因此将 2019 年 1 月 1 日起的应收票据及其后续变动仍划分为以摊余成本计量的金融资产并在应收票据科目列报。

调整后,考虑应收票据终止确认情况对业务模式判断的影响。其中,信用级别一般的银行承兑的银行承兑汇票及企业承兑的商业承兑汇票,由于其在背书、贴现时不终止确认,故仍属于持有并收取合同现金流量的业务模式;信用级别较高的银行承兑的银行承兑汇票,其在背书、贴现时终止确认,故认定为兼有收取合同现金流量目的及出售目的的业务模式。针对业务模式变化的情况,将信用级别较高的银行承兑的银行承兑汇票由"以摊余成本计量的金融资产"调整为"以公允价值计量且其变动计入其他综合收益的金融资产",重分类该类余额,由应收票据调整至应收款项融资科目列报。

2.IPO 应收票据实务总结

当企业进行银行承兑汇票的贴现或背书转让,要对其持有票据的业务模式进行会计判断。从企业的持有意图、资金宽裕度和实际贴现或背书的频率和金额来判断,如果贴现或背书转让只是偶发性的,仍然是以收取合同现金流量为主要目的,则银行承兑汇票仍然可以在应收票据科目列报。长阳科技 2019 年 1 月 1 日至 2019 年 6 月 30 日通过票据背书终止确认了超过 50% 的应收票据,其数量和频率足以说明其应收票据存在兼有收取合同现金流量目的及出售目的的业务模式。

对于如何界定信用等级高的银行或信用等级不高的银行,IPO 实务中有"6+9"和"6+12"两种模式。两种模式的"6"是一致的。"6"指中国工商银行、中国农业银行、中国银行、中国建设银行、中国邮政储蓄银行、交通银行 6 家国有大型商业银行。"9"指招商银行、浦发银行、中信银行、兴业银行、平安银行、光大银行、华夏银行、民生银行、浙商银行 9 家上市股份制银行。"6+9"模式下，上述 15 家银行之外的，都界定为信用等级不高的银行。"6+12"的"12"指"6+9"中的 9 家上市股份制银行及广发银行、恒丰银行、渤海银行。这 12 家是全国性股份制银行。"6+12"模式下，上述 18 家银行之外的，都界定为信用等级不高的银行。

4.3.2 应收票据的减值

无论是应收银行承兑汇票，还是应收商业承兑汇票，均应按照新金融工具准则的减值计提要求，根据其信用风险特征计提减值准备并确认预期信用损失。

由应收票据的分类可知，应收票据分为应收票据和应收款项融资两类金融资产列报。在应收款项融资列报的银行承兑汇票，采用公允价值计量，贴现或背书转让时予以终止确认，实务中一般不会产生减值的问题。

对于列报于应收票据的银行承兑汇票和商业承兑汇票，IPO 实务中一般划分为由信用等级高的银行承兑的银行承兑汇票、由信用等级不高的银行承兑的银行承兑汇票、商业承兑汇票等不同信用风险特征的三个组合来进行坏账准备计提。具体方法如表 4-14 所示。

表4-14 应收票据的坏账准备计提方法

不同风险特征组合	计提政策	常见计提方法
银行承兑汇票——信用等级高的银行	参考历史信用损失经验，结合当前状况以及对未来经济状况的预测，通过违约风险敞口和整个存续期预期信用损失率，计算预期信用损失	无需计提坏账准备
银行承兑汇票——信用等级不高的银行		不计提、按一定的固定比例计提
商业承兑汇票		按与应收账款同样的方法计提，一般采用账龄分析法

1. 银行承兑汇票的计提

"6+9"或"6+12"的银行承兑汇票，几乎不存在到期不能收回的可能性，且票据的期限不超过 6 个月，无需考虑时间价值的问题，故无需计提减值准备。

对于"6+9"或"6+12"之外的银行承兑汇票，判断其存在到期不能收回的可能性，与贴现或背书转让时不进行终止确认的风险判断是一致的，原则上应该计提坏账准备。由于银行承兑汇票真正产生损失的可能性尚属于小概率事件，在实务中，部分 IPO 公司并未计提坏账准备，实际计提坏账准备的 IPO 公司一般选择 1%~5% 之间的一个固定比例进行计提。

2. 商业承兑汇票的计提

基于企业信用的商业承兑汇票在实质上与对客户收款的应收账款并无区别，故应收商业承兑汇票应采用与应收账款一致的坏账准备计提方式计提坏账准备。

对于在收入确认时对应收账款进行初始确认，后又将该应收账款转为商业承兑汇票结算的，应按照账龄连续计算的原则对应收票据计提坏账准备。对于到期无法承兑的商业承兑汇票，在到期日需要转回应收账款列报，应收账款同样需要连续计算账龄。对于无法承兑的情况，IPO 公司需要深入了解出票人未能承兑的原因，谨慎评价是否已出现明显的减值迹象，是否需要单项计提坏账准备并确认预期信用损失。

第 5 章

IPO 公司的股份支付及重点问题

5.1 股份支付行为的判定

5.2 股份支付的授予日、公允价值和计量方式

5.1 股份支付行为的判定

股份支付是企业以获取员工或其他方服务为目的的交易，股份支付费用的实质是企业应承担的员工薪酬或其他服务方的成本。在实务中，IPO 公司股份支付的类型多样，成因复杂，公允价值难以确定，其确认和计量存在的判断误区和会计选择都可能会导致 IPO 公司的业绩失真，故 IPO 公司涉及的股份支付及相关处理一直是审核关注的重点。

证监会首发问题解答第 26 问，对 IPO 公司股份支付行为的判定、公允价值的确定及计量方式等做出了明确规定，为实务中存在的各类股份支付问题的处理提供了具体指南。2021 年 5 月，财政部发布了 5 个股份支付准则应用案例，在准则层面进一步规范了 IPO 实务中相关股份支付的会计处理。

5.1.1 股份支付行为的具体判断

在 IPO 实务中，股份支付的激励对象可以是员工或实际控制人，可以是老股东或新股东，也可以是客户或供应商；股份支付的形式可以是权益结算的限制性股票、股票期权或现金结算的虚拟股权；股份授予的方式可以是激励对象向 IPO 公司增资，也可以是主要股东向激励对象转让 IPO 公司股份。

判断股份支付行为的实质性要点有两个：一是股份支付的实质是授予权益工具以获取员工或其他方提供的服务，不属于购买服务的行为不属于股份支付；二是授予的权益工具在市场上具有明显的价值，权益工具的价值即购买员工或其他方服务的价格。在实务中，员工之外的股东、客户等其他激励对象是否属于购买其服务，有时候并不明显，这种情况下，如果向其提供的权益工具的价值非常明显，且能够排除授予双方存在其他交易，则也应该实质性判断为属于购买服务的股份支付。

5.1.1.1 首发问题解答中规定的构成股份支付行为的情形

首发问题解答中列举了 IPO 公司常见的股份支付的四种情形。

1）发行人向职工（含持股平台）、客户、供应商等以低于股份公允价值的价格新增股份。

2）主要股东及其关联方向职工（含持股平台）、客户、供应商等以低于股份公允价值的价格转让股份。

3）对于为发行人提供服务的实际控制人/老股东以低于股份公允价值的价格增资入股事宜，如果根据增资协议，并非所有股东均有权按各自原持股比例获得新增股份，那么实际控制人/老股东超过其原持股比例而获得的新增股份，应属于股份支付。

4）如果增资协议约定，所有股东均有权按各自原持股比例获得新增股份，但股东之间转让新增股份受让权且构成集团内股份支付，导致实际控制人/老股东超过其原持股比例获得的新增股份，也属于股份支付。

股份支付的实质是授予权益工具以获取员工或其他方提供的服务。首发问题解答中进一步明确：解决股份代持等规范措施导致股份变动，家族内部财产分割、继承、赠与等非交易行为导致股权变动，资产重组、业务并购、持股方式转换、向老股东同比例配售新股等导致股权变动等，在有充分证据支持相关股份获取与发行人获得其服务无关的情况下，一般无需作为股份支付处理。

5.1.1.2 需要进一步明确的构成股份支付的其他情形

首发问题解答中未列举的一些实务中的常见情况，也可能构成 IPO

公司对员工或股东的股份支付。

1. 员工之间低价转让被授予的股份

如果员工之间转让的股份尚在股权激励被授予股份的锁定期，那么该转让的实质很可能是 IPO 公司收回原授予员工的股份，又将该股份以同等价格授予新的被激励员工。

2. 股东之间低价转让原持有的股份

首发问题解答中列举的两类对老股东进行股份支付的行为，均局限于增资产生的新增股份的范围。从股东持股比例的变动来看，通过低价新增股份和通过股东之间低价转让股份，都可以使股东获得超过其原持股比例的股份，二者只是在增资和转让的形式上存在不同，与为获取股东的服务而以低价增加其持股比例的实质是一样的。

排除股东之间可能存在的权益性交易，股东之间低价转让原持有的股份，很可能构成股东结算的集团内股份支付。根据"谁收益、谁承担"的原则，IPO 公司理应确认股份支付费用。

3. 员工向股东低价转让被授予的股份

股东受让已通过股权激励授予员工的股份，如果发生在被授予股份的锁定期，那么可能属于 IPO 公司对股东的股份支付，可能是股东仅以代持身份暂时持有受让股份，还可能属于股东的股份还原。

相关分析见 5.1.2 节中讨论的"实际控制人受让已授予员工的股份是否构成股份支付"的问题。

5.1.2　实际控制人受让已授予员工的股份是否构成股份支付

实务中，IPO 公司经常通过设立有限合伙性质的员工持股平台来实施激励，持股平台由实际控制人作为普通合伙人，其他受激励员工为有限合伙人，持股平台通过低价受让股东老股或定向增发新股取得 IPO 公司股份，被激励员工通过持有持股平台的份额间接持有 IPO 公司股份。授予员工的股份通常有一定的锁定期，在锁定期内员工离职的，由普通合伙人按事先约定的价格回购其持有的股份，约定价格一般远低于对应股份的正常公允价值。股份回购后，普通合伙人可能按公司的股权激励办法再次向新的激励对象进行授予，也可能自行持有，不进行再次授予。

上述实际控制人受让已授予员工股份是否构成股份支付，需要分析实际控制人是否属于以代持身份暂时持有受让股份，是否属于原股东"超过其原持股比例获得的新增股份"。

5.1.2.1　实际控制人属于以代持身份暂时持有受让股份

根据财政部《股份支付准则应用案例——实际控制人受让股份是否构成新的股份支付》中的分析结论，确认实际控制人的代持身份通常需要考虑下列证据：①受让前应当明确约定受让股份将再次授予其他激励对象；②对再次授予其他激励对象有明确合理的时间安排；③在再次授予其他激励对象之前的持有期间，受让股份所形成合伙份额相关的利益安排（如股利等）与代持未形成明显的冲突。

上述证据表明，实际控制人未从受让股份中获得收益，仅以代持身份暂时持有受让股份，该交易不符合股份支付的定义，不构成对实际控制人的股份支付。

在实务中，IPO 公司可能并没有对实际控制人收回员工股份的性质和后续处理进行明确的规定，不具备上述列举的完整代持证据。但从整个 IPO 报告期看，如果实际控制人收回股份后在报告期内已按受让价格完成了对员工的再次授予，且未从受让股份中获得持有期间的股利等收益，则从实质上很可能仍然可以对实际控制人的代持身份进行认定，在受让已授予股份的时点不构成对实际控制人的股份支付。

5.1.2.2　实际控制人不属于以代持身份暂时持有受让股份

实际控制人受让已授予员工的股份，在受让时点增加了实际控制人的原持股比例，根据5.1.2.1节中关于股份支付行为判定的分析，如果实际控制人不满足代持身份，则还需要分析其受让股份是否属于超过原持股比例获得的新增股份。

如果持股平台的股份完全来自实际控制人的单方面转让，其他股东并未参与此前的股份支付，那么实际控制人受让已授予股份实质上很可能是股份还原，并不属于超过其原持股比例获得的新增股份的情况，即不属于股份支付。如果持股平台的股份来自对全体股东或多个股东股份的共同稀释，那么实际控制人受让已授予股份则很可能属于超过其原持股比例获得的新增股份，构成对实际控制人的股份支付。

对于实际控制人不属于代持身份也不属于股份还原的情况，受让已授予股份构成对实际控制人的股份支付。实际控制人再次转让已授予股份给新员工时，则应视为IPO公司收回了对实际控制人的已授予股份，且将其再次授予新员工并再次确认股份支付。

5.1.2.3　案例：万凯新材作为实际控制人回购已授予员工股份

万凯新材[⊖]是创业板IPO公司，在IPO申报后对报告期内的控股股东回购员工间接持有的万凯新材股份事项进行了会计差错更正，主要

⊖　万凯新材全称万凯新材料股份有限公司，其控股股东正凯集团全称浙江正凯集团有限公司，员工持股平台海宁万兴全称海宁万兴企业管理中心（有限合伙）。本章关于万凯新材的相关表述和分析所依据的资料来源于其在创业板发行上市审核信息公开网站（https://listing.szse.cn/）公布的招股说明书和相关审核问询函的回复。

内容如下：2020 年度，万凯新材未将控股股东正凯集团回购离职员工间接持有的万凯新材股份确认股份支付费用，在编制申报后的财务报表时，已采用追溯重述法对该项差错进行了更正，更正后调增 2020 年度管理费用 868.32 万元。

海宁万兴为万凯新材的员工持股平台，除被激励员工外，控股股东正凯集团也是海宁万兴的合伙人，海宁万兴于报告期之前通过增资直接持有万凯新材的股份。对于部分持股平台的员工合伙人在报告期内离职的情况，一般由控股股东正凯集团根据约定的价格回购离职员工间接持有的万凯新材股份，万凯新材的相关会计处理分为以下情况。

1. 控股股东回购股权后再次授予的情况

控股股东正凯集团回购离职员工间接持有的万凯新材股份后，将重新确认新的激励对象，并按与回购价格一致的价格将股份授予新的激励对象。这种情况下，万凯新材于正凯集团向新的激励对象转让股份时按公允价值确认股份支付费用。

2. 控股股东回购股权后未能再次授予的情况

2020 年 5~6 月，控股股东正凯集团回购离职员工间接持有的员工持股平台合伙份额，对应万凯新材股份合计 19.89 万股，其中正凯集团于 2020 年 6 月通过持股平台授予新的被激励员工 15.00 万股，剩余 4.89 万股未最终授予新的激励对象；2020 年 10 月，控股股东正凯集团回购离职员工间接持有的员工持股平台合伙份额，对应万凯新材股份合计 120 万股，以上回购股份未最终授予新的激励对象。

万凯新材原认为，虽然直至 IPO 申报时点，正凯集团尚未将以上 124.89 万股股份再次授予新的激励对象，但不排除未来进行授予的可能性，故首次申报时未在员工离职时点确认股份支付费用。在 IPO 审核期间，经研究后万凯新材重新认定，由于正凯集团尚未最终再次向被激励员工授予股份，其获得的合计 124.89 万股股份实质上属于对控股股东的股份支付，故应进行差错更正并补充确认股份支付费用 868.32 万元。

5.1.2.4 对股东受让已授予员工的股份问题的总结

结合首发问题解答和《股份支付准则应用案例》的规定，我们从万凯新材的案例可以总结出以下几点。

（1）不但自然人股东，法人股东也可以作为股份支付的对象。

（2）IPO 公司通过实际控制人代持拟用于激励的股份，在实务中是可行的，但 IPO 申报前相关代持股份需要全部确权到激励对象并进行股份支付处理，否则股份代持有违 IPO 公司股权明晰原则。

（3）万凯新材的案例中，其持股平台海宁万兴的股份初始来源于对万凯新材的定向增发，并不是受让于正凯集团。尽管万凯新材认为正凯集团属于代持授予被激励员工的股份，但在 IPO 申报前未能最终授予员工，申报后也不宜再进行授予，故在 IPO 审核中还是更正确认了对控股股东的股份支付。

5.2　股份支付的授予日、公允价值和计量方式

判定 IPO 公司存在股份支付之后，我们需要进一步确定股份支付的授予日、相关权益工具的公允价值以及股份支付的计量方式，并最终对股份支付的费用做出正确处理。

5.2.1　授予日的规定

授予日是股份支付协议获得批准的日期，其中"获得批准"，是指

IPO 公司与被激励对象就股份支付的协议条款或条件已达成一致，该协议获得股东大会或类似机构的批准。如果股东大会批准之日并未确定拟授予股份的激励对象及授予股份的数量，则不满足授予日定义中"获得批准"的要求。从这个角度看，尚未量化到被激励对象个人的"股权激励池"安排并不符合股份支付的定义。

与激励相关的股份变更的工商登记时点、出资或支付股份转让款的时点等，原则上并不会影响股份支付授予日的判断，但在 IPO 实务中，IPO 公司股东会或股东大会的日期、与员工签署协议的日期等都具有一定的可调节性。基于客观性考虑，仍然需要以资金支付时点、工商登记时点等来综合判断股份支付授予日的合理性，以避免出现通过调节授予日时点来调整报告期利润的情况。

5.2.2 公允价值的确定

股份支付主要使用限制性股票、股票期权等相关权益工具。确定股份支付相关权益工具的公允价值是计量股份支付费用的基础。由于股份支付费用可能会对报告期内公司的业绩造成较大的影响，甚至会实质性影响 IPO 公司的上市条件，故 IPO 审核中更关注是否存在压低权益工具的公允价值从而提升报告期内业绩的情况。

5.2.2.1 确定股份支付公允价值的几种方法

首发问题解答规定，IPO 公司应综合考虑入股时间阶段、业绩基础与变动预期、市场环境变化等，合理确定权益工具的公允价值。

首发问题解答中罗列了以下确定股份支付公允价值的具体方法。

1. 近期合理的 PE 入股价格

近期入股价格，一般指股份授予日前后 6 个月的 PE（private equity，私募股权投资）入股价格。近期存在多次 PE 入股的，原则上需要使用其中的最高价格。

2. 市盈率或市净率水平

实务中主要参考同行业同期的并购重组市盈率或市净率水平。根据统计，目前不同行业的并购市盈率水平在 8~15 倍。对于计算市盈率所使用的利润期间，一般要综合考虑实施股份支付的前一年、当年以及下一年的利润水平，以避免因前后相关期间利润差异过大而导致公允价值并不真正公允的情况。

3. 采用恰当的估值技术确定公允价值

采用恰当的估值技术确定公允价值，一般指聘请专业评估机构，使用收益现值法对授予日时点的 IPO 公司的公允价值进行评估。绝大部分 IPO 公司的业绩都具有明显增长预期，故一般不能按照成本法评估净资产价值或直接使用账面净资产等显失公允的方法。

IPO 公司应在综合分析各类估值方法的基础上，合理确定股份支付相关权益工具的公允价值。参照公允价值的不同计量层次，基于会计方法的可控性原则，按优先顺序依次考虑 PE 入股价格、同行业的并购市盈率或市净率、使用收益现值法进行评估等估值方法。

5.2.2.2 实际控制人提供无息借款对公允价值的影响

在实务中，被激励对象的出资款或股权受让款，存在由实际控制人通过无息借款提供资金支持的情况，如果将未来归还本金按市场同期借款利率进行折现，实际上进一步降低了被激励对象支付的股份成本，从而进一步加大了股份支付相关权益工具的公允价值。

实际控制人无息借款实质上也是构成股份支付相关权益工具的内容，同样需要确认其公允价值并进行股份支付处理。

5.2.2.3 案例：实际控制人凌玮科技提供无息借款

凌玮科技⊖是创业板 IPO 公司，报告期内存在多次实际控制人向员工提供无息借款，用于员工购入因股权激励而授予的股份的情况。以下是有代表性的一次激励行为：2019 年 4 月，实际控制人将持有的凌玮科技的部分股份按 5 元 / 股转让给激励对象，参照最近一次外部投资（2019 年 10 月的增资入股，9.13 元 / 股）作为公允价值。部分激励对象向实际控制人按 1.4 元 / 股无息借入款项用于此次受让股份，共涉及激励股数 23 万股。借款未约定利率，未约定还款期限，但出借人可随时提前 3 日书面通知借款人要求其还款，借款人应在收到书面通知之日起 10 日内归还借款。

假设从借款起始日至 2030 年底作为测算期限，按银行同期五年以上贷款基准利率 4.90％ 作为折现率，按借款时点至假设借款存续期 2030 年末之间的时间为折现期，公司将上述无息借款进行了股份支付处理。股份支付费用的具体情况如表 5-1 所示。

表5-1 凌玮科技股份支付费用的计算过程

激励股数（万股）	每股受让价格（元）	每股借款金额（元）	实际入股价格（元）	每股公允价值（元）	每股确认股份支付（元）	股份支付总额（万元）
23	5	1.4	4.4	9.13	4.7313	108.82

⊖ 凌玮科技全称广州凌玮科技股份有限公司。本章关于凌玮科技的相关表述和分析所依据的资料来源于其在创业板发行上市审核信息公开网站（http://listing.szse.cn/）公布的招股说明书和相关审核问询函的回复。

实际控制人提供的无息借款金额 1.4 元 / 股，折成现值后为 0.8 元 / 股，差额 0.6 元 / 股为对名义受让价格的抵减。5 元 / 股的名义价格抵减 0.6 元 / 股，实际入股价格为 4.4 元 / 股，其与公允价值 9.13 元 / 股的差额为 4.73 元 / 股，此即为每股应确认的股份支付费用。激励股数 23 万股共需确认股份支付费用 108.82 万元。

综合股份支付情况，本次员工低价受让股份的权益工具中，同时嵌入了一个无息借款的权益工具，无息借款的公允价值等于按市场利率进行的利息折现值，计入公司本次股份支付的总费用。

5.2.3 计量方式的确认

根据首发问题解答中关于股份支付计量方式的规定，IPO 实务中的相关处理已经比较明确，但 2021 年 5 月财政部发布的《股份支付准则应用案例——以首次公开募股成功为可行权条件》，对 IPO 股份支付中久已存在的"隐形"等待期问题的认定是一个转折点，它对计量方式产生了重大影响。

5.2.3.1 首发问题解答的规定和实务倾向

首发问题解答对计量方式的规定，包括一次性确认和分摊确认两种方式：确认股份支付费用时，对增资或受让的股份立即授予或转让完成且没有明确约定服务期等限制条件的，原则上应当一次性计入发生当期，并作为偶发事项计入非经常性损益；对约定服务期的股份支付，股份支付费用应采用恰当的方法在服务期内进行分摊，并计入经常性损益。

首发问题解答中"没有明确约定服务期"的情况在实务中存在较大

的争议，根源在于服务期、锁定期和等待期的关系未能厘清。股份支付授予日至可行权日的期间为等待期，股份支付费用应在等待期内进行分摊。如果 IPO 公司约定了员工的可行权条件应满足一定的服务期，那么员工须满足的服务期通常就属于等待期。

在实务中，IPO 公司往往没有和被激励员工在劳动合同层面约定明确的服务期，但出于约束和激励员工的目的，一般都会约定一定期限的股份锁定条款：在锁定期内员工一般不能出售股份，由于离职等原因需要退出持股的，也只能按低于市价的价格向实际控制人或约定的第三方转让股份。锁定期可能是固定的期间，也可能是以上市成功为条件的非固定期间。锁定条款体现出公司希望员工满足一定服务期的本质，但形式上又不是明确的基于劳动关系的服务期，故在实务中出现两种处理方式：一种是将锁定期视同"隐形"服务期，并对非固定的锁定期进行合理估计，锁定期作为员工的服务期，按设定服务期的股份支付的原则进行处理；另一种则认为锁定期并不是服务期，或者以上市为条件的锁定期并不是可以计量的服务期，在上述"没有明确约定服务期"的情况下，应按股份支付一次性计入费用并计入非经常性损益的原则处理。

两种方式比较，一次性处理的方法不涉及分期，一次性计入损益只影响授予日期间的利润，且可以作为非经常性损益扣除，总体上比分期计入损益对报告期业绩的影响小。另外，由于分期本身存在较大的主观调节空间，故从 IPO 会计方法的角度，一次性确认是更具有可控性的方法。

综上所述，通过在股权激励制度中不明确规定员工的服务期，进而选择在授予日一次性确认股份支付费用，是大部分 IPO 公司更倾向的选择。

5.2.3.2 财政部公布的应用案例及其结论导向

《股份支付准则应用案例——以首次公开募股成功为可行权条件》中列举了一个案例：甲公司实际控制人设立员工持股平台（有限合伙企业）以实施一项股权激励计划……甲公司员工作为该持股平台的有限合伙人以约定价格（认购价）认购持股平台份额，从而间接持有甲公司股份。该股权激励计划及合伙协议未对员工的具体服务期限做出专门约定，但明确约定如果自授予日至甲公司成功完成首次公开募股时员工主动离职，员工不得继续持有持股平台份额，实际控制人将以自有资金按照员工认购价回购员工持有的持股平台份额。

该应用案例的结论为：该约定表明，公司员工须完成规定的服务期限，服务至公司成功首次公开募股后，方可从股权激励计划中获益，属于可行权条件中的服务期限条件，而公司成功完成首次公开募股属于可行权条件中业绩条件的非市场条件。公司应当合理估计未来成功完成首次公开募股的可能性及完成时点，将授予日至该时点的期间作为等待期，并在等待期内每个资产负债表日对预计可行权数量做出估计，确认相应的股权激励费用。

该应用案例的权威意见，扫除了 IPO 实务中的两个模糊地带：一是锁定期应该在实质上认定为服务期；二是服务期以上市为行权条件的，应当合理估计成功上市的可能性及完成时点。凡是进行 IPO 申报的企业，一定认为自己是基本能够成功上市的，所以在实务中不应再有以无法估计上市事项为理由的不确认服务期的问题。

《股份支付准则应用案例》发布之后，对将锁定期视为"没有明确约定服务期"的原股份支付处理产生了重大影响，很多 IPO 公司主动或被动地进行了将一次性处理调整为分期摊销的差错更正。

5.2.3.3 案例：唯捷创芯对股份支付计量方法进行更正

唯捷创芯[①]是科创板 IPO 公司，在财政部发布《股份支付准则应用案例》之后，结合该文件，对报告期内股权激励业务，由在授予日一次性确认股份支付费用，更正为在等待期内每个资产负债表日按照授予日公司股份的公允价值分摊确认，并将各期确认的股份支付费用认定为经常性损益。

1. 股份支付更正的具体情况

唯捷创芯对股份支付采用追溯重述法进行了更正，具体情况如表 5-2 所示。

表 5-2 唯捷创芯股份支付更正情况

项目	2021 年 7 月~2025 年	2021 年 1~6 月	2020 年	2019 年	2018 年
更正后股份支付费用（万元）	44 949.97	21 959.48	15 390.02	3 804.75	1 094.52
更正前股份支付费用（万元）	—	—	74 356.42	—	12 842.32
归属于母公司净利润的更正金额（万元）	—	-21 959.48	58 966.40	-3 804.75	11 747.80
更正金额占首次申报净利润的比例	—	-98.10%	-88.35%	-472.44%	-77.63%

（1）更正之前的情况。

首次申报时股份支付会计处理情况：根据员工持股平台合伙协议中对员工（有限合伙人）离职退出的约定，首次申报时，唯捷创芯基于激

[①] 唯捷创芯全称唯捷创芯（天津）电子技术股份有限公司。本章关于唯捷创芯的相关表述和分析所依据的资料来源于其在科创板发行上市审核信息公开网站（http://star.sse.com.cn/renewal/）公布的招股说明书和相关审核问询函的回复。

励对象间接获授股份后即已获得一定收益，以及合伙协议未明确约定合伙人服务期限的情况，对股权激励相关的股份支付费用一次性计入发生当期，作为非经常性损益列报。

（2）本次更正的情况。

唯捷创芯通过员工持股平台实施股权激励，持股平台的普通合伙人为实际控制人，员工作为有限合伙人在入伙后，实际约定的禁售期为上市之日起36个月。在非负面情形下，经与唯捷创芯协商一致终止劳动关系的，可依合伙协议等的约定，由普通合伙人或其指定的第三人按约定的价格回购其持有的财产份额并退出；根据唯捷创芯是否完成上市，分别以每股净资产、二级市场股票价格作为回购价格。其中，唯捷创芯上市后合伙企业持股锁定期未届满的，可按二级市场价格兑现间接持股收益的50%。

唯捷创芯认为，经管理层审慎评估，本次股权激励与财政部发布的《股份支付准则应用案例》中的案例情况实质上相同：持股平台的有限合伙人须服务至公司完成上市及员工持股平台所持股份锁定期届满日，方可获得间接持股的完整收益；本次股权激励为包含服务期限条件的股份支付，存在实质等待期。

（3）对差错更正性质的认定。

唯捷创芯上述股份支付更正事项属于特殊会计判断事项，对公司日常经营不构成直接影响；本次股份支付确认方式的更正主要是公司基于审慎原则，结合财政部2021年5月发布的应用案例的要求所致，并非因公司会计基础薄弱、内控重大缺陷、盈余操纵、未及时进行审计调整的重大会计核算疏漏、滥用会计政策或会计估计，以及恶意隐瞒或舞弊行为所致。

2. 对计量方式更正事项的总结

结合财政部发布的案例，我们从唯捷创芯的案例可以总结出以下几点。

（1）尽管案例中举例说明的是已授予股份只能由实际控制人平价回购的情况，但实务中只要已授予股份在约定的持股期内不能以公允价值自由转让，就很可能存在锁定期，而锁定期的实质即为员工服务期和行权等待期。

（2）变更为分期处理之后，唯捷创芯在最后一次资产负债表日直至2025年的几个会计年度还需要负担大量的股份支付费用，更说明分期处理对财务报表的总体影响更为重大。上述差错更正的实质是基于会计方法的正确性，同时也增加了各期业绩的不可控因素。

（3）唯捷创芯将上述股份支付更正认定为特殊会计判断事项，原则上不受申报后差错更正超过首次申报净利润或净资产20%的限制。该项更正对报告期内业绩影响巨大，2019年甚至更正比例高达-472.44%[⊖]。但唯捷创芯使用"预计市值不低于人民币30亿元，且最近一年营业收入不低于人民币3亿元"的上市标准，利润高低并不影响其持续满足上市条件。

⊖ 作者根据招股书中的数据计算得出。

第 6 章

IPO 内部控制的框架、要点和缺陷

6.1　IPO 内部控制的框架和要点

6.2　IPO 视角下的内部控制缺陷

6.1 IPO 内部控制的框架和要点

首发办法关于 IPO 公司内部控制（简称内控）的发行条件包括"发行人会计基础工作规范""发行人有严格的资金管理制度""发行人的内部控制制度健全且被有效执行，能够合理保证财务报告的可靠性、生产经营的合法性、营运的效率与效果"三项，其中内部控制制度健全且被有效执行是总体框架要求，会计基础工作规范和资金管理制度属于内部控制制度框架之内需要特别强调的重要内容。

IPO 公司的内部控制建设，需要依据《企业内部控制基本规范》（财会［2008］7号）及《企业内部控制配套指引》的要求，围绕着首发办法发行条件中的上述三项内容来开展。

6.1.1 会计基础工作规范

IPO 公司的会计基础工作，主要包括会计机构设置、会计核算和监督、内部会计管理等内容。会计基础工作规范是开展会计基础工作的基础标准，应该按照《会计基础工作规范》（财政部令 2019 年第 98 号）的要求实施。

以下是一个 IPO 公司全面对照《会计基础工作规范》披露其执行情况的案例。

九州风神[⊖]是创业板 IPO 公司，主营业务是电脑散热器为核心的

[⊖] 九州风神全称北京市九州风神科技股份有限公司。本章关于九州风神的相关表述和分析所依据的资料来源于其在创业板发行上市审核信息公开网站（http://listing.szse.cn/）公布的招股说明书和相关审核问询函的回复。

电脑硬件产品的研发、生产及销售。公司在 2020 年 9 月申报创业板，2022 年 3 月未能通过上市委会议。审核过程中，交易所对公司进行了现场检查，发现其存在部分记账凭证后无原始凭证附件、审计调整未及时入账等会计规范问题，并要求公司说明会计基础工作规范性情况，以及是否符合创业板上市条件。

九州风神在对现场检查发现的问题进行问询回复中，按照《会计基础工作规范》的要求，全面对比了公司的会计基础工作，具体情况如表 6-1 所示。

经过与《会计基础工作规范》全面对比核查，九州风神发现存在两项会计基础工作缺陷：一项是部分超过规定权限的款项支出未履行审批程序，不符合"对审批手续不全的财务收支，应当退回，要求补充、更正"的规定；另一项是公司部分记账凭证后无原始凭证附件，不符合"除结账和更正错误的记账凭证可以不附原始凭证外，其他记账凭证必须附有原始凭证"的规定。

在 IPO 实务中，类似九州风神存在的记账凭证瑕疵并不是违反《会计基础工作规范》的主要问题。IPO 公司在审核中被质疑的重点常是会计机构的不相容职务设置、频繁的会计差错更正、资金管理的不合规、会计方法不符合会计准则规定、收入确认依据不充分等，是直接与会计处理和资金管理相关的会计规范性问题。

表6-1 九州风神的会计基础工作

项目	规范要求	执行情况
总体要求	各单位应当依据有关法律、法规和本规范的规定,加强会计基础工作,严格执行会计法规制度,保证会计工作依法有序地进行	公司已依据会计法、企业会计准则的要求,制定各项会计政策和财务管理制度并颁布执行
	单位领导人对本单位的会计基础工作负有领导责任	公司已明确法定代表人为会计基础工作的第一责任人
会计机构和会计人员	会计机构设置和会计人员配备	公司已为各主体设置会计机构并配备必要的会计人员,包括财务总监、财务经理、总账会计、成本会计、出纳及其他会计人员
	会计人员职业道德	公司已向各级会计人员强调要遵守职业道德的要求,爱岗敬业
	会计工作交接	公司规定财务人员在工作调动或因故离职时必须办理工作交接,交接工作未完成前不得办理调动或离职
会计核算	会计核算的一般要求	公司已按会计法等相关规定建立会计账册,进行会计核算;公司以人民币为记账本位币,按实际发生的经济业务为依据,根据企业会计准则的规定进行会计处理,及时编制财务报表及附注
	填制会计凭证	公司依据合法、合规的原始凭证,按经济业务实质填制会计凭证,记账凭证内容和要素齐全并连续编号,制单、审核等各相关人员已在凭证上打印确认,凭证装订和保管符合规定
	登记会计账簿	公司使用财务软件进行财务记账工作,统一设置总账和各明细账,对于现金和银行日记账做到日清月结。期末对会计账簿记录的有关数字与实物、往来单位进行相互核对,以保证账账、账证、账实相符;公司已依据企业会计准则为各期末定期结账并及时编制财务报表和附注
会计监督	各单位的会计机构、会计人员对本单位的经济活动进行会计监督	公司已制定符合实际情况的财务监督制度,对包括原始凭证、会计账簿、实物资产、财务收支等经济事项进行全面监督
内部会计管理制度	各单位应当根据《中华人民共和国会计法》和国家统一会计制度的规定,结合单位类型和内容管理的需要,建立健全相应的内部会计管理制度	公司已建立一整套内部会计管理制度,包括内部管理体系、会计人员岗位责任制度、账务处理程序及内部审计制度等

6.1.2 严格的资金管理制度

IPO 公司资金管理包括的主要内容为：资金的账户管理，主要目标是确保使用自行开立的公司银行账户，既不使用个人账户或其他第三方账户进行资金收付，也不向第三方出借银行账户；资金的收支管理，主要目标是确保资金收支和销售、采购、发放薪酬、投融资等不同业务的业务流转完全匹配；资金的安全管理，主要目标是通过设计以不相容职务分离为重点的内部牵制制度，确保账实相符和资金安全；资金不被占用的管理，主要目标是确保资金不得被控股股东、实际控制人及其控制的其他企业以借款、代偿债务、代垫款项或者其他方式占用。

IPO 公司资金管理中常见的规范性问题，在证监会首发问题问答、上交所科创板审核问答、深交所创业板审核问答以及北交所规则指引中均有明确的列举，主要涉及"转贷"、虚开商业票据、资金拆借、第三方代收款、使用个人账户等财务内部控制不规范行为，以及不必要、不合理的第三方回款、现金交易等内部控制不规范行为。对于上述列举事项，中介机构均需要进行专项核查，并对是否存在财务内部控制不规范情形，是否影响 IPO 公司内部控制的健全和有效性发表明确意见。

前面列举的资金管理不规范事项，在性质上可以为两类：一类是资金使用违反国家法律法规的行为，如"转贷"、虚开商业票据等；另一类是内部资金管理存在的不规范行为，如第三方代收款、第三方回款等，主要体现为资金收支与业务相关匹配的不规范。

6.1.2.1 财务内部控制不规范情形

证监会首发问题解答第 41 问所列举的不规范情形，与创业板审核问答完全一致;关于"转贷"的规定与北交所规则指引一致,其他事项,北交所规则指引未予以列举。证监会首发问题解答与科创板审核问答关于财务内部控制不规范的比较如表6-2所示。

表6-2 证监会首发问题解答与科创板审核问答关于财务内部控制不规范的比较

列举项目	证监会首发问题解答的规定	科创板审核问答的差异
"转贷"	为满足贷款银行受托支付要求,在无真实业务支持情况下,通过供应商等取得银行贷款或为客户提供银行贷款资金走账通道(简称"转贷"行为)。连续12个月内银行贷款受托支付累计金额与相关采购或销售(同一交易对手或同一业务)累计金额是否基本一致或匹配,是否属于"转贷"行为	无连续12个月内银行贷款受托支付累计金额与相关采购或销售累计金额基本一致或匹配情况下的例外
虚开商业票据	向关联方或供应商开具无真实交易背景的商业票据,通过票据贴现后获取银行融资	一致
资金拆借	与关联方或第三方直接进行资金拆借	一致
第三方代收货款	通过关联方或第三方代收货款。发行人的对外销售结算应自主独立,内销业务通常不应通过关联方或第三方代收货款,外销业务如因外部特殊原因确有必要通过关联方或第三方代收货款的,应能够充分提供合理性证据	外销业务如确有必要通过关联方或第三方代收货款且能够充分提供合理性证据的,最近一年(期)收款金额原则上不应超过当年营业收入的30%
使用个人账户	利用个人账户对外收付款项	一致
出借账户	出借公司账户为他人收付款项	一致
违反内部资金管理规定	违反内部资金管理规定对外支付大额款项、大额现金借支和还款、挪用资金等重大不规范情形	未规定

由表6-2可见,根据首发问题解答的规定,"转贷"情况下,若连续12个月内银行贷款受托支付累计金额与相关采购或销售累计金额基本一致或匹配,经论证后可以认定不属于"转贷"。科创板的"转贷"认定中并未规定该例外事项;第三方代收货款中,首发问题解答和科创

板规定均将外销业务作为例外事项，但科创板规定了不应超过当年营业收入的 30% 的定量标准。外销业务的第三方代收货款，主要是某些外贸客户所在国家受国际制裁或国内外汇管制，外汇直接支付存在一定障碍，有些外汇款项只能通过第三方来中转支付。

6.1.2.2　不符合内部控制要求的现金交易

证监会首发问题解答第 42 问规定，现金交易在同时符合五项条件时才属于规范的情形，除此之外都属于不规范的情形。科创板审核问答和创业板审核问答均未对现金交易进行规定。证监会首发问题解答和北交所规则指引中关于现金交易的规定比较如表 6-3 所示。

表6-3　证监会首发问题解答和北交所规则指引中关于现金交易的规定比较

现金交易	证监会首发问题解答规定	北交所规则指引的差异
不同时符合五项条件的，属于不规范的现金交易	现金交易情形符合行业经营特点或经营模式	现金使用依法合规
	现金交易的客户或供应商不是关联方	一致
	现金交易具有可验证性，且不影响发行人内部控制有效性	一致
	现金交易比例及其变动情况整体处于合理范围内，近三年一期一般不超过同行业平均水平或与类似公司不存在重大差异（如能获取可比数据）	一致
	现金管理制度与业务模式匹配且执行有效	一致

现金交易情形符合行业经营特点或经营模式，是强调 IPO 公司的现金交易必须具有必要性与合理性，只有与业务特征相符，与同行业或类似公司的现状、趋势相符，才能够论证出必要性和合理性；现金交易的可验证性，是指与销售、采购相关的现金交易内部控制的完备性、合理性与执行有效性。严格来说，由于现金收支无法留下客观的痕迹，相关交易的真实性是无法绝对验证的，只能通过合理性分析以及内部控制的

健全有效性来予以间接证实；现金管理制度与业务模式匹配且执行有效，是对现金管理模式的要求。例如，企业与个人消费者发生的商业零售等现金收入通常能够在当日或次日缴存公司开户银行，企业与单位机构发生的现金交易仅限于必要的零星小额收支。

北交所规则指引强调的现金使用依法合规，具体是指 IPO 公司的银行取现和存现、现金收支、现金备用金等现金交易均应符合国务院《现金管理暂行条例》和《现金管理暂行条例实施细则》的规定。

以下是一个餐饮连锁 IPO 公司现金使用的案例。

老乡鸡[⊖]是主板 IPO 公司，主要从事中式快餐服务，产品主要通过直营门店进行销售，虽然支付宝、微信等电子支付方式已普及，但由于行业特性，公司仍不可避免存在现金收取营业款的情况。报告期内三年，公司现金收款占营业收入的比重分别为 15.48%、7.07% 和 4.80%，呈逐年下降趋势。公司对于现金的主要内部控制措施包括：各门店在营业大厅、收银台等主要的经营场所安装了摄像头，监督顾客买单和收银员收银情况；对于现金营业款，门店不得坐支收取的所有款项，每周直营门店安排专人到银行将前一周现金收入的营业款存现到专用账户。

从该案例可以看出，快餐业务收取现金肯定符合行业经营特点，且现金收款比例在支付宝、微信等电子支付方式普及的背景下呈逐年下降趋势，最后一年已下降至 5% 以内。现金管理模式上，门店不得坐支现金且每周定期缴存至银行账户，除缴存频率似乎较低之外，与业务模式较为匹配。

⊖ 老乡鸡全称安徽老乡鸡餐饮股份有限公司。本章关于老乡鸡的相关表述和分析所依据的资料来源于其在证监会官网（http://www.csrc.gov.cn/）公布的招股说明书。

6.1.2.3 不符合内部控制要求的第三方回款

第三方回款,通常是指发行人收到的销售回款的支付方(如银行汇款的汇款方、银行承兑汇票或商业承兑汇票的出票方或背书转让方)与签订经济合同的往来客户(或实际交易对手)不一致的情况。证监会首发问题问答第43问规定,第三方回款在同时符合五项条件时才属于规范的情形,除此之外都属于不规范的情形。证监会首发问题解答和创业板审核问答、北交所规则指引完全一致。证监会首发问题解答和科创板审核问答关于第三方回款规定的比较如表6-4所示。

表6-4 证监会首发问题解答和科创板审核问答关于第三方回款规定的比较

第三方回款	证监会首发问题解答规定		科创板审核问答的差异
	第三方回款特征	列举的例外事项	
不同时符合五项条件的,属于不规范的第三方回款	与自身经营模式相关,符合行业经营特点,具有必要性和合理性	客户为个体工商户或自然人,其通过家庭约定由直系亲属代为支付货款	一致
		客户为自然人控制的企业,该企业的法定代表人、实际控制人代为支付货款	一致
		客户所属集团通过集团财务公司或指定相关公司代客户统一对外付款	一致
		政府采购项目指定财政部门或专门部门统一付款	一致
		通过应收账款保理、供应链物流等合规方式或渠道完成付款	一致
		境外客户指定付款	未列举
	第三方回款的付款方不是发行人的关联方	—	一致
	第三方回款与相关销售收入勾稽一致,具有可验证性	—	一致
	能够合理区分不同类别的第三方回款,相关金额及比例处于合理可控范围	—	最近一期通常不高于当期收入的15%

外销业务的境外客户指定付款，与前述外销业务第三方代收款的背景基本一致。经核查无异常的境外客户指定付款，证监会首发问题解答中将其作为具有必要性、合理性的例外事项，但科创板审核问答未将此作为例外事项，且对于包括该事项在内的全部不规范的第三方回款，规定了最近一期通常不高于当期收入的 15% 的定量标准。

6.1.3 内部控制健全且被有效执行

企业内部控制制度可以分为企业层面的内部控制和业务层面的内部控制。企业层面的内部控制主要包括治理结构和组织架构、公司文化和人力资源政策、风险识别及应对等；业务层面的内部控制是企业针对主要业务循环，通过一系列重要的内部控制活动所建立的一整套业务内部控制机制。

企业内部控制制度还可以分为财务报告内部控制和非财务报告内部控制。一般认为，财务报告内部控制的主要目标是为了保证财务报告的可靠性，非财务报告内部控制的主要目标则是为了保持生产经营的合法性、营运的效率与效果。

6.1.3.1 全面内部控制体系建设

从首发办法的要求可以看出，IPO 公司的内部控制既包括企业层面，又包括业务层面的内部控制，既包括财务报告内部控制，又包括非财务报告内部控制。IPO 公司需要建设的是全面的内部控制体系。

以下是一个披露了全面内部控制体系的 IPO 案例。

唯特偶○是创业板 IPO 公司，其主营业务为微电子焊接材料的研发、生产及销售。公司在 2021 年 3 月申报创业板，2022 年 3 月通过上市委会议。IPO 审核过程中深交所对公司进行了现场检查，在对会计师执业质量提出的问题中，强调会计师对公司与财务报告不直接相关的内部控制规范情况的合理关注不足。公司存在的非财务报告内部控制缺陷主要包括：未对内部控制制度进行全面、系统的梳理汇编；未按照内部审计制度要求设置专门的内审部并配备专职人员，审计委员会、内审部未严格按制度要求每季度报告工作，内审部日常工作开展不到位；董事会办公室未配备内审专职人员。

在对现场检查问题进行反馈回复时，唯特偶已全面、系统地对现有内部控制制度进行了梳理汇编，并形成了内部控制手册。表 6-5 披露了其整改后的全面内部控制体系。

在全面内部控制体系下，尤其是在实际控制人"一股独大"的 IPO 公司中，企业层面的内部控制很大程度上是由实际运行的治理结构和实际控制人的管理风格所决定的，企业层面的制度往往是"形而上"的。相对而言，业务层面的制度是相对具体的，是有明确的标准和可操作性的，是"形而下"的。

6.1.3.2 业务层面的内部控制

业务层面的内部控制是企业针对主要业务循环，通过一系列重要的内部控制活动所建立的一整套业务内部控制制度。主要业务循环包括销售业务、采购业务、生产业务和研发业务。重要的内部控制活动包括授

○ 唯特偶全称深圳市唯特偶新材料股份有限公司。本章关于唯特偶的相关表述和分析所依据的资料来源于其在创业板发行上市审核信息公开网站（http://listing.szse.cn/）公布的招股说明书和相关审核问询函的回复。

权和审批控制、表单和台账控制、会计系统控制以及信息系统控制。

表6-5 唯特偶的全面内部控制体系

控制要素	控制目标	内部控制制度
一、环境控制	不断完善治理结构，确保股东大会、董事会和监事会等机构的合法运作和科学决策；逐步建立有效的激励约束机制，树立风险防范意识，培育良好的企业精神和企业文化，调动广大员工的积极性，创造全体员工充分了解并履行职责的环境	《股东大会议事规则》《董事会议事规则》等公司治理层面的内部控制制度，共7项
	明确界定各部门、各岗位的目标、职责和权限、建立相应的授权、检查和逐级问责制度，确保其在授权范围内履行职能；不断完善设立控制架构，并制定各层级之间的控制程序，保证董事会及高级管理人员下达的指令能够被认真执行	《总经理工作细则》《董事会秘书工作细则》《员工手册》《组织架构图及各部门职能分工》
二、业务控制	包括销货及回款循环、采购及付款循环、生产循环、固定资产循环、货币资金循环、关联交易循环、融资循环、投资循环、研发循环、人事管理循环，还包括印章使用管理、票据领用管理、预算管理、资产管理，以及职务授权及代理制度、重大信息的内部报告制度等各项管理制度	《订单评审与管理》《采购控制程序》《成品仓库管理办法》《产品开发和研发过程控制程序》《预算管理制度（试行版）》等共28项业务层面的内部制度
三、会计系统控制	加强会计核算、内部控制和财务管理行为，保证会计信息质量，防范财务风险，提高公司经济效益，维护股东权益	《财务管理制度汇编》
四、电子信息系统控制	保证公司内部局域网和对外互联网能够安全可靠地运行，充分发挥信息服务方面的重要作用	《网络信息安全制度》
五、信息传递控制	制定公司内部信息和外部信息管理政策，确保信息能够准确传递，确保董事会、监事会、高级管理人员及内部审计部门及时了解公司的经营和风险状况，确保各类风险隐患和内部控制缺陷得到妥善处理	《会议管理制度》
六、内部审计控制	全面实行内部控制，并随时检查，以应对公司内外环境的变化，确保内部控制制度有效运行；采取培训、宣传、监督、稽核等措施，要求全体员工认真执行内部控制制度	《内部控制管理制度》
	完善相关部门之间、岗位之间的制衡和监督机制，并由审计部负责监督检查	《内部审计制度》

1. 重要的内部控制活动

（1）授权和审批控制。

企业通过业务授权让各部门及各岗位获得相应的权限，是开展业务的基础。对于某项业务或者某项业务的不同业务节点，授权分类可能依次包括提出权、审核权、审批权、执行权、记录权和检查权。不同权限通过不相容职务分离的原则来实现必要的内部牵制。

不相容职务分离的原则包括以下几个方面：一是各职能部门和部门内不同岗位相对独立，各司其职，部门或岗位的工作必须与其他部门或岗位的工作相一致或相联系，并受其监督和制约；二是业务的执行与审核、审批要分离，执行与记录、监督要分离；三是物资财产的保管、使用与记录要分离；四是在会计部门，出纳与记账要分离，总账与明细账、日记账的记录要分离。

表6-6所列示的是部分IPO公司在现场检查或现场督导中被监管部门指出的部分不相容职务分离的内部控制缺陷。

表6-6 不相容职务分离的内控缺陷

业务部门	具体不相容职务的缺陷情况
会计部门	发行人存在出纳编制会计凭证的情形，会计人员存在从事出纳工作的情形，会计与出纳岗位存在混同
	存在会计凭证制单人与审核人为同一人的情形
销售部门	销售订单的制单人与审批人为同一人，销售出库单的制单人与签字人（即实际出库操作人）为同一人
采购部门	采购订单制单人与审批人为同一人，采购入库单的制单人与审批人为同一人

业务的授权体系中，审核和审批是关键的控制环节，审核一般是指技术部门、质量控制部门、法务和财务部门等在专业层面的审核，审批指董事会、总经理、部门经理等不同层级的行政审批。IPO公司要针对

不同业务循环，根据交易事项的性质、交易金额的大小、交易风险的高低等不同标准建立审核、审批的权限指引，并严格按权限指引进行业务的审核、审批作业。

（2）表单和台账控制。

业务表单是业务流程的主要载体。表单的基本要求为：表单信息要素齐全，表单的联数设计合理，表单之间的索引信息明确，表单需要连续编号；业务表单上的经办、审核和审批能够体现业务流程中的主要控制点，不同表单上的信息能够在部门和岗位间传递业务信息并实现核对勾稽；业务表单必须妥善归档保存，以作为业务发生的留痕证据。

对于重要的业务，除业务表单控制外，还需要使用台账来进行控制。常见的台账包括销售台账、采购台账、仓库收发存台账等业务台账，以及合同台账、发票台账、应收票据台账、固定资产台账等专项台账。台账要以业务表单为依据，并可以和财务账表相互勾稽，形成内部牵制。台账也是印证财务真实性的重要资料。

（3）会计系统控制。

会计系统控制是通过会计的核算和监督系统进行的控制。会计系统控制的核心是通过会计部门的岗位设置和账务处理规则，确保业务数据及时、完整地传递到会计系统，并按相关会计准则的规定进行财务处理，生成公允、无重大差错的财务报表。

（4）信息系统控制。

在实务中，企业业财融合的理念和实践已经非常普及，大部分上市公司的信息化水平早已由会计电算化阶段过渡到ERP阶段。广义的ERP既包括业务实施和财务核算高度一体化的信息系统，又包括仅在主要业务层面应用的信息系统，即业务系统ERP生成的数据通过人工操作和会计电算化系统进行衔接，并实现基础明细数据的共享。

IPO 公司在报告期内必须建立相对完善的 ERP 系统，主要出自如下考虑：一是信息系统可以有效地通过系统固化流程节点及对应操作人员的权限来固化内部控制活动，降低不遵守流程的内部控制风险；二是信息系统可以长期、完整地保留内部的业务单据及业务信息，不会出现手工环境下常见的保管不善问题；三是信息系统可以提供多角度、多层次的财务和业务数据，而这能够为 IPO 问询中涉及的颗粒度非常精细的数据提供必要的来源保障。

2. 主要业务循环

销售业务、采购业务、生产业务、研发业务，是最为常见的业务循环。业务循环和常见的主要业务节点如表 6-7 所示。

表6-7 业务循环和常见的主要业务节点

主要业务循环	主要业务节点
销售业务	合同评审、合同签订、产品出库、物流运输、签收验收、开具发票、收到款项、财务处理
采购业务	请购申请、询价、采购合同签订、质检入库、收到发票、支付货款、财务处理
生产业务	制订生产计划、生成材料领用信息、材料领用、半成品入库、产成品入库、存货盘点、财务记账
研发业务	项目立项、过程管理、人财物管理、项目结项、财务记账

业务节点的主要控制活动可以总结为：根据不相容职务分离的原则，对业务节点涉及的不同部门和岗位进行业务授权，通过业务的发起、审核、审批和单据传递进行业务执行，并以台账和财务账进行业务记录。

下面通过 IPO 实务中的具体案例，来说明主要业务循环的主要控制活动和常见的问询披露要求。

（1）销售业务。

中车电气[一]是科创板 IPO 公司，主营业务为轨道交通装备产品的研发、设计、制造、销售及相关服务。在交易所问询回复中，中车电气披露了销售业务的内部控制制度，具体如下：公司建立了一套完整、有效的销售内部控制体系，制定了《销售业务和应收账款管理办法》《销售回款奖惩管理办法》《销售合同评审与签订管理流程》《客户信用额度管理流程》等制度流程文件，以规范销售业务的开展，明确相关部门和岗位的职责、权限，确保不相容岗位相互分离、制约和监督。中车电气具体销售流程涉及的内部控制措施如表 6-8 所示。

（2）采购业务。

阿莱德[二]是创业板 IPO 公司，主营业务为高分子材料通信设备的研发、生产和销售。公司于 2020 年 7 月申报创业板，于 2021 年 5 月通过上市委会议。IPO 过程中其保荐机构被交易所进行了现场督导。在对交易所提出的现场督导问题进行回复中，阿莱德披露了采购的内部控制制度。

阿莱德针对采购循环设计并建立了《采购控制程序》《供应商考核管理规定》《供应商管理程序》及《仓库作业管理规定》等内部控制制度。阿莱德采购业务通过金蝶云 ERP 系统对供应链进行流程管理，各部门根据采购流程相关制度要求及权限执行。阿莱德具体采购流程涉及的内部控制措施如表 6-9 所示。

[一] 中车电气全称株洲中车时代电气股份有限公司。本章关于中车电气的相关表述和分析所依据的资料来源于其在科创板发行上市审核信息公开网站（http://star.sse.com.cn/renewal/）公布的招股说明书和相关审核问询函的回复。

[二] 阿莱德全称上海阿莱德实业股份有限公司。本章关于阿莱德的相关表述和分析所依据的资料来源于其在创业板发行上市审核信息公开网站（http://listing.szse.cn/）公布的招股说明书和相关审核问询函的回复。

表6-8 中车电气的销售内部控制措施

序号	主要节点	主要控制活动
1	合同评审和识别	各事业部业务员负责合同的编写和录入,各事业部负责组织技术中心、制造中心、物流中心、财务部及相关部门进行合同评审与合同谈判,财务部专员评估和考核合同各要素,并经财务部主管复核
2	合同签订	销售合同须经逐级审核,审核内容包括合同条款、合同定价等。合同必须有公司法定代表人或其授权的代理人的签字并加盖双方公章方能生效。合同签订后,事业部业务员将合同关键信息输入系统,并负责合同台账的创建、维护和更新,事业部销售主管负责台账的复核,检查合同、台账信息是否一致
3	建立销售订单	销售合同签订后,各事业部销售后勤在系统中创建销售订单,建立销售台账。事业部销售主管负责订单信息与合同信息的复核
4	产品发货	库房人员根据系统中的销售订单进行货物捡配,并创建销售出库单,经由库房管理人员、库房主管以及发货运输员签字确认,保卫部门凭经审核的销售出库单放行
5	发票开具	在开具发票前须取得开票申请审批表。各事业部销售助理将销售订单中开票产品的型号、数量与物流部门销售出库单、验收单据等信息进行核对,将合同单价与开票产品单价进行核对,制成开票申请审批表并完成发票预制,由授权签字人签字审批后下达销售核算人员开具增值税发票,并制作会计凭证
6	收入确认	收入确认需取得对方回复的验收单据,并将验收单据及时交给财务部门入账。对于提供维修服务的收入,财务部相关主管复核凭证及相关单据是否相符,是否和合同台账记录信息相符

注:由作者根据中车电气的问询回复内容整理而成。

(3)生产业务。

北农大①是创业板 IPO 公司,主营业务为蛋鸡饲料的研发、生产及销售,蛋鸡育种、扩繁及雏鸡销售。公司在 2020 年 9 月申报创业板,在 2022 年 3 月未通过上市委会议。IPO 过程中其保荐机构被交易所进

---

① 北农大全称北农大科技股份有限公司。本章关于北农大的相关表述和分析所依据的资料来源于其在创业板发行上市审核信息公开网站(http://listing.szse.cn)公布的招股说明书和相关审核问询函的回复。

行了现场督导。在对交易所提出的现场督导问题进行回复中,北农大披露了生产的内部控制制度。

表6-9 阿莱德的采购流程涉及的内部控制措施

序号	主要节点	主要控制活动
1	采购申请单	在正常生产经营活动中,需求部门根据采购需求先创建采购申请单,采购申请单由采购工程师负责审核
2	采购订单	在采购申请通过审核后,采购工程师根据需求部门提出的采购物料需求在合格供应商库中询价、比价,在采购作业所需的全部条款与供应商达成一致后,采购工程师会根据采购申请单创建采购订单。相关采购订单会依据不同部门和金额情况,由相关负责人员进行审核
3	收料通知单	在原材料采购收料环节,仓管员根据来料情况收料,并制作采购收料申请,报采购工程师进行审核。采购收料审核主要是对材料的品名、规格型号及数量等进行检查
4	检验单	在原材料检验环节,检验员根据检验情况对原材料出具检验单
5	采购入库单	2021年1月前,在采购入库环节,仓管员在原材料检验审批通过后,创建入库申请,并进行审批。公司已于2021年1月修正ERP系统中采购入库单的创建、审核等人员职责分工,由仓管员负责创建采购入库单,由采购人员对仓管员的操作进行审核
6	应付单	在材料验收入库后,采购工程师收到供应商提供的增值税专用发票,然后根据采购情况创建应付单,财务人员对应付单及发票进行审核
7	付款申请单	采购经办人员结合供应商付款条件,定期跟踪应付单到期情况,对到期应付单提出采购付款申请。相关人员根据公司付款审批权限审批后,由财务人员进行付款

注:根据阿莱德的问询回复内容整理而成。

北农大针对生产与仓储循环制定了各项内部控制制度。为保障制度的有效执行,公司针对关键节点均设计了相应的流程,并结合实务特点进行合理审批,在报告期内,生产与仓储的各项内部控制均得到了有效执行。北农大生产流程涉及的内部控制措施如表6-10所示。

表6-10　北农大的生产流程涉及的内部控制措施

序号	主要节点	主要控制活动
1	生产计划	生产部根据生产计划生成原料申请单，在ERP系统审批后生成原料出库单
2	原料出库	对领料日期、原料编码、名称、数量清晰列示，并由仓管员签字确认
3	半成品入库	对半成品的入库日期、物料名称、规格、数量等各项指标均清晰列示，并由仓管员签字确认
4	产成品入库	对产成品的入库日期、物料名称、规格、数量等各项指标均清晰列示，并由仓管员签字确认
5	存货盘点	每日清点库存，每月盘点
6	成本计算	对生产及结存成本进行计算并详细列示
7	存货减值测试	破损存货及时进行减值处理，每次存货盘点时确认库龄较长的存货是否处于有效期

注：根据北农大的问询回复内容整理而成。

（4）研发业务。

对于IPO公司的研发内部控制制度，科创板和创业板审核问答及北交所业务指引均提出了明确的要求，具体包括下述五点内容。

第一点，建立研发项目的跟踪管理系统，有效监控、记录各研发项目的进展情况，并合理评估技术上的可行性；对于存在开发支出资本化的项目，研发活动流程中研究阶段与开发阶段划分的依据应该完整、准确。

第二点，建立与研发项目相对应的人财物管理机制。

第三点，明确研发支出的范围和标准，并有效执行。

第四点，严格按照研发支出的用途、性质据实列支研发支出，与研发无关的费用不能在研发支出中核算。

第五点，建立研发支出审批程序。

上述要求可以分为两个方面。一方面是第一点所规定的从项目立项到结项的全流程跟踪管理,对项目研发过程中主要节点的划分、确认和进度控制均制定明确的规定。尤其是对于存在开发支出资本化的项目,研究阶段和开发阶段的划分、开发阶段的起止时点等必须有明确、客观的证据。另一方面是第二点至第五点所要求的与研发项目相关的人财物投入的管理,目的是保证研发投入核算的准确性和谨慎性。人财物分别指参与研发项目的人员、研发项目投入的资金,以及研发项目投入的厂房、设备和材料等实物资产。研发项目的人财物管理的内部控制要点如表 6-11 所示。

表6-11 研发项目人财物管理的内部控制要点

序号	项目	内部控制要点
1	人员投入	建立由下而上的工时统计系统,研发人员按日区分项目记录并上报工时。对于兼职研发人员,按日区分研发活动和非研发活动记录并上报工时
2	材料投入	建立与生产领料相隔离的研发领料系统,由研发人员按研发项目直接领用研发材料
3	折旧与摊销	专门用于研发的资产,按照研发项目工时占比或其他合理指标来分摊至各研发项目;研发、生产等混用的资产,按照研发工时和生产工时占比或其他合理指标进行分摊
4	直接报销的其他费用	以研发项目为起点建立费用申请和报销流程,将相关费用直接归集到对应的研发项目

禾信仪器○是科创板 IPO 公司,主营业务为质谱仪的自主研发、国产化及产业化。禾信仪器先后两次申报科创板 IPO,第一次于 2019 年 7 月终止,第二次于 2020 年 10 月申报,其间重点对内部控制制度进行了完善和整改。第二次申报后在交易所问询回复中,禾信仪器详细披露了研发业务的内部控制制度。

○ 禾信仪器全称广州禾信仪器股份有限公司。本章关于禾信仪器的相关表述和分析所依据的资料来源于其在科创板发行上市审核信息公开网站(http://star.sse.com.cn/renewal/)公布的招股说明书和相关审核问询函的回复。

禾信仪器建立了完善的研发管理体系，制定了《设计与控制程序》等体系文件，针对研发费用的内部控制要求，建立或修订了《项目立项管理制度》《研发项目技术评审制度》《物料管理制度》《研发中心工时管理制度》等与研发相关的一系列内部控制管理制度。从研发项目立项论证、计划管理、项目实施管理、质量管理、研发资料保密与成果保护、研发支出等核算管理方面均制定了一系列管理办法。对于具体研发流程的跟踪管理系统，涉及的内部控制措施如表6-12所示。

表6-12 禾信仪器的研发流程涉及的内部控制措施

序号	主要节点	主要控制活动
1	项目立项	各项工作由总经理或者研发总监指定项目负责人。《市场调研报告》和《立项分析报告》等立项材料准备充分后，项目负责人发起立项评审申请。研发办组织评审组对项目进行评审，评审组成员一般包含但不限于市场部、财务部、品管部、生产部及研发中心各部门的人员。立项评审通过后，组建项目团队，签发《立项申请书》，正式立项。项目正式立项后，研发办负责创建U8及工时系统项目账号
2	项目计划管理	项目负责人组织成员完成《需求分析报告》及《总体技术方案》，并根据《总体技术方案》输出《项目实施方案及计划》。原则上，《总体技术方案》评审通过后才允许采购及领用物料
3	项目实施管理	各专业小组按照《总体技术方案》的指导思路和设计约束进行各专业的方案设计和本专业的设计输出，流程依次为详细设计、原理样机试制及测试、原理样机评审、工程机评审、小批量验证（如有）、项目结项。当项目发生变更时，项目负责人需参照《研发中心项目变更管理制度》提出变更申请
4	项目结项	项目负责人要组织完成结项工作，设计资料、技术文档、过程管理资料提交归档，结余物料退仓，样机入库，办理结项手续，关闭U8项目账号等
5	核算管理	研发办组织项目负责人及各部门主管编制研发预算，同时负责与财务部监督落实预算管理制度。规定研发支出核算范围，明确研究阶段和开发阶段的划分依据。公司按照研发项目设立台账核算研发支出，进行正确的会计处理

注：根据禾信仪器的问询回复内容整理而成。

禾信仪器的研发活动和生产活动存在一些交叉，除研发项目外，部分研发人员还参与客户定制项目的研发工作，部分定制项目存在同时使用研发部门的场地和研发设备的情况。基于这一特征，严格区分研发投入和生产成本也是内部控制的重要内容。

表 6-13 列示了禾信仪器对研发人财物的控制，以及区分研发费用和营业成本的主要内部控制制度。

表6-13 禾信仪器对研发费用和营业成本的控制和区分

费用归集类别	研发费用归集内容	营业成本归集内容	区分方法与依据
职工薪酬	研发人员参与研发项目对应薪酬费用，根据参与各研发项目的工时占当月总工时的比例将其分摊至研发费用	研发人员参与定制项目对应的薪酬费用，根据参与定制项目工时占其总工时的比例将其分摊至生产成本；生产相关人员的相关费用；提供技术服务的销售部相关人员薪酬费用	项目组成员每天在研发部门工时系统中按具体项目申报工时，项目工程师每月汇总统计研发人员项目投入工时，研发办主管、研发总监每月复核投入工时后，将工时情况提交财务部。财务部根据研发人员各项目投入工时占比，将研发人员薪酬按项目进行财务核算，定制项目发生的薪酬费用按照具体项目计入生产成本，研发项目发生的薪酬费用按照具体项目计入研发费用
材料费	研发人员参与研发项目领用的材料，直接归集到对应的研发项目费用	研发人员参与定制项目领用的材料，直接归集到对应的定制项目成本	当研发项目产生用料需求时，由对应项目组成员填制领料申请单，写明所需物料的名称、规格型号、物料代码、数量及对应项目名称等信息，领料申请单经项目负责人、研发中心总监审批通过后，领料申请人凭审批通过的领料申请单到仓库领取物料，仓管员根据发料情况填制材料出库单
测试加工费	研发人员参与研发项目发生的设备调试及检验费，样品、样机及一般测试手段购置费，试制产品的检验费等	研发人员参与定制项目发生的设备调试及检验费，样品、样机及一般测试手段购置费，试制产品的检验费等	财务人员检查报销人员的申请审批程序、报销单据、合同，根据具体项目分别计入研发费用、生产成本

(续)

费用归集类别	研发费用归集内容	营业成本归集内容	区分方法与依据
差旅费	与研发项目相关的差旅费，直接归集到对应的研发项目费用	与定制项目相关的差旅费，直接归集到对应的定制项目成本；提供技术服务的销售部相关人员的相关差旅费	研发活动的出差履行事前申请、事后报销流程。财务人员检查报销人员的申请审批程序、报销单据，根据具体项目分别计入研发费用、生产成本
房屋租赁费	研发中心的房屋租赁费用，按照研发项目工时占比分摊至各研发项目	研发中心的房屋租赁费用，按照定制项目工时占比分摊至各定制项目	各部门按照部门面积占比分摊房屋租赁费用。公司每月根据租赁合同、发票、研发成本中心工时汇总表等文件核算租赁费总费用、总工时数。计入研发项目的租赁费用=研发项目工时占比 × 研发部门房租；计入生产成本的租赁费用=定制项目工时占比 × 研发部门房租
折旧与摊销	研发人员从事研发活动所使用的仪器、设备、软件等长期资产的折旧与摊销费用，并根据研发项目工时占比分摊至各研发项目	研发人员按照定制项目工时占比分摊至各定制项目；生产部门的折旧与摊销费用	公司每月根据固定资产清单、折旧明细表、研发成本中心工时汇总表等文件核算折旧与摊销总费用、总工时数。计入研发项目的折旧与摊销费用=研发项目工时占比 × 研发部门折旧与摊销总费用；计入生产成本的折旧与摊销费用=定制项目工时占比 × 研发部门折旧与摊销总费用

6.1.4　财务报告内部控制是 IPO 内部控制的重点

IPO 公司建立健全全面内部控制制度是 IPO 报告期内的总目标，那么相关内部控制在整个报告期内是否需要持续保持同一水平呢？

证监会首发问题解答和审核问答中对 IPO 公司财务内部控制提出了一个总体要求：拟上市公司在报告期内作为非公众公司，在财务内部控制方面存在不规范情形的，应通过中介机构上市辅导完成整改或纠正（如收回资金、结束不当行为等措施）以及相关的内部控制制度建设，达到与上市公司要求一致的财务内部控制水平。整改完毕且按规定运行一段时间并确认内部控制执行持续有效后，发行人方可递交首发申请。首次申报审计截止日后，发行人原则上不能再出现上述内部控制不规范和不能有效执行的情形。从上述对 IPO 财务内部控制的要求，我们可以看出如下两个重点。

一个重点是，IPO 公司的内部控制是一个循序渐进、不断完善的过程。IPO 公司并不是需要在整个三年或三年又一期的申报报告期内保持一致高水平的内部控制，也不是仅仅需要最后申报时点健全有效，而是需要把存在的内部控制缺陷整改完毕且按规定运行一段时间后才能申报。至于需要运行多长时间，这取决于内部控制缺陷的性质和重要性。三年报告期概括来说，第一年内部控制允许存在一般或重要缺陷，但不能存在重大违法违规、重大或恶意的财务舞弊等所造成的重大缺陷；第二年内部控制基本健全有效，可能只存在一些一般缺陷；第三年即申报前最后一年的内部控制健全有效，不存在缺陷。

另外一个重点是，财务报告的可靠性是 IPO 内部控制最重要的目标。尽管内部控制存在财务报告的可靠性、生产经营的合法性、营运的效率与效果三个目标，但它们对 IPO 财务的影响是不同的。从营运的效率与效果的目标来看，IPO 公司大部分是行业内的领先企业，在实践中很可能已经形成了行之有效的内部控制措施来保证高效的业务运行，并且从 IPO 审核的角度看，营运的效率与效果并不会直接影响财务报告的可靠性，其与内部控制之间的相关性也不容易从外部判断。从生产经营的合法性的目标来看，违反国家法律法规在法律层面上是容易被发现并纠正的，IPO 中更需要关注的是违法违规在财务层面的影响。在财务层面，一方面，可能存在需要在报表体现的应预计潜在损失；另一方面，一些缺乏业务逻辑的不规范资金使用，可能同时隐藏着业务和财务真实性的问题。

根据 IPO 内部控制的财务报告的可靠性目标，财务报告的内部控制是 IPO 内部控制建设的重点。结合 IPO 注册制下"真公司"的审核理念，对照本文论述的 IPO 内部控制的框架和要点，IPO 公司财务报告内部控制的重点可以总结为如下三项内容。

第一，基于业务循环的维度，重点是主要业务循环的有效性控制，尤其是各个业务节点的信息一致性，审批、审核程序的完善性，以及业务执行和财务记账节点的衔接程序的有效性。

第二，基于资金管理规范的维度，重点是资金和业务在匹配性方面的控制。资金流转要符合业务的具体特征，因为两者不匹配可能代表业务和财务存在真实性问题。

第三，基于会计基础规范和会计差错的维度，重点是会计基础规范中与会计核算相关的控制，包括会计准则的正确运用，以及财务数据与业务数据的内部牵制程序等。如果 IPO 公司报告期内财务报表存在较多的会计差错更正，则很可能反映出报告期内的内部控制存在较大的缺陷。

6.2 IPO 视角下的内部控制缺陷

发行人内部控制制度健全且被有效执行，是 IPO 发行条件之一，与实现财务报告的可靠性目标相关的财务报告内部控制是 IPO 内部控制建设的重点。

IPO 公司在进行申报之前和在申报之后，报告期内都可能存在财务报告内部控制方面的缺陷。申报之前，中介机构将在尽职调查中对 IPO 公司的内部控制缺陷进行诊断，并在上市辅导过程中协助 IPO 公司整改以达到符合上市的标准；申报之后，监管机构将在审核过程中对 IPO 公司的内部控制缺陷进行评价和定性，以判断其是否实质性满足上市条件。

对内部控制缺陷进行全面评价，实务中需要基于"两个视角"和"三个维度"。两个视角：一是内部控制之下的视角，即内部控制缺陷是由于内部控制不健全或没有严格执行既定的内部控制制度所导致的；二是内部控制之上的视角，即控制偏差只是浮现出的表象，表象之下可能意味着 IPO 公司存在管理层逾越内部控制的业务作假和盈余操纵。三个维度，即在 6.1 节所分析的与财务报告内部控制相关的三项重要内容，具体包括业务循环的维度、资金管理规范的维度、会计基础规范和会计差错的维度。

6.2.1 业务循环的维度

实务中 IPO 公司基于主要业务循环的内部控制要点主要包括：业务流程完整，关键控制点清晰；与财务衔接的流程清晰，符合核算要求；不相容岗位、审核流程、审批权限等相关设置合理；原始单据保留完整、编号连续、要素齐备，相关单据的内容一致或吻合。

基于内部控制之下的视角，如果业务内部控制制度本身存在缺陷，则可能影响财务报告可靠性的内部控制目标。实务中，与业务内部控制相关的财务内部控制缺陷经常表现为两类：一类是未充分考虑财务核算的要求，业务流程中的业务执行和财务记账节点的衔接不及时或不正确；另一类是由于控制流程复杂，相关业务执行人员的误解、疏忽和操作不当等内部控制执行缺陷，导致业务内部控制输出了错误的业务数据。

基于内部控制之上的视角，内部控制有其内在局限性，设计良好的业务内部控制制度，也可能由于管理层不当地凌驾于内部控制之上而被完全逾越。系统性的业务作假，只通过内部控制测试一般难辨真伪，但业务作假也很可能会在某个内部控制环节留下蛛丝马迹，在表面上却同样表现为某项内部控制偏差。如果业务环节中的内部控制偏差明显不符合常理，以正常的业务逻辑难以理解，则有可能是存在业务作假或业绩粉饰的信号。

表 6-14 所列示的是证监会和交易所通过现场检查或现场督导所发现的 IPO 公司不同业务循环存在的比较典型的内部控制缺陷。

从表 6-14 可以看出，部分内部控制偏差明显是内部控制制度设计不健全的问题，例如研发费用中"自下而上的工时上报制度尚未形成体系"，以及"研发样机结转至销售成本时，未包括研发期间的人工成本"等；部分偏差很大可能是业务不真实的问题，例如"部分研发人员于月中离职后，当月剩余日期仍在考勤表中全勤记录了研发工时"；大部分偏差并无法直接归因于是内部控制执行偏差还是业务真实性存在问题，如果业务是不真实的，那么财务核算也无法真实可靠。如果业务的真实性不存在问题，那么各种执行中的日期偏差、数量偏差、产品明细偏差等也很可能会影响到财务核算的准确性。

表6-14 部分IPO公司不同业务循环存在的内部控制缺陷

业务循环	具体内部控制缺陷描述	两个视角下内部控制缺陷的影响
销售	销售出库需经钉钉系统审批并在SAP系统中进行后续操作。新增客户中部分审批出库记录不在已导出的钉钉审批记录中,部分出库钉钉审批记录晚于收入确认时间	影响业务真实性、核算准确性
销售	纸质出库单中记录的送货地址,与外部物流结算单中显示的送货地址并非处于同一城市,纸质出库单的产品名称与业务系统销售出库明细表不一致	影响业务真实性
销售	销售合同中,合同约定的产品销售明细、纸质出库单明细以及业务系统中销售出库明细表三者之间不一致	影响业务真实性
销售	境内销售细节测试中,存在1份出货装箱单无物流人员签字、35份无仓管员签字的情形	影响业务真实性
销售	部分项目验收单客户仅有签字盖章,并未在签字日期处签署日期。部分客户签收单据时间与记账凭证、发票时间存在较大差异	影响业务真实性、核算准确性
采购	供应商送货后应将送货单交由仓管员对物料进行核对,部分供应商送货单据缺失	影响业务真实性
采购	大量采购发票上的日期早于合同签订日和到货日	影响业务真实性、核算准确性
采购	部分聚丙烯送货单与采购合同约定的型号、采购数量不能一一对应	影响业务真实性
成本	报告期内存在较多BOM变更记录,变更事项包括删除、修改、新增物料	影响业务真实性
成本	领料单信息缺失,无法追溯每个供应商、每批次原料对应的生产耗用情况,无法准确核查期末存货库龄信息	影响业务真实性、核算准确性
成本	手工统计的存货库龄不准确,未考虑物料退库、仓库调拨物料等情况	影响核算准确性
研发	部分领料单的领料人与生产领料单中的领料、发料、审核为同一人	影响业务真实性
研发	工时统计底层资料为月度汇总工时统计表,自下而上的工时上报制度尚未形成体系	影响业务真实性
研发	将总经理、副总经理、采购部和生产部经理的薪酬费用全部计入研发费用	影响核算准确性
研发	部分研发人员于月中离职后,当月剩余日期仍在考勤表中全勤记录了研发工时;部分研发人员未在立项文件中列示,却出现在相应项目的研发工时考勤表中	影响业务真实性
研发	研发形成的样机实现销售,则将已费用化的材料成本转入销售成本,研发样机结转至销售成本时,未包括研发期间的人工成本	影响核算准确性

6.2.2 资金管理规范的维度

证监会首发问题解答中，明确列举了与资金规范性有关的九个事项，各个事项均明确了定义、规范要求和核查标准，且均需要 IPO 公司在招股说明书中进行明确披露。原则上，报告期内存在的任何资金不规范事项都需要整改并披露，并不以金额或性质的重要性进行主观区分。

6.2.2.1 两个视角下的资金规范性问题

基于内部控制之下的视角，资金规范的内部控制，主要保证生产经营的合法性。只要存在资金使用的违法违规问题，内部控制必然存在缺陷，就需要及时进行整改并判断是否构成报告期内的重大违法违规。

基于内部控制之上的视角，在管理层逾越内部控制的情况下，资金的不规范使用，经常用于掩盖与相关方资金往来的实际流向和使用情况，进而通过资金体外循环配合财务舞弊。在实务中，超过合理范围的现金收付、通过个人账户收付款、不符合条件的第三方回款等资金交易，其所依附业务本身的真实性通常难以保证，从而间接影响财务报告可靠性的目标。

表 6-15 列示了证监会首发问题解答中列举的具体资金规范性事项。

1. 违法违规问题

"转贷"属于违反《贷款通则》和《流动资金贷款管理暂行办法》的违法行为，虚开商业票据属于违反《票据法》的违法行为。"转贷"和虚开商业票据是基于法人主体的概念，合并范围内的公司之间发生的"转贷"和虚开商业票据也需要认定。对于"转贷"和虚开商业票据，在 IPO 实务中，一是要立即清理并采取有效的内部控制措施予以防范；

二是要充分论证"转贷"或虚开商业票据不构成重大违法违规，一般需要由IPO公司所在地人民银行或银保监局、贷款银行等出具不属于重大违规的证明或确认函。

表6-15 证监会首发问题解答中的资金规范性事项

类别	列举项目	是否存在违法违规行为	可能存在的业务和财务真实性问题
财务内部控制不规范	"转贷"	是	财务核算是否真实、准确，与相关方资金往来的实际流向和使用情况，是否通过资金体外循环粉饰业绩
	虚开商业票据	是	
	资金拆借	可能存在	
	第三方代收货款	否	
	使用个人账户	是	
	出借账户	是	
	违反内部资金管理规定	否	
不符合内部控制要求的现金交易		可能存在	相关收入确认及成本核算的原则与依据，是否存在资金体外循环或虚构业务情形
不符合内部控制要求的第三方回款		否	是否存在虚构交易或调节账龄情形

与第三方的资金拆借，如果已签订符合规范的借款合同，一般不涉及违法违规的问题，但民间拆借需要予以清理并禁止。资金拆借如果涉及实际控制人及其关联方占用IPO公司资金的问题，则很可能会涉及违法违规问题。对于这种情况，关联方需要立即予以还本付息，完善关联交易的审批程序并采取有效的内部控制措施予以防范，严禁产生新的资金占用。

IPO公司利用个人账户收付公司款项，属于违反《公司法》的违法行为，需要立即清理、停用、注销相关个人账户，并采取有效的内部控制措施予以防范。在实务中，需要关注员工备用金可能存在的违规问题。员工备用金应该只用于日常的差旅费等零星支出，如果用于日常采购并向供应商付款，则属于利用个人账户对外付款的行为。

IPO公司的现金管理需要符合《现金管理暂行条例》的规定，不符合规定即意味着存在违法违规的问题，需要立即予以规范。

2.业务和财务真实性问题

对涉及"转贷"、虚开商业票据的供应商和客户，需要高度关注其与IPO公司的关系和交易，重点包括是否存在未披露的关联关系，交易资金的实际流向是否形成完整闭环，附着于虚构交易的相关财务处理是否影响财务报表的真实性等。

对于资金拆借，尤其是拆出资金的去向需要高度关注，以排除资金转出后由关联方或第三方代垫费用或形成体外循环的情况。如果存在利用个人账户收付款的情况，其个人账户内的资金来源和资金去向、个人账户是否视同公司账户"专款专用"、个人账户是否进行账外核算等问题都需要高度关注。很多情况下，与个人账户内资金相关交易的真实性是难以证实的。

与现金交易相关的内部控制的有效性，直接影响销售或采购业务的真实性。现金交易缺乏客观的资金流动痕迹，真实性难以绝对证实，这也为逾越内部控制的业务造假提供了便利。

建立规范的第三方回款的相关内部控制制度，一是可以防止通过虚假回款来实现调节账龄、少计坏账的目的，二是可以防止产生体外循环的虚假销售业务。如果第三方回款不同时符合资金规范性的条件，其业务的真实性一般是难以验证的，这也就为逾越内部控制的业务造假提供了便利。

6.2.2.2 资金不规范的 IPO 典型案例

1. "转贷"行为的案例

保立佳[①]是创业板 IPO 公司，主营业务为水性丙烯酸乳液的研发、生产和销售，其 IPO 报告期内存在供应商作为公司银行贷款的受托支付对象并将贷款转回公司的情况，也存在作为客户银行贷款的受托支付对象并将贷款转回客户的情况。公司于 2020 年 7 月申报创业板，已于 2021 年 6 月完成注册。

根据保立佳问询回复，表 6-16 列示了保立佳报告期内的相关"转贷"情况。

保立佳关于供应商配合"转贷"的解释是：公司对上述非关联方供应商连续 12 个月内的累计采购金额，均大于银行贷款受托支付累计金额，因此上述情形不视为"转贷"行为。

保立佳关于配合客户"转贷"的解释是：公司对关联方客户连续 12 个月内的累计销售金额，与银行贷款受托支付累计金额不匹配，因此上述情形属于"转贷"行为。

保立佳与供应商、客户相互配合周转贷款，未按借款合同规定用途使用贷款，存在违反《贷款通则》第十九条和《流动资金贷款管理暂行办法》第九条规定的情形。公司相关借款合同已履行完毕，贷款单位已按期还本付息，不存在逾期还款的情形，贷款银行与贷款单位之间不存在争议或纠纷，未给相关贷款银行造成损失，也不存在后续影响，因此预计不存在被处罚的风险。

㊀ 保立佳全称上海保立佳化工股份有限公司。本章关于保立佳的相关表述和分析所依据的资料来源于其在创业板发行上市审核信息公开网站（https://listing.szse.cn/）公布的招股说明书和相关审核问询函的回复。

表6-16 保立佳的"转贷"情况

供应商	交易日期	受托支付金额(万元)	转回公司金额(万元)	累计采购金额(万元)
供应商1（非关联方）	2017/4/20	1 000.00	—	1 219.99
	2017/4/20	—	1 000.00	
供应商2（非关联方）	2017/9/29	1 000.00	—	1 565.47
	2017/9/30	—	970.00	
供应商3（非关联方）	2017/9/29	500.00	—	580.00
	2017/9/30	—	500.00	
供应商4（非关联方）	2017/9/29	500.00	—	778.00
	2017/9/30	—	500.00	
供应商5（非关联方）	2018/9/12	300.00	—	2 278.37
	2018/9/13	—	300.00	
客户（关联方）	2018/2/2	1 400.00	—	261.66
	2018/2/2	—	1 400.00	
	2018/2/5	600.00	—	
	2018/2/5	—	600.00	

注：累计采购/销售金额为交易日期所在的连续12个月内累计采购/销售金额（含税）。

自2019年起，保立佳未再发生与供应商、客户相互配合周转贷款的行为，已进一步完善了资金管理，防范相关资金不规范行为的发生。

通过该案例，我们可以得出以下几个结论。

（1）连续12个月内银行贷款受托支付累计金额与相关采购或销售（同一交易对手或同一业务）累计金额如果基本一致，可以认定不属于"转贷"行为。

（2）供应商配合"转贷"，尽管未被认定为"转贷"行为，但仍然属于违法违规和内部控制不规范行为。

（3）与相关"转贷"方是否存在关联关系需要认定，"转贷"资金往来的实际流向需要核实清楚，并逐一匹配金额和日期。在资金流转正确对应且能形成闭环的情况下，基本可以排除通过资金体外循环粉饰业绩的情况。

2. 使用个人账户的案例

新华扬[⊖]是科创板 IPO 公司，主营业务为应用现代生物技术进行研发、生产和销售酶制剂、微生态制剂等产品。新华扬于 2021 年 9 月申报科创板，于 2022 年 6 月终止审核。新华扬 IPO 申报的基准日为 2021 年 3 月 31 日，报告期内前三年持续存在通过个人账户进行资金结算的问题，且属于未入账的资金体外循环。

报告期内，新华扬使用个人账户的金额整体并不大，个人账户入账产生的差错更正情况如表 6-17 所示。

表6-17　新华扬个人账户差错更正

个人账户差错更正的影响比例	2020 年	2019 年	2018 年
对营业收入的影响（增加）	0.07%	0.13%	0.19%
对净利润的影响（增加）	2.09%	6.09%	7.73%
对净资产的影响（减少）	3.22%	4.32%	5.91%

根据新华扬对问询的回复，表 6-18 总结了新华扬报告期内使用个人账户以及相关整改情况。

⊖ 新华扬全称武汉新华扬生物股份有限公司。本章关于新华扬的相关表述和分析所依据的资料来源于其在科创板发行上市审核信息公开网站（http://star.sse.com.cn/renewal）公布的招股说明书和相关审核问询函的回复。

表6-18　新华扬个人账户的使用和整改情况

个人账户情况	账户开设和整改	披露的具体情况
使用个人账户的相关情况	个人账户开具	报告期内，公司通过实控人的朋友或公司员工的亲属账户共开设8个人账户
	账户资金来源	虚构原材料采购款：向两家供应商支付原材料采购款，并由供应商收款后转入相关个人账户。公司实际控制人拟定年度虚拟采购的大致总额，采购负责人将年度目标额相对均匀地分摊至每个月操作。上述虚构的原材料采购及后续的成本核算均在金蝶K3系统中进行全流程操作
		虚构代理费：公司向前财务总监管理的三家公司支付代理费，并由这三家公司收款后转入相关个人账户
		保证金和租金：公司收取销售代理商的保证金和对外出租房屋的租金
	账户资金去向	支付职工薪酬，包括发放高级管理人员及销售业务人员奖金，支付原财务总监离职补偿金以及大病补助
	个人账户管理	个人账户"专款专用"，但未并入公司账内核算。公司利用个人账户对外收付款项的过程中，对个人账户收支进行了记账，同时资金收付经过审批、对账或事后确认
个人账户整改情况	注销账户并调整入账	公司所有个人账户均已全部注销。公司已终止个人账户收付款业务，并在业务及财务系统中剔除虚拟采购原料，重新计算生产成本。针对报告期内的个人账户收付情况，公司对涉及的会计处理进行了调整
	纠正违法违规行为	公司使用个人账户结算涉及补缴企业所得税、增值税、房产税以及个人所得税的情形，已向主管税务机关补缴相关税金及滞纳金，并获取了完税凭证和主管税务机关针对上述事项开具的专项合规证明
	进一步完善内部控制	针对收付过程中涉及的个人账户开立、采购及存货管理、代理商保证金管理以及财务管理等事项，公司有针对性地完善了相关的内部控制制度。公司本次申报的基准日为2021年3月31日，已在2020年12月31日前终止个人账户收付业务，并持续运行一个季度后进行本次IPO申报

新华扬认为：公司2018~2020年使用个人账户结算存在内部控制不

规范的情形，但不存在重大违法违规、财务舞弊行为，个人账户对财务报告相关科目的影响较低且呈逐年降低趋势，财务报告不存在重大错报的情况，公司已对个人账户收付事项进行了整改，并进一步完善了内部控制制度，加强了对实际控制人、管理层的约束。整改至今（指回复本次问询意见时间），已有效运行超过一个完整会计年度。因此，公司报告期内财务内部控制有效、财务报告可靠。

通过该案例我们可以总结出以下几点。

（1）由于报告期内长期存在账外使用的个人账户，且通过虚增采购和费用将资金自体内转出，故在进行会计更正之前，财务核算并不真实、准确。

（2）公司对体外个人账户进行必要的管理和记账，其资金来源和去向较为清晰，在核查后能够大体形成资金闭环。

（3）公司显然存在资金体外循环，但其设置体外资金的目的并不是为了粉饰业绩，更正后报告期内各年净利润反而提升了 7.73%、6.09%、2.09%。

（4）对于与个人账户资金相关的业务的真实性，是审核中的焦点问题，多轮问询均集中于与资金来源和资金使用相关的业务真实性及更正处理的可靠性。

（5）尽管没有虚增利润，影响金额也不大，但公司报告期内长期存在系统性业务虚构和体外资金循环，属于性质比较严重的内部控制不规范，且公司整改之后只持续运行一个季度就进行了 IPO 申报。经过两轮问询后，新华扬主动申请终止了 IPO 审核。很可能是交易所认为新华扬在报告期内使用个人账户属于重大内部控制不规范，不符合科创板上市条件。

3. 现金交易的案例

汇群中药[○]为北交所 IPO 公司，主营业务是中药饮片的研发、生产和销售，其报告期内存在数量众多的非法人客户，且对非法人客户存在较大的现金销售。汇群中药的现金收款相关占比情况如表 6-19 所示。

表6-19　汇群中药的现金收款比例

现金占比	2021 年	2020 年	2019 年
现金收款占营业收入比例	1.56%	5.55%	7.19%
非法人客户现金收款占营业收入比例	6.65%	26.26%	27.97%

根据其对问询的回复，对照符合内部控制要求的现金交易的五个条件，表 6-20 总结了汇群中药与现金收款相关的具体情况。

重点围绕非法人单位现金收款的财务内部控制是否健全有效，经过交易所四轮问询后，汇群中药于 2022 年 3 月终止了其 IPO 申请。

通过该案例，我们可以总结出以下几点。

（1）与非法人客户的现金交易在商业模式上存在一定的合理性，但现金收款比例在报告期内第一年和第二年高达 27.97% 和 26.26%，第三年下降到 6.65%，说明整个报告期内的必要性和合理性并不充分，报告期前两年并没有进行足够力度的整改，报告期内的现金交易不完全符合财务内部控制的要求。

（2）汇群中药虽然建立了以 PDA 扫码追溯为核心的良好的 ERP 系统，相关收入确认的依据比较充分，但现金交易的真实性仍然无法保证。从北交所四轮问询的关注重点来看，整个业务循环中的内部控制缺陷都被高度关注，可以理解为并不能完全排除汇群中药存在体外循环或

○ 汇群中药全称广东汇群中药饮片股份有限公司。本章关于汇群中药的相关表述和分析所依据的资料来源于其在北交所发行上市审核信息公开网站（http://www.bse.cn/audit/audit_disclosure.html）公布的向不特定合格投资者公开发行股票说明书和相关审核问询函的回复。

虚构业务的情形。

表6-20 汇群中药的现金交易情况

现金交易的条件	汇群中药现金交易的具体情况
现金交易情形符合行业经营特点或经营模式	现金销售的主要原因：①现金销售客户主要为单体药店、中医馆等单体零售终端，群体较为分散且数量众多，该类客户具有现金使用习惯；②单体零售终端客户存在交易频次较多、单次交易金额较小的特点，出于交易的便捷性等目的，存在使用现金付款的情形，具有商业合理性；③上述客户经营者以中老年中医群体为主，对于支付宝、微信等支付方式的使用不熟
现金交易的客户不是关联方	公司与现金交易的主要客户不存在关联关系
现金交易具有可验证性，且不影响发行人内部控制的有效性	公司电子化信息系统管理有效，相关销售PDA扫码记录可以追溯，现金交易具有可验证性：客户下单后，销售人员在金蝶K3系统录入销售订单，销售订单自动在配货系统生成并分解为多个配货任务，并分配给相应存货存放区域的仓库配货员；配货员按照配货任务使用PDA扫码仪进行扫码配货，形成完整的扫码记录；订单列示的商品在完成配货后在复核区再次进行扫码复核，并打包、称重，再次形成扫码记录；完成商品打包后由公司车队配送或委托第三方物流配送
现金交易比例及其变动情况整体处于合理范围内，近三年一期一般不超过同行业平均水平或与类似公司不存在重大差异	公司存在一家同样面向分散非法人客户的同类业务可比公司，该可比公司IPO报告期内各期现金结算比例仅在1%左右，最近一年接近为0%。公司分析主要原因是，虽然同为饮片生产厂商，处于同一行业，但下游客户群存在差异，故现金收款方面存在一定差异。汇群中药采取的降低现金收款的措施包括：将降低现金收款比例作为销售人员的考核指标之一，提高销售人员引导现有客户改变支付方式的积极性；对新开拓的客户，要求必须使用公司的"对账及支付平台"或移动支付、银行转账方式支付；对非核心客户，如果经过多次引导沟通仍不改变，后续计划将此部分客户交由其他商业配送公司进行配送及收款。经过上述改进措施，2021年公司现金收款已显著下降，并将在未来持续下降
现金管理制度与业务模式匹配且执行有效	公司报告期内不存在坐支现金的情况。国家规定，在工作日收取的现金，最迟应于下一工作日存入银行；在公休日、节假日收取的现金如未能及时存入银行，应存放于保险柜并做好登记工作，并在之后的首个工作日存入银行

（3）现金交易比例高的行业属于舞弊高风险领域，在IPO审核中天然存在劣势，这就要求此类IPO公司应尽最大可能来降低报告期内现金

交易的比例，与现金交易相关的内部控制制度更不能存在影响交易真实性的任何瑕疵。

6.2.3 会计基础规范和会计差错的维度

从财务报表角度看，直接体现内部控制缺陷的是已披露报表存在的会计差错。会计差错可能产生于错误，也可能产生于财务舞弊。错误可能是会计方法的不当使用，可能是业务流程内部控制环节的缺陷，也可能是业务或会计人员的疏忽；舞弊可能是员工的舞弊，还可能是管理层的舞弊。从原则上说，无论是何种原因，几乎所有的会计差错均代表与财务报告相关的内部控制存在缺陷，产生差错的原因、差错的性质和金额的重要性，则决定了差错是否对内部控制有重大不利影响。

6.2.3.1 会计差错与内部控制的关系

对于 IPO 公司报告期内会计差错更正对内部控制的影响，证监会首发问题解答第 44 问有明确的规定，创业板审核问答的规定与首发问题解答完全一致，北交所业务指引没有涉及该事项的规定。证监会首发问题解答和科创板审核问答关于会计差错的差异对比如表 6-21 所示。

1. 申报之前的差错

申报之前的差错，应体现在申报财务报表与原始财务报表的差异比较表之中，并说明差异调整的合理性与合规性。IPO 审核中对由于各类错误形成的会计差错是比较宽容的，只要对类似问题完成整改，一般不会成为 IPO 的申报障碍。

但是，有两类申报之前的会计差错可能会构成内部控制重大缺陷：

一类是报告期内直至最后一期仍然持续存在频繁的差错更正事项,这将影响对 IPO 公司会计基础工作规范性的判断;另一类是与管理层财务舞弊相关的会计差错,尽管是在申报之前发生的,但如果影响金额具有重要性或性质上属于以虚增利润为目的的系统性舞弊,那么也可能会被认定为不符合 IPO 申报条件。

表6-21 证监会首发问题解答和科创板审核问答关于会计差错的差异对比

申报阶段	证监会首发问题解答的规定	科创板审核问答的差异
首发材料申报前	发现存在不规范或不谨慎的会计处理事项,应进行差错更正,并编制申报财务报表与原始财务报表的差异比较表,说明差异调整原因	一致
首发材料申报后	首发材料申报后,发行人如出现会计差错更正事项,应充分考虑差错更正的原因、性质、重要性与累积影响程度。如因会计基础薄弱、内部控制重大缺陷、盈余操纵、未及时进行审计调整的重大会计核算疏漏、滥用会计政策或者会计估计以及恶意隐瞒或舞弊行为导致重大会计差错更正的,应视为发行人在会计基础工作规范及相关内部控制方面不符合发行条件	首发材料申报后,如发行人同一会计年度内因会计基础薄弱、内部控制不完善、必要的原始资料无法取得、审计疏漏等,除特殊会计判断事项外,导致会计差错更正累计净利润影响数达到当年净利润的 20% 以上或净资产影响数达到当年(期)末净资产的 20% 以上,应视为发行人在会计基础工作规范及相关内部控制方面不符合发行条件

2. 申报之后的差错

首发材料申报后,如果在审核过程中又发现会计差错,同样需要更正申报财务报表。申报之后的差错更正直接反映了 IPO 公司内部控制仍然存在缺陷。如果差错涉及会计基础薄弱、内部控制重大缺陷、重大会计核算疏漏,则很可能从重要性的角度被认定为重大内部控制缺陷而不符合发行条件;如果差错涉及盈余操纵、滥用会计政策或者会计估计以及恶意隐瞒或舞弊行为,那么无论金额大小,都很有可能从具有主观故意性质的角度被认定为重大内部控制缺陷而不符合发行条件。

对于申报之后的重大会计差错更正，科创板审核问答规定了一个"累计净利润影响数达到当年净利润的 20% 以上或净资产影响数达到当年（期）末净资产的 20% 以上"的定量标准，但同时规定了"除特殊会计判断事项"的例外情况。

对于什么是"特殊会计判断事项"，科创板审核问答中并没有进行定义。从逻辑上看，"特殊会计判断事项"应属于会计职业判断的范畴，是在实务中遇到的对会计确认或计量进行会计职业判断的特殊疑难事项，该事项更正前的会计方法可能并不存在正确性的问题，相关更正可能是根据 IPO 审核中的倾向而重新选择了更具可控性的方法，还可能是根据会计方法使用中新出现的权威要求。这类差错更正即使金额较大，其本质也是对会计技术疑难问题的不同理解，是特殊的会计差错更正，其对内部控制的影响在审核中是可以接受的。

在科创板 IPO 实务中，真正能够构成"特殊会计判断事项"的更正还是比较少见的。最早的一个相关案例是第 3 章 3.4 节所述的微芯生物在注册阶段的差错更正：出于谨慎性考虑，对于不存在明显 II 期与 III 期临床试验划分的原创药项目，公司将原开发支出中的资本化金额全部调整为费用化处理，公司将该调整认定为"特殊会计判断事项"。还有第 5 章所述的唯捷创芯在审核中对股份支付事项的差错更正：股份支付确认方式由一次性确认变更为分期确认，主要是公司基于审慎原则，结合财政部 2021 年 5 月发布的《股份支付准则应用案例》要求所致，公司将该调整认定为"特殊会计判断事项"。

3. 两个视角下的会计差错更正

基于内部控制之下的视角，会计差错代表着与财务报告相关的内部控制存在缺陷。但是引发会计差错的深层次的缺陷到底是什么？仅仅是会计处理的问题,还是业务流程的内部控制存在问题?如何论证差错的性质?如何基于会计核算的要求完善内部控制制度?这些都需要从会计处理的角度来反向评价相关的内部控制。

基于内部控制之上的视角,如果报告期内存在管理层逾越内部控制的财务舞弊行为,其更正当然也会形成会计差错。从结果看,财务舞弊既包括虚增业绩,也包括虚减业绩;从方法看,它既包括滥用会计政策和会计估计,又包括虚构或隐匿业务和交易。总之,如果重大会计差错背后体现的是财务舞弊问题或业绩粉饰问题,那么在 IPO 审核中肯定是无法接受的。

6.2.3.2 会计差错案例分析

美腾科技[一]是科创板 IPO 公司,主营业务为提供工矿业智能装备与系统,其在申报之后又发生三个会计差错更正事项,全部对首次申报报表进行了追溯调整。它于 2021 年 6 月申报科创板,已于 2022 年 4 月通过上市委会议。

1. 相关更正事项的内容和性质

表 6-22 列示了更正事项对美腾科技报告期内的净利润和净资产的影响。

表6-22 美腾科技差错更正比例

更正比例	2021 年	2020 年	2019 年	2018 年
更正净利润占首次申报净利润的比例	-14.11%	1.28%	-12.98%	-6.09%
更正净资产占首次申报净资产的比例	-6.11%	-14.18%	-17.23%	31.47%

[一] 美腾科技全称天津美腾科技股份有限公司。本章关于美腾科技的相关表述和分析所依据的资料来源于其在科创板发行上市审核信息公开网站(http://star.sse.com.cn/renewal/)公布的招股说明书和相关审核问询函的回复。

美腾科技的三次差错更正，除 2018 年度对净资产的影响超过 20%，报告期其他期间对净利润、净资产的影响均未超过 20%。但 2018 年已经不再属于最新的 IPO 报告期。

表 6-23 列示了美腾科技三项会计差错的情况及对差错性质的判断。

美腾科技认为：上述会计差错更正不属于公司同一会计年度内因会计基础薄弱、内部控制不完善、必要的原始资料无法取得、审计疏漏等导致的会计差错更正累计净利润影响数，达到当年净利润的 20% 以上或净资产影响数达到当年（期）末净资产的 20% 以上的情况，也不属于滥用会计政策或者会计估计以及因恶意隐瞒或舞弊行为导致重大会计差错更正的情况。

2. 对差错更正案例的总结

通过对美腾科技案例的分析，我们可以总结出以下几点。

（1）美腾科技的三个差错更正事项都属于 IPO 会计处理的热点问题。在 IPO 实务中，存在一个逐步找到最佳处理方法的过程。案例中的三个差错更正事项都不属于业务控制层面的缺陷，而是属于对特殊业务所使用的会计方法的正确性的判断，都不涉及财务舞弊问题或盈利操纵问题。

（2）美腾科技认为股份支付的会计处理属于"特殊会计判断事项"，原因是原处理符合惯例且没有明显违反会计准则，后续处理是会计准则进一步明确之后调整的结果，并不代表当时的会计处理一定是错误的。

（3）对于智能化项目收入和承担回购权事项，美腾科技认为均不属于"特殊会计判断事项"。两个事项的业务和交易本身并没有变化，适用的准则也没有变化，可以理解为公司变更之前的会计方法使用是不当的，属于会计核算疏漏。

表6-23 美腾科技的三项会计差错情况及其性质判断

更正项目	差错的具体内容	差错的性质判断
三个智能化项目收入	首次申报时，公司针对三个智能化项目认定履约义务可单独拆分，依据主要为合同里约定了各模块（系统）的价格、功能点、技术指标等，业主对各模块（系统）进行了验收并出具了验收报告，能够主导其使用。在反馈审核过程中，充分遵循谨慎性原则，结合合同的商业实质，鉴于各模块（系统）需要整体联合实现合同的整体技术指标，因此单个模块不作为单项履约义务，整体合同作为一项履约义务更具谨慎性	本项调整未改变项目管理的相关内部控制流程及内部控制文件，变更后会计处理更具可靠性和谨慎性，并非因公司会计基础薄弱所致。在第一轮问询回复中，公司将上述收入确认更正确定为"特殊会计判断事项"，但在后续回复上市委会议意见落实函时未再将该调整认定为"特殊会计事项"
股份支付的会计处理	公司分别于2018年度和2019年度实施股权激励，考虑到股权激励相关协议及制度中未明确约定服务期等限制条件，首次申报时将上述股份支付费用一次性计入发生年度的当期损益。审核过程中，经对比财政部《股份支付准则应用案例》规定与股权激励协议的具体约定，公司的股权激励对象在取得财产份额后的2年内或4年内离职的，其财产份额的转让受到较大的限制，无法按照公允价格退出。基于谨慎性原则，视为存在隐含的服务期，属于可行权条件中的服务期限条件。因此，公司基于谨慎原则对股份支付确认方式进行了会计差错更正，由在授予日一次性确认更正为在估计的等待期内进行分期摊销	本项调整主要是公司基于审慎原则，结合会计准则要求进行修改，对公司日常经营和正常的会计核算不构成影响，也未改变内部控制流程及内部控制文件，并非因公司会计基础薄弱所致。公司判断本次股份支付费用计量事项属于"特殊会计判断事项"
公司承担回购请求权的会计处理	2020年3月，公司、公司原股东与投资机构签订增资协议，约定公司及原股东/实际控制人对投资机构负有一定条件下的股份回购等特殊义务。2021年5月，各方签订补充协议解除上述回购义务。针对上述股权回购事项，公司在首次申报中会计处理方式为在收到增资款时，确认股本和资本公积。根据《企业会计准则》关于金融负债的定义，由于公司存在无法避免地向投资机构交付现金的合同义务，经谨慎分析，公司针对上述股权回购事项进行了会计差错更正，即公司在收到增资款时，将具有回购义务的增资款确认为交易性金融负债，并在资产负债表日对交易性金融负债按照公允价值进行核算（按协议约定的回购利率8%），在解除回购义务时，将确认的交易性金融负债结转至资本公积	本项更正对公司日常经营和正常的会计核算不构成影响，也未改变内部控制流程及内部控制文件，并非公司会计基础薄弱所致

（4）无论是否认定为"特殊会计判断事项"，对公司上市条件并没有实质性影响，因为从影响比例上看，最新三年报告期内的净利润和净资产两项指标均未超过20%。

第 7 章

IPO 财务专项核查的风险导向和核查程序

7.1　IPO 财务专项核查的重点和风险导向

7.2　IPO 财务专项核查的主要程序

7.1 IPO 财务专项核查的重点和风险导向

2012 年底，证监会发布了证监会公告［2012］114 号《关于进一步提高首次公开发行股票公司财务信息披露质量有关问题的意见》（以下简称 114 号文）、证监办发［2012］89 号《会计监管风险提示第 4 号——首次公开发行股票公司审计》（以下简称 89 号文）、发行监管函［2012］551 号《关于做好首次公开发行股票公司 2012 年度财务报告专项检查工作的通知》（以下简称 551 号文）。IPO 保荐机构和会计师对 IPO 公司进行财务报告专项核查的序幕由此拉开。在此后多年的 IPO 财务专项核查实践中，证监会对核查的规则和标准不断进行完善，中介机构对核查内容、核查范围和核查程序等也已逐步形成相对标准化的实施方案。

7.1.1 财务专项核查的重点是 IPO 公司是否存在财务操纵

IPO 财务专项核查是 IPO 公司和中介机构对报告期内是否存在财务操纵进行自查的过程。核查可以分为两个阶段，一个阶段是在 IPO 申报之前根据规则要求进行普遍性核查，另外一个阶段是在 IPO 申报之后根据问询要求进行针对性核查。作为 IPO 申报材料，两个阶段的核查均需要形成清晰的核查过程、充分的核查底稿和明确的核查结论文档资料。

在 551 号文中，明确保荐机构和会计师在开展财务专项核查时，应重点关注 IPO 公司报告期内收入、盈利是否真实、准确，是否存在粉饰业绩或财务造假等情形。财务造假和业绩粉饰均属于财务操纵行为，故财务专项核查的重点是 IPO 公司是否存在财务操纵。

551 号文提出了需要重点核查的 12 条具体事项。

（1）以自我交易的方式实现收入、利润的虚假增长。即首先通过虚构交易（例如，支付往来款项、购买原材料等）将大额资金转出，再将上述资金设法转入发行人客户，最终以销售交易的方式将资金转回。

（2）发行人或关联方与其客户或供应商以私下利益交换等方法进行恶意串通以实现收入、盈利的虚假增长。如直销模式下，与客户串通，通过期末集中发货提前确认收入，或放宽信用政策，以更长的信用周期换取收入增加。经销或加盟商模式下，加大经销商或加盟商铺货数量，提前确认收入等。

（3）关联方或其他利益相关方代发行人支付成本、费用或者采用无偿或不公允的交易价格向发行人提供经济资源。

（4）保荐机构及其关联方、PE投资机构及其关联方、PE投资机构的股东或实际控制人控制或投资的其他企业在申报期内最后一年与发行人发生大额交易从而导致发行人在申报期内最后一年收入、利润出现较大幅度增长。

（5）利用体外资金支付货款，少计原材料采购数量及金额，虚减当期成本，虚构利润。

（6）采用技术手段或其他方法指使关联方或其他法人、自然人冒充互联网或移动互联网客户与发行人（即互联网或移动互联网服务企业）进行交易以实现收入、盈利的虚假增长等。

（7）将本应计入当期成本、费用的支出混入存货、在建工程等资产项目的归集和分配过程以达到少计当期成本费用的目的。

（8）压低员工薪金，阶段性降低人工成本粉饰业绩。

（9）推迟正常经营管理所需费用开支，通过延迟成本费用发生期间，增加利润，粉饰报表。

（10）期末对欠款坏账、存货跌价等资产减值可能估计不足。

（11）推迟在建工程转固时间或外购固定资产达到预定使用状态时间等，延迟固定资产开始计提折旧时间。

（12）其他可能导致公司财务信息披露失真、粉饰业绩或财务造假的情况。

从核查事项的性质来看，12条事项中，既包括了明显的财务造假，如自我交易、体外付款、关联方代付成本、费用资本化及推迟转固等，又包括了明显的业绩粉饰行为，如阶段性降薪、减值准备不足额估计、推迟费用等。其中还有不太明确的，例如：与客户或供应商的串通交易，如果存在私下利益交换，则属于舞弊，如果不存在就属于业绩粉饰；PE带来的临时客户，如果是真实交易，最多构成业绩粉饰，如果存在私下利益交换，则属于舞弊。从核查事项的操纵方法来看，除减值准备估计不足属于会计方法外，其他都属于非会计方法。

从核查事项的难度来看，真正难以通过正常核查手段发现的事项有三类：一类是自有资金的体外循环，通常由体内转出资金并最终通过销售回款形成资金闭环；另一类是关联方体外代付成本或费用，资金通常来源于关联方；还有一类是与客户或供应商以私下利益交换等隐匿的形式进行恶意串通以实现虚假利润。

7.1.2　财务专项核查应遵循的风险导向

在IPO过程中，保荐机构需要对IPO公司进行全面的尽职调查，主要调查过程和调查结论应体现在《招股说明书》和《保荐工作报告》之中；会计师需要对IPO公司的财务报告及其他财务信息进行审计或鉴证，并出具标准无保留意见的《审计报告》和其他《鉴证报告》。

7.1.2.1 财务核查、审计和财务专项核查的关系

对于保荐机构而言,对 IPO 公司的关于财务方面的尽职调查可以界定为财务核查。财务核查的目的有两个,一个是通过一般性的财务核查来保证 IPO 公司财务信息披露的完整性和准确性,另一个则是通过财务专项核查来防范 IPO 公司可能存在的重大错报风险。

对于会计师而言,需要进行的财务专项核查属于审计或鉴证程序的一部分。基于风险导向的审计框架,会计师对于重大错报风险的审计主要包括识别重大错报风险和针对识别出的重大错报风险实施进一步的审计程序。会计师以查证财务操纵为目的的财务专项核查应该属于重大错报风险审计的最主要内容。

综上,对于保荐机构和会计师而言,作为财务核查和独立审计的重要部分,财务专项核查主要是防范 IPO 公司财务信息的重大错报风险。

7.1.2.2 IPO 重大错报风险主要来自财务操纵

IPO 财务信息的重大错报风险来源于 IPO 公司的错误和财务操纵。错误可以分为内部控制制度缺陷导致的错误和会计核算导致的错误。财务操纵是管理层以虚增报告期内的经营业绩为主要目的而实施的财务舞弊及业绩粉饰行为。

在当前的实务中,IPO 公司的业务管理和财务核算普遍使用或基于 ERP 系统,日常管理和核算总体上较为规范,真正由于内部控制制度缺陷和会计核算所导致的重大错报是比较少见的,即使存在,中介机构通过内部控制制度测试和细节测试等常规程序也比较容易发现并予以纠正。而对于管理层实施的财务操纵,尤其是系统性的财务舞弊,在内部控制制度被完全逾越且存在外部交易对手密切配合的情况下,往往具有虚增利润金额较大、操作形式较为隐蔽的特征,很难通过常规的内部控

制制度测试和细节测试发现。综上分析，IPO 财务信息的重大错报风险主要来自 IPO 公司的财务操纵。

551 号文中明确的财务专项核查重点，均属于 IPO 公司的财务操纵，核查重点中未列举因内部控制制度或会计核算等错误产生的重大错报风险，这是和 IPO 公司重大错报风险的特征密切相关的。

7.1.2.3　财务核查应以财务操纵风险为导向

证监会 114 号文明确要求保荐机构在尽职调查过程中应保持职业怀疑，关注报告期内的盈利增长情况和异常交易，防范利润操纵，本质上是对 IPO 公司持有"有罪推定"的审核态度。财务审查具有范围广、事项多、工作细的特征，只有基于财务操纵风险导向，以财务专项核查的内容为重点，中介机构把财务核查的工作重心分配至高风险的领域，制定财务操纵风险导向下的核查框架，才能有效防范 IPO 公司的财务操纵。

保荐机构以财务专项核查为重点，以财务操纵风险为导向来进行 IPO 公司的财务核查，与当前会计师执行独立审计准则中以"舞弊风险"为重心的风险导向审计有异曲同工之处。

中国注册会计师协会于 2019 年 12 月修订印发了《中国注册会计师审计准则问题解答第 1 号——职业怀疑》（以下简称职业怀疑解答）等与舞弊识别高度相关的五项准则问题解答，其中有两个重要事项确定了"舞弊风险"在风险导向审计中的重要地位。

事项一：职业怀疑解答中，要求至少做出关于舞弊风险的两项假定，一项是管理层凌驾于内部控制制度之上，另一项是收入确认存在舞弊风险。事项二：《中国注册会计师审计准则问题解答第 4 号——收入确认》和《中国注册会计师审计准则问题解答第 6 号——关联方》解答中，明确提出超出常规程序之外的延伸检查，具体而言是对交易参与方的真实背景进行调查，对异常交易的资金来源和去向进行追踪，对关联方的财务和资金进行检查。这三项延伸检查，彻底突破了常规审计程序的范畴。

事项一中的两项假定认为，任何公司的管理层都存在舞弊的动机和机会，任何公司的收入确认都存在舞弊风险，从根本上形成了独立审计"舞弊风险"的导向。在此前提下，对于IPO公司而言，重大错报风险势必无法下降至低风险，在舞弊风险较高的情况下，势必会涉及较多的对交易参与方的调查、对资金的追踪及对关联方的检查等延伸检查程序。

7.1.3 财务专项核查方法的不同维度

在IPO财务核查的过程中，中介机构应以财务操纵风险为导向，从财务数据的分析、特定领域的实质性检查两个方面入手进行财务专项核查。

财务报告及相关财务信息的分析是保荐机构进行财务尽职调查的主要手段，分析性复核程序是会计师审计的主要程序。财务专项核查所依赖的分析性程序可以具体分为财务数据和非财务数据的相互印证、对高风险财务操纵领域的分析、财务报表层面舞弊特征的分析三个维度。特定领域的实质性检查又可以分为常规检查和延伸检查两类。实质性检查是针对可能存在财务操纵风险的领域实施的特别检查，可以发现可能存在舞弊的细节证据。

通过财务分析识别出财务操纵的风险事项，通过实质性检查发现的细节异常来印证已识别出的风险事项，是有效查证财务操纵事项的手段。

7.1.3.1 财务数据分析的维度[一]

1. 财务数据和非财务数据能否相互印证

财务数据和非财务数据的相互印证是财务分析的核心。

财务报告分析的过程，包括在收集IPO公司有效数据的基础之上，始终把握财务数据和非财务数据相互印证的一个核心，沿着基于不同期间的横向比较和基于可比同行业公司的纵向比较两条主线，通过分析财务报告的会计方法、报表科目和财务比率三类要素，对IPO公司的资产质量、盈利质量、现金流量和财务操纵四项内容做出具体评价。

财务数据和非财务数据相互印证是一个交互相向的过程：一是从非财务到财务，即财务数据是否符合基于非财务数据做出的初步预期；二是从财务到非财务，即实际的财务数据能否以非财务数据进行印证。非财务数据中，最有效的是具有高度客观性、对经营成果具有直接驱动性的核心数据或指标。

基于财务操纵风险导向，财务数据和非财务数据存在无法相互印证的情况，则可能说明IPO公司存在财务舞弊或重大的业绩粉饰行为。

2. 财务操纵的高风险领域

IPO财务操纵的高风险领域可以分为高风险行业、高风险结构、高风险业务、高风险会计方法四个方面。交易对手不规范或不透明、业务环节简单或难以验证、资金流动缺乏痕迹，是判断是否属于高风险行业的核心要点。相对于最简单的控制结构，如果存在多主体、多元化经营，以及多层次控制的集团结构，则存在更高的操纵风险。高风险业务

[一] 本章论述的对于财务分析方法和财务舞弊识别的总结性内容，引自笔者的《从报表看舞弊：财务报表分析与风险识别》一书。

一般具有异常业务趋势、异常业务模式、异常客户和异常交易四种特征。运用过程中缺少客观性的会计方法，容易被舞弊者利用，属于高风险的会计方法。

识别出 IPO 公司存在财务操纵的高风险领域，有利于更有针对性地执行进一步的核查程序。

3. 财务报表层面的舞弊特征

财务舞弊的目的，是产生虚假的会计利润。根据会计的平衡关系，贷方产生利润，借方则有虚增资产、虚减负债、虚减权益三种可能，这就是"舞弊恒等式"。贷方利润，可能是由虚计收入产生的，也有可能是少计成本或费用产生的。

通过"舞弊恒等式"的原理可以知道，虚增利润必然会影响到资产负债表科目，所以在利润存疑的前提下，通过分析资产负债表科目存在的异常，往往能更准确地发现财务舞弊的线索，且有可能直接识别舞弊的方式。利润表的异常，主要体现为收入异常、毛利率异常及期间费用率异常。资产负债表的异常，通常体现在资产科目。资产科目的异常，主要表现为资产余额、类别及波动与公司的经营模式、业务特点或者商业常识不相符。

较大的财务舞弊，无一不是虚增收入和虚减成本，即除非虚增收入和虚增成本完全匹配，否则都会带来毛利率虚高的问题。由此，对于大部分的财务舞弊，毛利率畸高同时存在异常资产，是一个最常见的"双击"舞弊的信号。

通过综合运用上述三个维度的财务分析，中介机构可以识别出 IPO 公司是否存在财务操纵、财务操纵的领域及可能的实施方式，以及可能对财务报表中的哪些报表科目产生了重大影响。

7.1.3.2 特定领域的实质性检查

对于财务专项核查需要在特定领域执行的实质性程序，笔者根据证监会89号文、首发问题解答，以及问询中常见的核查要求，对主要的核查领域和针对性的核查程序进行了总结，如表7-1所示。

表7-1 特定领域需执行的核查程序

序号	对特定领域的核查程序	程序性质
1	对业务循环进行全流程穿行和控制测试	常规程序
2	对信息系统进行IT审计	常规程序
3	对应收账款和收入进行函证	常规程序
4	对存货进行监盘	常规程序
5	对客户和供应商进行访谈	延伸性程序
6	对经销商进行穿透核查	延伸性程序
7	对银行资金流水进行核查	延伸性程序
8	对关联企业进行核查	延伸性程序

注：核查程序性质的划分参考了审计准则中的常规程序和延伸性程序。

控制测试、IT审计、函证、监盘等在审计实务中属于比较有效的常规审计程序，在IPO核查中要加强其执行的范围和强度，例如，对于控制测试，强调贯穿整个业务全流程的大样本测试；函证和监盘作为财务核查程序，其应收账款发函和存货实地监盘的范围比正常审计可能要大幅增加，中介机构对于过程的独立性控制也需要特别加强。

延伸性程序在一般审计中并非必要程序，原则上只在判断被审计单位舞弊风险较高的时候才需要执行，但在IPO财务核查中则全部属于必须执行的程序。延伸性程序往往没有明确的边界，核查过程中需要根据舞弊风险的升高而随之不断扩大。表7-1中的四项延伸性程序，实际对应的就是551号文提出的12条事项中难以通过正常核查手段发现的三类事项。

通过实质性检查，可能会发现 IPO 公司在内部控制制度、业务和财务、银行流水等方面存在的异常，如果这些异常能够用于印证已通过分析性程序所确定的舞弊或粉饰迹象，那么中介机构有很大可能据此查实 IPO 公司存在的财务操纵事项。如果只靠财务分析来核查财务操纵，则往往会缺乏实质性细节证据的配合；反之，如果只靠检查细节异常来查证财务操纵，则往往无法看清舞弊的过程全貌，也经常是没有效率的。

7.1.4 财务专项核查存在的一些误区

中介机构对 IPO 公司进行财务专项核查，通过重点关注 IPO 公司存在的高风险领域，利用对财务数据和非财务数据不能够相互印证的财务分析结论，在"舞弊恒等式"的指引下识别出财务操纵的可能路径，再结合特定实质性检查所发现的细节异常，最终确定 IPO 公司可能存在的财务操纵事项。

对于中介机构而言，在财务专项核查中需要防止踏入以下常见的误区。

误区一：错误的风险核查逻辑。

在财务核查过程中，保荐机构和会计师都需要保持充分的职业怀疑，但舞弊风险的高低本身取决于中介机构的职业判断，如果中介机构有意无意地忽略存在的高舞弊风险，从而可接受的检查风险就高，利用常规程序和延伸性程序进行检查的广度和深度就小。这种盲目追求自洽性的风险核查逻辑可能会导致财务专项核查程序化和表面化，成为未能发现 IPO 中的重大财务操纵的重要诱因。

误区二：认为程序完备可以应对舞弊风险。

无论是财务数据分析还是实质性检查，也无论是常规程序还是延伸性程序，程序的完备性往往是没有边界的，执行程序的效果也因人而异。对于仅靠常识就能发现的舞弊，再纠结于程序细节是非常荒谬的。对于发现的任何财务和业务异常，IPO 公司管理层几乎都能找到貌似合理的辩解，最后常常使原本明显的问题陷入混沌状态。而如果跳出程序细节，有时候仅凭常识和职业怀疑就可以识别出重大的财务操纵。

误区三：过分追求风险判断的确定性。

财务核查是有限证据下的风险判断而非绝对验证，完全验证性地"抓住"财务操纵是可遇而不可求的。只要通过综合的风险判断，认定财务操纵的可能性很高，需要考虑的就应该是如何应对风险的问题。过分追求风险判断的确定性可能会导致盲目地扩大核查范围而仍然未能成功防范财务操纵。

7.2 IPO 财务专项核查的主要程序

IPO 财务专项核查程序，是中介机构在实务中所执行的以查证 IPO 公司财务操纵为主要目的的核查程序。有些程序属于在核查过程中需要强化执行的常规程序，包括全流程穿行测试、信息系统核查、函证和监盘等；有些程序属于主要用于财务专项核查的延伸性程序，包括访谈客户和供应商、对经销商的穿透核查、银行资金流水核查、关联企业核查等。

7.2.1 常规核查程序

7.2.1.1 全流程穿行测试

穿行测试本身是一个审计的概念，指审计人员通过追踪少量交易在财务报告信息系统中的处理过程，以证实对交易流程和相关控制的了解。在 IPO 财务核查中，穿行测试的内涵远远超出审计中的原始概念。IPO 核查强调的是对业务循环进行全流程的穿行测试，一个业务从起点穿行到终点，既是穿行测试又是内部控制制度测试，在样本足够大的情况下还是重要的细节测试。

1. 穿行测试的目的

IPO 穿行测试的目的不仅仅是了解流程和控制，而且是在了解的同时对流程和内部控制制度进行测试和评估，判断是否符合 IPO 的内部控制制度要求以及是否存在业务真实性的疑问，并对识别出的内部控制制度偏差进一步判断其性质。对于某些系统性财务舞弊，虚假的业务单据可能会体现出某些测试偏差，如合同要素不齐、缺少签章、签章不实、关键环节无审批等。

2. 穿行测试的内容

IPO 穿行测试，是对报告期内的重点业务循环进行大样本、全流程的测试。重点业务，一般限于销售与收款、采购与付款两类交易频繁、涉及资金流转且与外部交易对手联通的业务流程。

全流程的内部控制制度测试强调选取的样本要穿过流程中的每一个环节，这与审计内部控制制度测试的要求是不同的，审计内部控制制度测试往往是按流程中的主要业务环节来选取样本，一般并不要求不同环节之间全部联通。

大样本的 IPO 穿行测试中，需要选取的销售和采购测试的样本量通常均大于 100 个。在上述全流程大样本穿行之后，不但业务流程的内部控制制度会完整呈现出来，并且对业务的真实性也进行了必要的验证。

7.2.1.2 信息系统核查

财务核查中的信息系统核查，一般具有对企业 ERP 系统进行内部控制制度测试和对财务数据利用技术手段进行真实性验证的双重目的。中介机构需要组织内部 IT 专家或外部 IT 专家进行信息系统 IT 审计。

1. IT 审计的范围

根据首发问题解答第 53 问和 IPO 实务中的审核要求，需要执行 IT 审计的 IPO 公司主要有如下三类。

（1）电商、互联网信息服务、互联网营销企业等，其业务主要通过互联网开展。此类企业，报告期内任意一期通过互联网取得的营业收入占比或毛利占比超过 30% 时即必须进行 IT 审计。

（2）主要经营活动并非直接通过互联网开展，但其客户主要通过互联网销售发行人的产品或服务，如发行人该类业务营业收入占比或毛利占比超过 30%，也必须进行 IT 审计。

（3）非上述必须进行 IT 审计的两类情况，但日常经营高度依赖信息系统的其他企业，在 IPO 审核过程中也存在要求中介机构对发行人进行信息系统核查的可能性。

2. IT 审计的主要内容和关注重点

财务核查的信息系统主要是 IPO 公司报告期内实际使用的 ERP 系统，IT 审计主要包括整体控制测试、一般控制测试、应用控制测试、运营数据检查、数据统计分析等内容。IT 审计主要关注下述四个重点。

（1）经营数据的完整性和准确性：是否存在数据被篡改的风险，与财务数据是否一致，业务系统记录的充值、消费数据是否准确，等等。

（2）经营数据的真实性：交易金额与第三方支付渠道交易金额是否一致，是否存在自充值或刷单情况，广告投放是否存在与广告商串通进行虚假交易情况，互联网数据中心或带宽费用与访问量是否匹配，推广投入效果如何，等等。

（3）用户真实性与变动合理性：包括新增用户的地域分布与数量，活跃用户数量、访问时长和时段，系统数据与第三方统计平台数据是否一致，不同平台用户占比是否符合商业逻辑与产品定位，平均用户收入、平均付费用户收入等数值的变动趋势是否合理，获客成本、获客渠道是否合理，等等。

（4）用户行为的真实性：包括但不限于登录 IP 或 MAC 地址信息、充值与消费的情况、重点产品消费或销售情况、僵尸用户情况等，用户充值、消耗或消费的时间分布是否合理，应用软件的下载或激活的用户数量、新增和活跃的用户是否真实，是否存在购买虚假用户流量或虚构流量情况。

部分互联网企业的自充值或刷单情况是比较普遍的，相关交易往往在信息系统中形成虚假的业务数据和财务数据。中介机构应该结合信息系统的核查和对 IPO 公司的深入访谈，准确识别出系统中的自充值或刷单交易及报告期内的金额，并进一步评估内部控制制度的有效性和财务数据的真实性。

7.2.1.3 应收账款和收入的函证

应收账款和收入函证情况在审核问询中属于常规性问题。中介机构一般被要求详细披露函证的具体情况，包括报告期内发函金额、发函比例、回函比例、回函相符比例、回函不符比例、未回函所实施的替代程序，等等。函证程序的核心是中介机构对发函过程的独立性控制。应收账款和收入函证的回函必须由客户加盖公章或财务章，加盖其他印章一般情况下视同无效回函或回函效力明显不足。

函证是会计师审计所执行的最重要审计程序之一，但 IPO 财务核查要求的发函和回函的比例比正常审计要高很多，一般情况下，报告期内各期的发函和回函比例均应不低于 70%。对于回函差异，中介机构要分析是否属于公司会计处理不当的原因，是否存在收入确认的内部控制制度缺陷，是否需要进行数据调整，调整后的金额是否相符。对于未回函的客户，中介机构一方面要分析未能回函的合理性，并考虑进行必要的替代测试，另一方面应考虑将该客户列入访谈范围，通过访谈进一步确认交易和应收账款的真实性。

对于函证细节存在的偏差，比如发函地址异常、回函地址异常、回函用印异常等，中介机构需要高度注意是否可能与 IPO 公司的财务舞弊相关。

以下是创业板 IPO 公司国缆检测⊖的收入函证问询案例。

在国缆检测的证监会注册阶段的问询中，证监会要求中介机构披露以下收入函证事项：营业收入的发函对象选取标准，说明报告期内各期发函数量及营业收入占比、未回函数量及营业收入占比、未回函原因及合理性、回函不符数量及营业收入占比、针对未回函及回函不符情况执行的核查程序。

中介机构对上述问询的回复内容主要如下。

1. 函证程序发函对象选取标准

（1）根据客户销售额的重要性，按照金额从大到小进行排序选取函证样本，将销售收入累加合计占当期发行人营业收入 70% 以上的客户全部纳入函证范围。

⊖ 国缆检测全称上海国缆检测股份有限公司。本章关于国缆检测的相关表述和分析所依据的资料来源于其在创业板发行上市审核信息公开网站（http://listing.szse.cn/）公布的招股说明书和相关审核问询函的回复。

(2) 根据应收账款余额的重要性，按照金额从大到小进行排序选取函证样本，将应收账款余额累加合计占报告期内各期末应收账款余额70%以上的客户全部纳入函证范围。

(3) 当期末应收账款余额或当期营业收入发生额在10万元以上的新增客户。

(4) 前述（1）至（3）未覆盖到的其他样本，各期随机抽取30家客户进行函证。

2. 报告期内函证的回函情况

报告期内，保荐机构、会计师对客户执行函证程序过程中，各期发函数量及营业收入占比、未回函数量及营业收入占比、回函不符数量及营业收入占比情况如表7-2所示。

表7-2 国缆检测报告期内的收入函证情况

项目	2021年	2020年	2019年	2018年
发函客户数量	401家	416家	406家	391家
发函金额占营业收入比例	85.32%	83.00%	77.77%	71.43%
回函相符客户数量	224家	335家	331家	295家
回函相符金额占营业收入比例	62.28%	67.69%	62.00%	56.17%
未回函客户数量	166家	59家	51家	71家
未回函金额占营业收入比例	20.74%	13.29%	12.94%	14.29%
未回函替代测试占营业收入比例	20.74%	13.29%	12.94%	14.29%
回函不相符客户数量	11家	22家	24家	25家
回函不符金额占营业收入比例	2.30%	2.02%	2.83%	0.97%
回函不符核查后无异常金额占营业收入比例	2.30%	2.02%	2.83%	0.97%

(1) 客户未回函的原因。

客户未回函的原因主要包括下述几个方面。

1)部分客户为政府部门、事业单位、国有企业或外资企业,印章管理严格,盖章流程较为烦琐,对接经办人难以协调取得回函。

2)部分客户业务持续性较弱,以前年度发生交易后,后续与公司无继续合作计划或合作具有不确定性,客户回函配合度较低。

3)部分境外客户体量较大,业务繁多,回函意愿低,经办人长时间沟通仍无法取得回函。

(2)客户回函不符的原因。

客户回函差异主要为入账时间差异。国缆检测在客户签收快递后确认收入,而它的部分客户以收到开具的发票为成本费用确认时点,与国缆检测在入账时间上存在一定差异。其他回函差异主要为税额差异。核查后国缆检测确认的收入不需要调整。

(3)对于未回函的客户的替代测试。

中介机构对于全部未回函收入100%执行了如下替代测试。

1)获取未回函客户销售明细,检查未回函客户的销售合同、订单、业务流转表、快递发运单、快递签收单、检测报告、销售发票、银行回款流水等,核查各期收入是否真实、准确。

2)对于未回函的所有客户进行回款检查,检查客户回款的银行单据,核对回款方与客户名称是否一致,回款性质与收入是否相关,进一步验证收入的真实性。

从国缆检测的收入函证案例,我们可以总结出以下几点结论。

(1)该收入函证问询发生在公司的证监会注册阶段,足以说明函证程序作为IPO核查程序的重要性。函证过程中的样本选取和回函分析均需要清晰、到位。

(2)报告期内收入回函比例均不足70%,尤其是2021年未回函的客户数量猛增，加之中介机构对公司客户的走访比例各期均不到 60%，从结果来看，中介机构对于客户的核查比例略有不足，这可能是在注册阶段引发问询的主要原因。

（3）对于未回函的收入，需要全部进行替代测试；对于回函不符的收入，需要全部核查原因并判断收入确认是否存在差错。

7.2.1.4　存货监盘

存货监盘情况在审核问询中属于常规问题。中介机构一般被要求详细披露存货监盘的具体情况，包括参与监盘时间、地点、人员、范围、各类存货监盘方法、程序、监盘比例、实施的其他替代程序。

中介机构要区分存货盘点、监盘、抽盘的区别。存货盘点是 IPO 公司每年末必须执行的内部控制制度程序，IPO 期间一般在各期末均要进行全面盘点，对盘点过程进行留痕，对盘点结果进行相应处理。监盘指中介机构观察 IPO 公司的盘点情况并对已盘点存货进行适当的检查。抽盘指中介机构在监盘过程中抽取部分存货进行独立复盘，故盘点范围一般大于监盘范围。抽盘只是监盘中的一个环节。监盘存货的范围一般要大于抽盘的存货。

监盘是会计师审计所执行的最重要审计程序之一，IPO 财务核查要求的存货监盘和复盘的比例比正常审计要高很多。在 IPO 公司进行全面盘点的情况下，中介机构的监盘比例一般要接近 100%，抽盘比例要超过期末存货的 70%。但由于 IPO 公司存货可能具有数量多、品种多、单位金额小的特征，在存货内部控制制度良好并做好合理抽样的基础上，出现中介机构执行抽盘的比例较低的情况，在审核中也是可以接受的。

对于境外存货，如果中介机构无法出境执行对境外存货的盘点，根据境外存货的重要性以及存货的特点,一般可以采取两种替代方式:①由中介机构直接通过视频形式进行远程监盘;②委托具有专业胜任能力和独立性的境外会计师执行监盘程序,再由中介机构进行必要的复核。

根据"舞弊恒等式",存货是比较容易隐藏虚假利润的资产科目,尤其是不易盘点数量的存货和价值不易确定的存货。对此,中介机构可能需要聘请行业专家协助进行盘点,对于实际存在的盘点差异,需要进一步判断是存货管理的正常误差还是可能存在财务舞弊的信号。

以下是一个存货监盘的案例。

铁建重工[①]是科创板 IPO 公司,主营业务为掘进机装备、轨道交通设备和特种专业装备的设计、研发、制造、销售、租赁和服务。交易所在审核问询过程中,要求保荐机构及申报会计师说明铁建重工的存货盘点制度和执行情况,存货相关内部控制制度是否健全有效,监盘、抽盘结果。以下是保荐机构及申报会计师的回复。

1. 铁建重工存货盘点制度和执行情况,存货相关内部控制制度是否健全有效

铁建重工制定了《存货管理制度》,覆盖从原材料采购入库、领用,半成品移库,到产成品入库、发货、配送以及客户签收或装船等实物流转和保管的各个环节。公司重视库存实物的盘点,一般采取季度抽盘、年中及年末全盘以确保账实相符。盘点后财务部门会同仓库管理部门梳理盘点结果,在盘点过程中如发现摆放及其他存货管理问题,会及时处理。报告期各期末,公司根据存货盘点制度均已实施了盘点,盘点严格

---

① 铁建重工全称中国铁建重工集团股份有限公司。本章关于铁建重工的相关表述和分析所依据的资料来源于其在科创板发行上市审核信息公开网站(http://star.sse.com.cn/renewal/)公布的招股说明书和相关审核问询函的回复。

按制度执行，盘点后均形成盘点报告。经查阅盘点报告，公司存货账实基本相符，存货相关内部控制制度健全有效。

2. 监盘、抽盘结果

申报会计师对铁建重工 2017 年 12 月 31 日、2018 年 12 月 31 日、2019 年 12 月 31 日和 2020 年 6 月 30 日期末存货执行了监盘、抽盘程序。保荐机构对铁建重工 2019 年 12 月 31 日和 2020 年 6 月 30 日期末存货执行了监盘、抽盘程序。中介机构的执行结果如表 7-3 所示。

表7-3 铁建重工报告期内的存货监盘情况

报告期	监盘日期	监盘比例	抽盘比例	监盘结果
2020 年 1~6 月	2020 年 6 月 29~30 日	100%	98.92%	未见异常
2019 年度	2019 年 12 月 26~30 日	100%	96.05%	未见异常
2018 年度	2018 年 12 月 26~28 日	100%	83.81%	未见异常
2017 年度	2017 年 12 月 25~27 日	100%	77.78%	未见异常

保荐机构、申报会计师在监盘过程中观察公司盘点人员的盘点过程是否按照盘点计划执行并准确记录存货数量和状况，过程中重点关注存货数量是否存在差异、存货状态是否存在毁损破坏情况。监盘与抽盘情况显示，公司存货管理情况较好，存货摆放整齐、实物状况良好，抽盘结果与公司盘点结果一致。

通过铁建重工的存货监盘案例，我们可以总结出以下几点结论。

（1）IPO 公司季度抽盘、年中及年末全盘以确保账实相符，是中介机构执行监盘和抽盘程序的前提。IPO 公司盘点要严格按制度执行，盘点后均形成盘点报告。

（2）保荐机构、申报会计师需要如实披露报告期内各自执行的监盘情况。对于未能监盘的期间，需要执行必要的存货确认的替代程序。

（3）本案例中中介机构对存货全部进行了监盘，且各期抽盘金额均达到了很高的比例，足以符合 IPO 核查的要求。

7.2.2 延伸性核查程序

7.2.2.1 访谈客户和供应商

对客户和供应商的访谈，重点并不在于确认销售或采购金额，相关交易金额通过独立函证也可以得到证实。客户访谈的重点，在于验证 IPO 公司的销售业务和客户的匹配性、销售业务的商业逻辑和真实性，以及 IPO 公司是否与客户存在潜在关联关系的迹象，并最终判断 IPO 公司存在虚假销售或销售回款体外循环的可能性。供应商访谈的重点，在于验证采购业务和供应商的匹配性、采购业务的商业逻辑和真实性，IPO 公司是否与供应商存在潜在关联关系的迹象，并最终判断 IPO 公司存在虚假采购或通过供应商进行体外循环的可能性。

访谈客户和供应商最好的方式是现场走访。现场走访可以通过一些观察到的细节直接佐证销售和采购的真实性，比如在走访公司的现场，可以查阅宣传页，查看办公地址、生产和工作繁忙度、仓库大小、经营情况，通过不经意的闲聊获取客户或供应商对 IPO 公司更为可信的真实评价，等等。

1. 客户访谈

表 7-4 列示了客户访谈的核查要点和主要内容。

表7-4 客户访谈的核查要点和主要内容

核查要点		核查主要内容
访谈对象选取	销售金额规模	报告期各期销售额排名前5名、前10名或前20名的大客户
	客户存在异常	当期新增/注销的重要客户,既是客户又是供应商的客户,刚刚成立即成为主要客户的客户,非法人实体客户,前员工任职或持股的客户,业务高度依赖公司的客户
	交易存在异常	各期销售金额变动较大,期末存在突击销售,存在较大的非实物性交易
	访谈覆盖金额	占报告期各期70%以上销售额,其中客户总体、经销客户、直销客户分开统计且均超过70%
访谈方式	实地走访辅以其他方式	实地走访、视频访谈、电话访谈、发函访谈等。实地走访主要客户,观察其生产经营场所,查看存货是否存在积压;对于视频访谈,要求被访谈人选择生产经营场所作为访谈背景
访谈的要点	客户基本情况	了解客户办公地址、法定代表人、注册资本、成立时间、股东情况、董监高情况等,了解客户与公司之间是否存在关联关系或其他利益安排等
	客户经营情况	客户的主营业务、经营地区、经营规模、行业地位,客户是生产商还是贸易商,下游主要客户情况。如果客户是经销商,需要进一步落实对经销商客户的穿透核查事项
	公司和客户的业务合作情况	公司与客户开始合作时间、交易的内容、业务模式(包括定价方式、交货方式、验收方式、开票方式、付款方式、信用期限、对账方式等),报告期内每期交易金额,向公司采购占客户同类交易的比例,产品退货处理方式及退货情况,是否存在第三方付款或现金付款、是否存在其他特殊关系或业务合作,是否存在非经营性资金往来,是否存在通过鼓励政策或补偿利益的方式促进销售的其他约定
	潜在关联关系	了解公司的主要股东、董监高、关键经办人员是否在客户处任职或者持股,客户的主要股东、董监高、关键经办人员是否在公司处任职或者持股

2. 供应商访谈

供应商包括原材料供应商、委外加工的供应商,以及购建长期资产的供应商。在确定访谈对象和设计访谈重点内容时,要分别考虑不同类别的供应商的特征。

表 7-5 列示了供应商访谈的核查要点和主要内容。

表7-5 供应商访谈的核查要点和主要内容

核查要点		核查主要内容
访谈对象选取	采购金额规模	报告期各期采购额排名前 5 名、前 10 名或前 20 名的大供应商
	供应商存在异常	当期新增/注销的重要供应商，既是供应商又是客户的供应商，刚刚成立即成为主要供应商的供应商，非法人实体供应商，前员工任职或持股的供应商，业务高度依赖公司的供应商
	交易存在异常	各期采购金额变动较大，存在较大的非实物形态的采购，存在无形资产的采购，存在较大的难以确定真实价值的采购
	访谈覆盖金额	占报告期各期 70% 以上采购额，其中总体采购、原材料采购、委外加工供应商、长期资产供应商分开统计且均超过 70%
访谈方式	实地走访辅以其他方式	实地走访、视频访谈、电话访谈、发函访谈等。实地走访主要供应商，观察其生产经营场所；对于视频访谈，应要求被访谈人选择生产经营场所作为访谈背景
访谈的要点	供应商基本情况	了解供应商办公地址、法定代表人、注册资本、成立时间、股东情况、董监高情况等，了解供应商与公司之间是否存在关联关系或其他利益安排等
	供应商经营情况	供应商的主营业务、经营地区、经营规模、行业地位，供应商是生产商还是贸易商，供货是自产还是外购，供应商的主要客户情况
	公司和供应商的业务合作情况	公司与供应商开始合作时间、采购的内容、业务模式（包括定价方式、交货方式、验收方式、开票方式、付款方式、信用期限、对账方式等），报告期内各期交易金额，向公司销售占供应商同类交易的比例，是否存在第三方代付款或现金付款，是否存在其他特殊关系或业务合作，是否存在非经营性资金往来，是否存在通过鼓励政策或补偿利益的方式降低采购单价的其他约定
	潜在关联关系	了解公司的主要股东、董监高、关键经办人员是否在供应商处任职或者持股，供应商的主要股东、董监高、关键经办人员是否在公司处任职或者持股

7.2.2.2 对经销商的穿透核查

经销模式，一般认为是存在重大财务操纵风险的销售模式。IPO 公司为提升短期销售业绩，可能会利用公开的或私下的优惠条件鼓励经销商囤货，或者利用强势地位向经销商提前压货等。此外，经销商并非产品的终端客户，IPO 公司可能会安排有关联关系的终端客户向经销商进行采购，最终实现销售的自我循环。

1. 对经销商的核查程序

中介机构首先应通过检查经销合同、与同行业对比分析、对经销商进行访谈等核查方式，充分了解 IPO 公司报告期内的经销模式，判断经销模式可能存在的财务操纵风险，再分层选择核查对象，通过对经销商的终端销售进行充分的、必要的穿透核查，从而验证经销业务的真实性。

根据首发问题解答第 46 问，判断经销模式的财务操纵风险，应重点关注以下内容：经销商和公司是否存在实质和潜在关联关系；经销模式及经销收入占比是否与同行业可比上市公司相符；经销收入的毛利率、信用期和应收账款等财务指标是否存在异常；经销商是否专门销售公司产品；经销商的终端销售及期末存货情况；报告期内经销商是否存在较多新增与退出情况；经销商是否存在大量个人等非法人实体；经销商回款是否存在大量现金和第三方回款。

只有验证经销商向终端客户销售的真实性，才可以反过来说明 IPO 公司对经销商销售的真实性。IPO 财务核查中，对经销商的穿透核查需要一直穿透至经销商的终端客户。如果只存在一级经销商，那么只需要穿透一级，如果存在二级甚至更多层次的经销商，那就要层层穿透至实现最终销售的终端客户。

能够实现完全的穿透核查的前提，是经销商能够提供其采购自公司产品的存货进销存明细表、销售明细表、下游终端客户的名称和联系方式等基础资料。基于基础数据，中介机构对终端客户的情况进行初步判断，根据需要达到的终端核查比例选择重点核查对象；中介机构对终端客户采用不同的形式进行访谈，访谈内容的重点，一是了解其与 IPO 公司和经销商之间是否存在关联关系，二是了解其业务和经营情况，以验证其通过经销商购买 IPO 公司产品的交易与其业务的匹配性。

对于经销商而言，上述销售和下游终端客户数据属于其核心的商业机密，大部分情况下经销商不愿意提供完整、翔实的销售数据。实务中，IPO 公司只能协调经销商尽可能地配合核查工作，核查的效果有赖于经销商和终端客户的配合程度。有时候经销商配合程度也是个悖论：如果真能够很轻易地取得经销商的所有商业数据，这是否说明经销商与 IPO 公司存在潜在关联关系，其配合 IPO 公司做高销售的可能性反而更大了呢？

2. 一个经销商终端核查的案例

芯导科技[○]是科创板 IPO 公司，主营业务为功率半导体的研发与销售。经销模式是公司主要的销售模式。公司通过《经销商管理制度》等文件建立了成熟完善的经销商管理制度，通过《经销商周报》等文件执行备货等业务操作。

中介机构对芯导科技经销商终端客户的核查过程如下。

（1）区分主要经销商和非主要经销商。

根据重要性原则，选取 21 家主要经销商，报告期内主要经销商的销售数量占比如表 7-6 所示。

表7-6　芯导科技选取的经销商销售数量占比

销售数量占比	2020 年	2019 年	2018 年
主要经销商销售数量占比	78.35%	80.04%	83.38%
非主要经销商销售数量占比	21.65%	19.96%	16.62%

○ 芯导科技全称上海芯导电子科技股份有限公司。本章关于芯导科技的相关表述和分析所依据的资料来源于其在科创板发行上市审核信息公开网站（http://star.sse.com.cn/renewal/）公布的招股说明书和相关审核问询函的回复。

（2）核查主要经销商对应的终端客户。

报告期各期，21家主要经销商分别提供了261家、275家和367家终端客户采购量数据。对这些终端客户的访谈情况如表7-7所示。

表7-7　芯导科技终端客户核查情况

核查情况	2020年	2019年	2018年
主要经销商提供的终端客户数量	367家	275家	261家
终端客户采购数量占比	90.71%	95.13%	91.73%
访谈的终端客户数量	33家	31家	27家
访谈的终端客户采购数量占比	71.5%	77.07%	74.73%
其中：重要终端客户数量	11家	13家	11家
重要终端客户采购数量占比	60.76%	70.15%	68.36%
其中：非重要终端客户数量	22家	18家	16家
非重要终端客户采购数量占比	10.74%	6.92%	6.37%

报告期内单一终端客户采购数量占比（即单一终端客户采购数量除以主要经销商销售总数量）任意一期达到1.5%的终端客户，被视为重要终端客户并进行走访。除上述重要终端客户外，21家主要经销商对应的其他终端客户数量众多且采购量分散，中介机构对各会计期间分别抽了16家、18家和22家进行访谈。

（3）对于非主要经销商对应终端客户的核查

针对非主要经销商对应的终端客户，中介机构结合重要性原则，报告期各期分别抽选了6家、5家、6家终端客户进行核查，这些终端客户采购总数量占非主要经销商销售总数量的比例分别为8.37%、5.95%和12.74%。

（4）针对终端客户实施的核查程序。

中介机构针对上述终端客户的基本情况、与芯导科技的合作情况及采购芯导科技产品主要情况进行了核查，具体情况如下。

1）关于主要终端客户基本情况的核查。

中介机构通过实地走访、电话访谈及查询公开资料的形式，了解报告期各期芯导科技主要终端客户成立时间、注册资本、股权结构及实际控制人、主营业务等情况。通过核查主要经销商、主要终端客户的股权结构及其实际控制人的信息，确认与芯导科技之间不存在关联关系或其他利益关系。

2）关于主要终端客户与芯导科技合作情况的核查。

中介机构通过访谈芯导科技管理层及主要终端客户，了解芯导科技与主要终端客户的合作背景、合作期限、合作模式、终端客户使用芯导科技产品的主要类别等。通过公开资料查询主要品牌手机厂商及ODM厂商的手机出货量相关数据，并通过访谈了解报告期各期芯导科技产品占上述终端客户同类采购份额变动情况，进一步分析各期前五大终端客户采购量波动的合理性。

通过芯导科技的经销商终端核查案例，我们可以总结出两点。

（1）芯导科技属于芯片设计行业，产品销售的经销模式是行业主流。芯导科技对经销商的管控强势，经销商的终端客户情况和定期备货情况都需要向芯导科技报备，故芯导科技能够获取比较翔实的经销商终端销售数据。这是其行业和具体经销商管控的特殊性形成的。

（2）对于经销商的选择和终端客户的选择，中介机构均根据重要性原则进行分层抽样，对主要经销商和重要终端客户全部进行核查，对非主要经销商和非重要终端客户则进行抽查，兼顾实现了核查范围和核查重点的需求。

7.2.2.3 银行资金流水核查

IPO 公司银行资金流水核查可以分为内部银行流水核查和外围银行流水核查两大类。外围银行流水核查又分为关联自然人银行流水和关联企业银行流水两类。

首发问题解答第 54 问规定：中介机构应当充分评估发行人所处经营环境、行业类型、业务流程、规范运作水平、主要财务数据水平及变动趋势、所处经营环境等因素，确定发行人相关资金流水核查的具体程序和异常标准，以合理保证发行人财务报表不存在重大错报风险。

从首发问题解答的规定可以看出，资金流水核查是防范财务操纵的必要核查程序，资金流水核查在执行中的范围和标准，应着重考虑 IPO 公司的业务和财务方面是否存在财务操纵的迹象。

1. 内部银行流水核查

中介机构需要对 IPO 公司报告期内全部主体的全部银行流水进行全面核查，目的是发现资金管理过程中的内部控制制度不规范行为，同时可以直接发现体外资金循环形成销售回款的线索，以及未入账的关联方资金占用行为。

表 7-8 列示了内部银行流水核查的要点和主要内容。

资金核查的逻辑为，对于通过核查发现的异常资金，首先检查资金与财务记录的一致性，其次判断资金所依附的业务或交易的商业合理性，最后结合相关舞弊风险的识别，确定资金异常是否属于财务操纵的线索或证据。

资金异常包括不符合资金使用内部控制制度规范性的"转贷"、虚开商业票据、资金占用、不符合内部控制制度要求的现金交易和第三方回款等，与关联自然人的大额资金往来，金额、日期相近的异常大额资金进出，与日常经营活动不匹配的大额资金支付等。

表7-8 内部银行流水核查要点和内容

核查要点	核查内容
核查主体	合并报表范围内所有主体单位，报告期内注销/转让的合并范围内的主体，注销/转让前的报告期间需纳入核查范围
核查期间	报告期内的各期均需纳入核查范围
核查账户	核查主体报告期内的所有银行账户，包括报告期内注销的账户。账户类型包括人民币账户、外币账户、支付宝或微信等第三方支付账户
取得银行流水的方法	从基本户开立银行查询并打印已开立银行结算账户清单，中介机构独立获取公司及其子公司所有账户的报告期银行流水
核查标准	以收入或利润的一定比例确认核查标准线，标准线之上的流水全部核查，标准线之下的流水分层抽样。总体核查比例一般要在70%以上
核查方式	银行对账单和银行存款日记账的双向核对，对方单位名称、金额、账面记录均需核对，对不一致或异常的情况要深入分析原因，并取得可靠核查证据
核查关注重点	资金管理相关内部控制制度制度是否存在较大缺陷
	是否存在银行账户不受公司控制或未在财务核算中全面反映的情况，是否存在银行开户数量等与业务需要不符的情况
	大额资金往来是否存在重大异常，是否与公司经营活动、资产购置、对外投资等不相匹配
	公司与控股股东、实际控制人、关联方、董事、监事、高管、关键岗位人员等是否存在异常大额资金往来
	是否存在大额或频繁取现的情形，有无合理解释；公司同一账户或不同账户之间是否存在金额、日期相近的异常大额资金进出的情形，有无合理解释
	是否存在大额购买无实物形态资产或服务（如商标、专利技术、咨询服务等）的情形，如存在，相关交易的商业合理性是否存在疑问

2. 外围银行流水核查

外围银行流水，可以分为外围关联自然人的流水和外围关联企业的流水。外围关联自然人指需要纳入核查范围、与IPO公司存在关联的自然人，该关联自然人并不是特指法定的关联方自然人。外围关联企业指需要纳入核查范围、与 IPO 公司存在关联关系的企业，一般是具有法定关联关系的企业。

通过外围银行流水核查，可以直接发现公司是否存在体外资金循环形成销售回款，以及是否存在关联方代为承担成本费用的情况。

（1）外围关联自然人流水核查。

表 7-9 列示了自然人银行流水核查的要点和主要内容。

表7-9 自然人银行流水核查要点和主要内容

核查要点	核查主要内容
一般的核查主体	实际控制人、持股 5% 以上的自然人股东、董事（独立董事除外）、监事、高管；关键岗位人员；分、子公司的主要负责人，财务部门的财务经理、财务主管、出纳等；销售部门的销售经理、副经理，采购部门的采购经理、副经理；与公司存在关联关系的员工
核查期间	报告期内的各期均需纳入核查范围
核查账户	核查主体报告期内的所有银行账户，包括报告期内注销的账户。账户类型包括人民币账户、外币账户、支付宝或微信等第三方支付账户
取得银行流水的方法	首先要确认个人银行账户的完整性，一般需要四种方法相互配合：(1) 自然人提供账户清单并提供完整性承诺函。(2) 中介机构配合自然人到当地主要银行现场查询开户记录。需要现场查询的银行一般包括在当地展业的"6+9"银行，以及当地主要城市商业银行；(3) 自然人通过"支付宝"或"云闪付"的银行账户添加功能，验证在上述可添加范围之内的主要银行的开户情况。(4) 对已获取的银行流水进行交叉核对时，如果发现有自然人银行账户不在已确定的开户清单之内，核实原因后进行补充。 根据确定的开户清单，中介机构陪同自然人到银行现场打印报告期内的全部流水，打印时要求银行流水中保留完整的交易对手信息
核查标准	实务中常以 5 万元人民币或 10 万元人民币等确认为核查标准线，标准线之上的流水全部核查
核查方式	对标准线之上的资金进出，逐笔核对对方户名、账号、摘要等信息，了解资金流向，对异常的情况要深入分析原因，并取得可靠核查证据
核查关注重点	实际控制人个人账户是否大额资金往来较多且无合理解释，或者频繁出现大额存现、取现情形 核查相关自然人是否从公司获得大额现金分红款、薪酬或资产转让款、转让公司股权获得大额股权转让款，主要资金流向或用途是否存在重大异常 核查相关自然人与公司关联方、客户、供应商、相关自然人之间是否存在异常大额资金往来

核查自然人银行流水，重点是关注银行流水的收支和结存所形成的资金闭环情况。自然人账户中大额资金周转大体可分为四类情况。第一类是和 IPO 公司直接相关的资金，如大额现金分红款、股权转让款及大额往来款等，此类资金的核查重点是进入个人账户之后的真实去向。第二类是和公司客户、供应商等交易对手以及关联企业的往来款，此类资金可能涉及体外资金循环或体外承担成本费用的财务舞弊。第三类是关联自然人之间的转账，如实际控制人支付给其他自然人，财务、出纳人员支付给其他部门的人员，此类资金可能涉及体外向员工支付薪酬的问题。第四类则是自然人对外投资、借款、换取外汇、大额消费等用于个人事项的收支，此类资金和 IPO 公司无关。

（2）外围关联企业流水。

关联企业的主体一般限定为实际控制人能够控制的主体，其核查期间、核查账户、取得流水的方式、核查标准和核查方式与 IPO 公司内部银行流水核查基本一致。

（3）需要扩大核查范围的情况。

首发问题解答第 54 问规定：存在财务舞弊和盈余操纵的明显迹象时，需要扩大对外围资金流水的核查范围。可能存在财务操纵的主要异常事项如表 7-10 所示。

扩大外围资金流水的核查范围，主要是扩大需要核查的人员和核查主体的范围。

对于自然人，可能从实际控制人扩大至实际控制人的配偶、成年子女、父母等近亲属，或进一步扩大到非直系亲属的法定关联自然人；从董监高扩大到独立董事，以及董监高的配偶、成年子女、父母等近亲属；需要核查的其他自然人的范围进一步扩大，如全部财务部人员、全部销售部或采购部人员等。

表7-10　需要扩大核查范围的异常事项

异常事项分类	具体异常事项
内部控制制度异常	备用金、对外付款等资金管理存在重大不规范情形
财务指标异常	报告期内各期毛利率、期间费用率、销售净利率等指标存在较大异常变化，或者与同行业公司存在重大不一致
业务合理性异常	重大购销交易、对外投资或大额收付款，在商业合理性方面存在疑问
	董事、监事、高管、关键岗位人员薪酬水平发生重大变化
	采购总额中进口占比较高或者销售总额中出口占比较高，且对应的采购单价、销售单价、境外供应商或客户资质存在较大异常
业务和财务的印证情况异常	经销模式占比较高或大幅高于同行业公司，且经销毛利率存在较大异常
	将部分生产环节委托其他方进行加工，且委托加工费用大幅变动，或者单位成本、毛利率大幅异于同行业

对于关联企业，可能由实际控制人控制的主体扩大至实际控制人的全部关联方主体；董监高的部分关联方主体也可能纳入核查范围；根据核查线索，可能进一步扩大至部分可能存在潜在关联关系或其他特殊关系的客户和供应商。

3. 资金核查存在的缺陷

（1）银行流水信息不完整。

中介机构的核查手段很难保证自然人账户的完整性，尤其是自然人境外的银行账户。如果相关自然人刻意隐瞒，未提供的账户经常难以发现。对于自然人的资金流水，并非每个银行都能够提供带有交易对手信息的对账单，对于没有交易对手信息的，只能依赖相关人员自行认定资金收支的原因及用途，其准确性和证明力都存在很大的不确定性。

（2）个别关联方或自然人不配合。

出于没有直接利益关系，涉及个人隐私或商业秘密以及程序烦琐等原因，有些纳入核查范围的主体或个人并不愿意配合，尤其是扩大核查范围后与 IPO 公司关系并不紧密的个人或主体，可能会明确拒绝提供任何银行流水或只提供与 IPO 公司资金往来相关的银行账户的资金流水。

关联方或自然人不予配合的情况下，中介机构只能采取一些替代的核查手段，主要包括从 IPO 公司账面和银行流水出发，核查与相关不配合方是否存在异常的资金往来；从已核查的外围资金流水中，核对与相关不配合方是否存在异常的资金往来；不配合方出具一些必要的承诺函，承诺其不存在非正常的与 IPO 公司相关的资金流水。总体上，如果存在需要扩大核查范围的异常情况，但又无法进行实质性核查，这类替代程序的证明力往往是非常薄弱的。

（3）无法最终核实验证。

对于资金流水中的大额存现和取现交易，在目前电子支付已经普及的环境下，通常难以有合乎常理的理由。现金交易往往只能依靠当事人和相关方的自述来予以证明用途，其真实的用途是无法绝对判定的。

对于自然人购买大额资产的行为，如果属于购买房产、投资股权、理财产品等，交易的真实性相对容易确定。但实务中也存在购买价值不易确定的大额特殊资产的情况。例如，IPO 公司中曾经出现过实际控制人用巨资购买锦鲤等观赏鱼，实际控制人用巨资购买难以辨明价值的阴沉木等收藏品，其交易的真实性及资金的真实去向可能无法完全确定。

不能合理解释的重大资金往来，往往意味着可能存在体外循环。IPO 被否决案例中，就存在由于 IPO 公司实际控制人与其亲属、员工之间存在大额资金往来，且公司未能充分说明相关资金往来的合理性，而最终被审核部门认为内部控制制度无法保证合法合规性的情况。

（4）资金核查几乎没有明确的边界。

在存在业务或财务明显异常的情况下，中介机构通过资金流水核查找到明确的体外循环的证据，这是最理想的发现财务舞弊的手段。在实务中，对外围资金的核查范围并不存在明确的边界，对于刻意财务造假的情况，相关资金可能会周转多次到达相关客户和供应商。在这种情况下，中介机构原则上可以跟随资金走向不断扩大核查边界，但资金多次转移的企业或自然人在表面上很可能是和IPO公司完全不相关的，资金一旦脱离了有理由核查的关联范围，几乎不可能再查实其真正的资金流水周转情况。

7.2.2.4 关联企业的核查

IPO公司财务核查中必须进行核查的关联企业，一般限定为实际控制人能够控制的主体。

关联企业的核查主要关注可能存在的代付成本费用的问题，核查关注重点包括：关联方是否存在和IPO公司的客户、供应商之间的资金往来，是否存在频繁出现的大额存现、取现情形，是否存在与关联自然人以及其他关联方的资金往来。在存在关联方与IPO公司共用客户或供应商的情况下，要进一步核查是否存在通过关联方代付渠道费用、代付采购款或垫付销售款等代付成本费用的问题。

对于关联企业的核查，一方面，要对其银行流水进行核查，其资金流水的核查期间、核查账户、取得流水的方式、核查标准和核查方式与对IPO公司内部银行流水核查的要求基本一致。银行流水核查的目的主要是发现是否存在关联企业与IPO公司的客户、供应商、实际控制人、员工等存在异常资金往来的情况。另一方面，要对其财务数据和部分经营数据进行核查，包括取得其经审计的财务报告、科目余额表、财务明细账等财务资料,以及主要客户、主要供应商的名单,主要管理人员和主要员工的名册等非财务资料。通过财务资料和非财务资料的相互核查,可以发现是否存在共用的客户和供应商,是否存在多方任职多方领薪的员工等可能代为支付费用的异常情况。

后 记

在中国古语中,"三"代表多。这是我的第三本书,终于可以与朋友们常常谬赞我的"写过多本书"名实相符了。

无论是作为会计师、投资银行的内核委员、上市公司独立董事还是投资公司的财务顾问,职业工作之余,我一直在坚持写作,这个习惯自2006年起,已经坚持了16年。我的写作既是对专业工作的思考和总结,又是对职业历程的回顾和记录。

这是一段艰辛又愉悦的漫长旅程。在旅程行将告一段落之时,我必须以"多本书"送出我最自然的敬意。

谨以"多本书"向我的父母致敬。父亲是我的小学语文教师,在我启蒙时撒下的文从字顺的种子,没想到终有一天会破土而出。母亲只念过三年书,但勤劳善良、明礼能干。"儿行千里母担忧",每次打电话,母亲都告诫我不能再费脑子写书——现在我终于可以不用支支吾吾地搪塞她了。

谨以"多本书"向我的太太致敬。结婚十八载,写作十六年,从春风得意的青年到焦头烂额的中年,一路烟雨,你是我生命中最平实的倚靠、最无边的春色。

谨以"多本书"向我的师傅——大华管理合伙人李东昕女士致敬。"师傅领进门,修行在个人",工作是修行,写书也是修行。您谦虚的品质和坚强的精神,小叶我"虽不能至,然心向往之"。

谨以"多本书"向我的"伯乐"——石美华编辑致敬。"千里马常有,而伯乐不常有",如果没有您10年前坚定的发掘,10年之间持之不断的鼓励和鞭策,我可能连一本书也写不出来,更遑论第二本、第三本书了。

最后,致敬一下我自己。坚持写作16年,与其说是出于兴趣,不如说是做好本职工作的需要,是意气和习惯使然。"人生如逆旅,我亦是行人",每一次站在单向人生的十字路口,我都会想起当年离开故乡去厦门、上北京时,心中常诵"仰天大笑出门去"的那个莽撞而敏感的少年。

会计极速入职晋级

书号	定价	书名	作者	特点
66560	49	一看就懂的会计入门书	钟小灵	非常简单的会计入门书；丰富的实际应用举例，贴心提示注意事项，大量图解，通俗易懂，一看就会
44258	49	世界上最简单的会计书	（美）穆利斯 等	被读者誉为最具材实料的易懂又有用的会计入门书
59148	49	管理会计实践	郭永清	总结调查了近1000家企业问卷，教你构建全面管理会计图景，在实务中融会贯通地去应用和实践
70444	69	手把手教你编制高质量现金流量表：从入门到精通（第2版）	徐峥	模拟实务工作真实场景，说透现金流量表的编制原理与操作的基本思路
69271	59	真账实操学成本核算（第2版）	鲁爱民 等	作者是财务总监和会计专家；基本核算要点，手把手讲解；重点账务处理，举例综合演示
57492	49	房地产税收面对面（第3版）	朱光磊 等	作者是房地产从业者，结合自身工作经验和培训学员常遇问题写成，丰富案例
69322	59	中小企业税务与会计实务（第2版）	张海涛	厘清常见经济事项的会计和税务处理，对日常工作中容易遇到重点和难点财税事项，结合案例详细阐释
62827	49	降低税负：企业涉税风险防范与节税技巧实战	马昌尧	深度分析隐藏在企业中的涉税风险，详细介绍金三环境下如何合理节税。5大经营环节，97个常见经济事项，107个实操案例，带你活学活用税收法规和政策
42845	30	财务是个真实的谎言（珍藏版）	钟文庆	被读者誉为最生动易懂的财务书；作者是沃尔沃原财务总监
64673	79	全面预算管理：案例与实务指引（第2版）	龚巧莉	权威预算专家，精心总结多年工作经验/基本理论、实用案例、执行要点，一册讲清/大量现成的制度、图形、表单等工具，即改即用
61153	65	轻松合并财务报表：原理、过程与Excel实战	宋明月	87张大型实战图表，手把手教你用EXCEL做好合并报表工作；书中表格和合并报表的编制方法可直接用于工作实务！
70990	89	合并财务报表落地实操	蔺龙文	深入讲解合并原理、逻辑和实要点；14个全景式实操案例
54616	39	十年涨薪30倍	李燕翔	实录500强企业工作经验，透视职场江湖，分享财务技能，让涨薪，让升职，变为现实
69178	169	财务报告与分析：一种国际化视角	丁远	从财务信息使用者角度解读财务与会计，强调创业者和创新的重要作用
69738	79	我在摩根的收益预测法：用Excel高效建模和预测业务利润	（日）熊野整	来自投资银行摩根士丹利的工作经验；详细的建模、预测和分析步骤；大量的经营模拟案例
64686	69	500强企业成本核算实务	范晓东	详细的成本核算逻辑和方法，全景展示先进500强企业的成本核算做法
60448	45	左手外贸右手英语	朱子斌	22年外贸老手，实录外贸成交秘诀，提示你陷阱和套路，告诉你方法和策略，大量范本和实例
70696	69	第一次做生意	丹牛	中小创业者的实战心经；赚到钱、活下去、管好人、走对路；实现从0到亿元营收跨越
70625	69	聪明人的个人成长	（美）史蒂夫·帕弗利纳	全球上亿用户一致践行的成长七原则，护航人生中每一个重要转变

财务知识轻松学

书号	定价	书名	作者	特点
45115	39	IPO财务透视：方法、重点和案例	叶金福	大华会计师事务所合伙人经验作品，书中最大的特点就是干货多
58925	49	从报表看舞弊：财务报表分析与风险识别	叶金福	从财务舞弊和盈余管理的角度，融合工作实务中的体会、总结和思考，提供全新的报表分析思维和方法，黄世忠、夏草、梁春、苗润生、徐珊推荐阅读
62368	79	一本书看透股权架构	李利威	126张股权结构图，9种可套用架构模型；挖出38个节税的点，避开95个法律的坑；蚂蚁金服、小米、华谊兄弟等30个真实案例
70557	89	一本书看透股权节税	李利威	零基础50个案例搞定股权税收
52074	39	财报粉饰面对面	夏草	夏草作品，带你识别财报风险
62606	79	财务诡计（原书第4版）	（美）施利特 等	畅销25年，告诉你如何通过财务报告发现会计造假和欺诈
58202	35	上市公司财务报表解读：从入门到精通（第3版）	景小勇	以万科公司财报为例，详细介绍分析财报必须了解的各项基本财务知识
67215	89	财务报表分析与股票估值（第2版）	郭永清	源自上海国家会计学院内部讲义，估值方法经过资本市场验证
58302	49	财务报表解读：教你快速学会分析一家公司	续芹	26家国内外上市公司财报分析案例，17家相关竞争对手、同行业分析，遍及教育、房地产等20个行业；通俗易懂，有趣有用
67559	79	500强企业财务分析实务（第2版）	李燕翔	作者将其在外企工作期间积攒下的财务分析方法倾囊而授，被业界称为最实用的管理会计书
67063	89	财务报表阅读与信贷分析实务（第2版）	崔宏	重点介绍商业银行授信风险管理工作中如何使用和分析财务信息
58308	69	一本书看透信贷：信贷业务全流程深度剖析	何华平	作者长期从事信贷管理与风险模型开发，大量一手从业经验，结合法规、理论和实操融会贯通讲解
55845	68	内部审计工作法	谭丽丽 等	8家知名企业内部审计部长联手分享，从思维到方法、一手经验，全面展现
62193	49	财务分析：挖掘数字背后的商业价值	吴坚	著名外企财务总监的工作日志和思考笔记；财务分析视角侧重于为管理决策提供支持；提供财务管理和分析决策工具
66825	69	利润的12个定律	史永翔	15个行业冠军企业，亲身分享利润创造过程；带你重新理解客户、产品和销售方式
60011	79	一本书看透IPO	沈春晖	全面解析A股上市的操作和流程；大量方法、步骤和案例
65858	79	投行十讲	沈春晖	20年的投行老兵，带你透彻了解"投行是什么"和"怎么干投行"；权威讲解注册制、新证券法对投行的影响
68421	59	商学院学不到的66个财务真相	田茂永	萃取100多位财务总监经验
68080	79	中小企业融资：案例与实务指引	吴瑕	畅销前10年，帮助了众多企业；有效融资的思路、方略和技巧；从实务层面，帮助中小企业解决融资难、融资贵问题
68640	79	规则：用规则的确定性应对结果的不确定性	龙波	华为21位前高管一手经验首次集中分享；从文化到组织，从流程到战略，让不确定变得可确定
69051	79	华为财经密码	杨爱国 等	揭示华为财经管理的核心思想和商业逻辑
68916	99	企业内部控制从懂到用	冯萌 等	完备的理论框架及丰富的现实案例，展示企业实操经验教训，提出切实解决方案
70094	129	李若山谈独立董事：对外懂事，对内独立	李若山	作者获评2010年度上市公司优秀独立董事；9个案例深度复盘独董工作要领，既有怎样发挥独董价值的系统思考，还有独董如何自我保护的实践经验
70738	79	财务智慧：如何理解数字的真正含义（原书第2版）	（美）伯曼 等	畅销15年，经典名著；4个维度，带你学会用财务术语交流，对财务数据提问，将财务信息用于工作